教育部哲學社會科學研究重大課題攻關項目“楚簡綜合整理與研究”成果

# 楚地出土戰國簡册合集

## （五）

### 九店楚墓竹書

武漢大學簡帛研究中心
湖北省文物考古研究所　編

文物出版社

**圖書在版編目（CIP）數據**

楚地出土戰國簡册合集．伍，九店楚墓竹書／武漢大學簡帛研究中心，湖北省文物考古研究所編；李家浩，白於藍著．－－北京：文物出版社，2021.12

ISBN 978－7－5010－7309－2

Ⅰ．①楚…　Ⅱ．①武…　②湖…　③李…　④白…　Ⅲ．①竹簡文－研究－中國－楚國（？～前223）　Ⅳ．①K877.54

中國版本圖書館 CIP 數據核字（2021）第 248787 號

審圖號：GS（2021）8698 號

## 楚地出土戰國簡册合集（五）
### 九店楚墓竹書

編　　者：武漢大學簡帛研究中心　湖北省文物考古研究所
主　　編：陳　偉　彭　浩
著　　者：李家浩　白於藍

責任編輯：蔡　敏
封面設計：張希廣
責任印製：蘇　林

出版發行：文物出版社
社　　址：北京市東城區東直門内北小街 2 號樓
郵政編碼：100007
網　　址：http：//www.wenwu.com
經　　銷：新華書店
印　　刷：寶蕾元仁浩（天津）印刷有限公司
開　　本：889mm×1194mm　1/16
印　　張：10.5
版　　次：2021 年 12 月第 1 版
印　　次：2021 年 12 月第 1 次印刷
書　　號：ISBN 978－7－5010－7309－2
定　　價：190.00 圓

主　　編　陳　偉　彭　浩

**本册撰著**　李家浩　白於藍

本書出版得到
國家古籍整理出版專項經費資助

# 目　　次

# 序　言

## 一

　　1925 年，王國維先生敏鋭地提出：“今日之時代，可謂之發見時代，自來未有能比者也。”[1] 20 世紀 50 年代以來，在先秦楚國故地，今湖北、河南、湖南省境，出土大量戰國時代的竹簡（參看“簡册出土地點示意圖”），爲這一論斷增添了更加豐富的内涵。據不完全統計，迄今發現的這類簡册，大約有 30 多批、10 萬字以上。其中如荆門包山簡、江陵望山簡、隨州曾侯乙簡、信陽長臺關簡、新蔡葛陵簡，有墓主生前卜筮方面的記録和關於喪葬的記録；包山簡的大部分和江陵磚瓦廠簡是司法、行政文書；信陽長臺關簡的一部分、荆門郭店簡、江陵九店簡、上海博物館購藏竹簡以及新近披露的清華大學購藏竹簡，則是各種珍貴的思想文化和數術方面的典籍。對這些簡册的整理和研究，吸引了海内外衆多學者的關注和參與，在中國出土文獻這門學問中，開闢出一個生機勃勃、前景寬闊的新領域。

　　在一般意義上，人們習慣把這些簡册稱作“楚簡”。或者用“楚系簡牘”的叫法，把與楚或關繫密切的曾侯乙簡也包括進來。隨著研究的深入，有學者認爲有些書籍類簡册可能來自其他諸侯國，不宜徑稱作“楚簡”。我們采用“楚地出土戰國簡册”一名，希望避免這些不確定因素，把楚人控制地區出土的簡册全部包含進來。在今湖北雲夢，出土有戰國晚期的秦簡。如果把楚地理解爲楚人控制之地，這些資料應該可以分别開來。

## 二

　　本書是 2003 年底立項的教育部哲學社會科學重大課題攻關項目“楚簡綜合整理與研究”（03JZD0010）的基本成果。

　　2002～2003 年，在實施教育部人文社會科學重點研究基地重大項目“戰國楚簡綜合整理與研究”（2001ZDXM770006）期間，我們就已收集到部分竹簡照片，

---

[1]　《最近二三十年中中國新發見之學問》，《王國維文集》第 4 集，33 頁，中國文史出版社 1997 年 5 月。

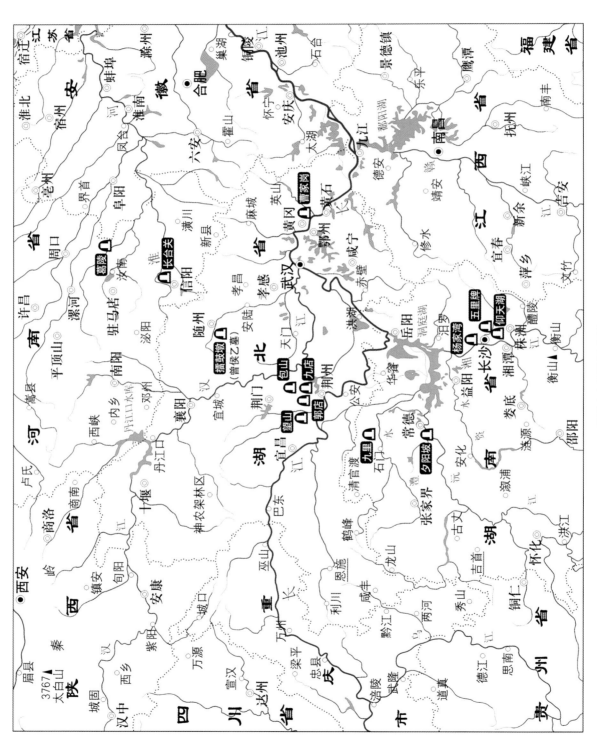

簡册出土地點示意圖

并使用湖北省博物館配備的 20 世紀 90 年代出産的紅外成像系統拍攝湖北省博物館、考古所收藏的幾批楚簡，但效果欠佳。攻關項目啓動後，利用日本早稻田大學提供的新型紅外成像系統（IRRS－100）重新進行拍攝，先後取得望山簡、九店簡、曹家崗簡、曾侯乙簡全部，長臺關簡大部以及包山簡約半數的紅外影像，效果大多比較好，同步還套拍了一些數碼照片。同時，花氣力蒐求先前拍攝的各種圖像資料，在中國社科院考古所《考古》編輯部檔案中找到 20 世紀 50 年代編寫《長沙發掘報告》時的五里牌簡工作用照片；在文物出版社庫房中找到 20 世紀 80 年代出版《信陽楚墓》使用的長臺關簡照片，在河南省考古所資料室找到部分底片；包山簡得到照片和底片；郭店簡得到兩種照片和底片，後來又得到文物出版社出版字帖用的部分彩色照片；曾侯乙簡照片找到兩種；仰天湖簡、楊家灣簡也都找到底片，夕陽坡簡則是新作了拍照。這些簡長、寬、契口位置等數據，也儘量測量、記録。這樣，納入研究計劃的 14 種簡册都取得了在現有條件下最好的圖像資料和相關數據，爲整理、研究打下堅實的基礎。

2004 年底，轉入整理、研究階段。至 2007 年夏，項目基本成果《楚地出土戰國簡册合集》（含全部竹簡圖録、釋文和完整的注釋）完成初稿。

2007 年 8 月至 2008 年 3 月，以《楚地出土戰國簡册合集》稿本爲基礎，撰寫項目最終成果《楚地出土戰國簡册（十四種）》。這個本子不包括竹簡圖版；注釋大多祇交待基本結論，而略去分析、引證的文字。2008 年 4 月通過專家組鑒定結項。其後，根據專家組意見，課題組對《楚地出土戰國簡册（十四種）》與《楚地出土戰國簡册合集》的書稿又作了一次全面核對和修訂。

## 三

在項目設計時，我們就考慮像上海博物館藏戰國楚竹書這樣尚在陸續公布的資料，應該成爲參考、綜合研究的對象，而不宜納入綜合整理的範圍。《楚地出土戰國簡册合集》包括包山、郭店、望山（2 批）、九店（2 批）、曹家崗、曾侯乙、長臺關、葛陵、五里牌、仰天湖、楊家灣、夕陽坡等 14 種簡册資料，共計整簡、殘簡 3500 多枚，竹簡文字將近 50000 個。這些資料中，內容較多的每種一册，如包山簡、郭店簡、望山簡、曾侯乙簡等；內容較少的則合數種爲一册。每種簡册有説明、釋文和注釋。其後列出主要參考文獻。

書稿的撰寫，以普遍得到改善的竹簡圖像、尤其是多批紅外影像爲基礎，匯集、吸納海內外學者幾十年來的研究成果，并融入課題組成員各自探究和相互切磋的諸多心得，在十四種簡册資料的文本復原和內涵揭示方面，都取得大量、重要的進展。這主要表現在：

一、閱讀、利用海內外學者大量文獻。爲反映最新成果，引述文獻不設時間下限，引證的最新成果晚至 2008 年冬定稿之時。通過梳理、分析，采用合理和比較合理的觀點，那些可備一説者也收録備考。凡編連、釋文、句讀、解釋有異處，對諸家之説給出交待，便於參考、核閲。先前有的著述在徵引時核校未精或筆誤處，也因而得到訂正。如包山簡原考釋引“蕭何發關中老弱未傅者悉詣軍”出處作《漢書・景帝紀》，今改作《漢書・高帝紀》；劉信芳（2003A，130 頁）引《璽匯》“里間悝大夫鉩”編號作 0318，今改爲 0183。

　　二、盡可能收集簡册照片，研摩竹簡實物，并利用紅外成像系統檢視多批表面没有字迹的竹簡，發現了一些先前無記録的簡文。如九店 56 號墓 45 號簡頭 4 字右半和下文“南”字殘片、曾侯乙 1 號簡背面題字“右令建馭大旆”，原無圖像記録，現取得紅外影像。在曾侯乙簡先前被當作空白簡的資料中，新發現一枚有字簽牌。望山 1 號墓簡 146 號，看原物，其下端削尖，改歸於簽牌。

　　三、通過研讀竹簡照片和紅外影像，比對新出土資料，改釋或新釋多處簡文。利用紅外影像讀出的，如包山 74 號簡的“率”，82 號簡的“遠”，120 號簡的“周”，122 號簡的“大夫”合文，256 號簡“皆又”，260 號簡簡首的“一”，272 號簡的“金鈞”合文；望山 1 號墓 138 號簡“辛”和兩處“甲戌”，178 號簡“門”、“城”；望山 2 號墓 28 號簡的“黄”；九店 56 號墓 36 號簡的“䔭”，116 號簡的“夫”；九店 621 號墓 47 號簡的“幽”，78 號簡的“内”；曾侯乙 174 號簡的“駁”，184 號簡的“橐”，78 號簡的“裏”，183、185、199 號簡中的“騮”，等等。新讀出的字中，有的涉及很重要的問題。比如包山 120 號簡的“周”下爲“客”字，“周客”即周國使者。先前所知楚簡中祇見有“東周之客”。“周客”的發現，對戰國時周王室以及東西周二國的研究，提供了新綫索。又如 122 號簡“大夫”上接“亞”字，“亞大夫”一職曾見于《左傳》昭公七年，在戰國簡册中是首次出現。

　　課題組一直對陸續刊布的簡牘新資料作跟踪研究，用以驗證、修訂先前的認識。郭店竹書《六德》22 號簡“以奉”下合文，陳偉（1999C，32 頁）疑爲“社稷”二字，後（2002，120 頁）改從他人之説；上博竹書第五册出版後，我們以《姑成家父》3 號簡的“社稷”與《六德》22 號簡的合文比勘，確認爲“社稷”。郭店竹書《老子甲》1 號簡“弃”下一字，衆説紛紜。崔仁義（1998，44 頁）釋爲“慮”，裘錫圭（2000B，26～27 頁）支持此説。我們指出上博竹書《三德》15 號簡原釋爲“且事不成”的“且”應改釋爲“慮”，此字寫法與《老子甲》的這個字相同，爲崔、裘二氏之説提供了佐證。

　　四、對先前整理者的綴合、編連有一些重要改進。如郭店竹書《五行》19 號簡上段殘缺。先前列爲“竹簡殘片”的 21 號殘片寫有“始亡”二字，通過對字形、筆畫的對比，可判定爲 19 號簡所殘。曾侯乙 78 號簡簡首“裏”字據紅外影像釋出後，再比勘辭例，可知其上當與 53 號簡連讀。曾侯乙 52 號簡開頭二字“馬尹"之間，整理者原以爲有扁圓形墨塊，歸於 A 類中。看紅外影像，此處實無墨塊，根據書寫風格和内容，可以放心地接在 210 號簡之下。葛陵簡殘缺嚴重，綴合、編連的餘地也大。如我們提出甲三 198、199－2 與甲三 112 二簡可連讀，進而發現這條簡文記有三次命辭、兩次占辭，連續作有三次貞問；這種一次數貞、步步深入的做法，與包山簡中祇有一次貞問的情形頗不相同。

　　五、對于簡文詞語的注釋，也在借鑑成説的基礎上，提出許多有依據的新解或補證。如包山 151～152 號簡的"城田"，我們提出："疑當是田名，與 154 號簡'菅苴之田'相當。"對"一索畔（半）畹"，劉釗（2002C，123 頁）認爲："索"或與"一"連讀，指一種民間的計量單位。"畹"由徐在國（1998B，80 頁）、李零（1999B，159 頁）等人釋出。我們進而把"畔"讀爲"半"，指出："索"與"畹"對文，分別位于"一"、"畔（半）"後，均當是長度單位。劉釗之説可從。《玉篇》田部："秦孝公二百三十步爲畝，三十步爲畹。"如依此推算，番戍食田長八十尺，寬十五步。對這份記録土地交易的文件，作出進一步探討。卜筮禱祠簡中，常常有祭祀連續五位先人的記録。我們推測：楚簡所見禱祠五世王父王母以至父母的記録，大概與親屬制度有關。在先秦古人的親屬制度中，五世是一個很重要的界限。《禮記·大傳》云："四世而緦，服之窮也。五世袒免，殺同姓也。六世，親屬竭矣。"鄭玄注："四世共高祖，五世高祖昆弟，六世以外，親盡無屬名。"從語義詮釋推進到制度探索。郭店竹書《太一生水》10 號簡"青昏其名"的"青昏"，原整理者讀作"請問"，後來有好幾種猜測，其中李零（1999C，319 頁）引 Donald Harper 説："青昏"即天地的"名"，馬王堆帛書《却穀食氣》篇講天地六氣有"青昏"，或即這裏的"青昏"。我們指出：馬王堆漢墓帛書《却穀食氣》篇所列可食之氣有"朝霞""輸陽""銚光""行暨"等，"昏清"是其中一種氣名，與本篇"青昏"不同。上博竹書《季康子問於孔子》2 號簡"青昏"正用作"請問"。對原整理者之説作出有力的支持。葛陵甲三 31 號簡中的"繇"，整理者讀爲"謡"，陳偉（2004D，38 頁）指出：葛陵簡的主體是卜筮記録，"其繇曰"與《左傳》多處"其繇曰"相當，其後言辭簡短有韵，作爲繇辭顯然比作爲一般歌謡之辭的可能性要大。率先揭示了簡册中的這一重要信息。


四


　　簡牘整理和研究，需要面對種種全新的問題，極富挑戰性，是一個充滿艱辛和興味的學術領域。我們曾經説過："任何一批時代較早的出土文獻，都會在原始資料公布之後有一個歷時較長、由較多相關學者參加的討論過程，才能在文本復原和内涵闡釋上，達到較高的水平，形成大致的共識。對於用古文字寫成的先秦竹簡資料來説，由於文字辨識和簡序排定上的難度，尤其如此。那種畢其功於一役的願望或期待，是很不切實際的。"[1] 合集的編撰工作極爲繁雜和艱巨，我們自己又存在眼光、學養方面的局限，其中肯定存在種種不足和瑕疵。我們期待着同行專家批評、指正。

## 五

在人文學科中設置大型、集體項目的必要性，人們可能有不同看法。毋庸置疑的是，對於大批簡牘資料綜合整理與研究這類課題，如果没有一個成規模而又能够有效合作的學術團隊，完全無法想象。從 2003 年底 "楚簡綜合整理與研究" 作爲教育部哲學社會科學研究重大攻關項目立項到合集陸續出版，耗費了五六年時間。這些年中，課題組同仁爲踐履投標評審書中的設計目標，盡最大努力作好項目，傾注了大量心血。其中的艱辛，不親身經歷，難以有真切體會。

合集中各種簡册釋文、注釋作者是：包山簡陳偉、劉國勝、胡雅麗，郭店簡李天虹、彭浩、龍永芳、劉祖信，九店簡李家浩、白於藍，望山簡許道勝，曾侯乙簡蕭聖中，長臺關簡劉國勝，葛陵簡彭浩、賈連敏，湖南諸簡陳松長。"簡册出土地點示意圖" 由凡國棟初繪，卜慶華幫助清繪。具體各批簡册出土地點示意圖由李静制作。造字是葉芃、劉淨。

課題組中主要負責專題研究的陳偉武教授、虞萬里研究員、晏昌貴教授、丁四新教授、吳良寶教授、蕭毅博士、曹建國博士、陳仁仁博士、宋華强博士、李明曉博士、范常喜博士、禤健聰博士、工藤元男教授，對合集的完成也有直接、間接的貢獻。他們的參與項目的主要成果，將在《楚地出土戰國簡册研究》這套書中體現。

本項目順利完成，高度依賴於竹簡資料的有效獲取。作爲項目合作單位的領導，湖北省博物館館長兼湖北省文物考古研究所所長的王紅星先生、河南省文物考古研究所孫新民所長和張志清副所長、湖南省博物館陳建明館長、荆門市博物館劉祖信副館長和龍永芳副館長，在原有照片、底片的搜取和紅外影像拍攝方面，給予了關鍵性支持。已故湖北省博物館前館長舒之梅先生、湖北省文物考古研究所前所長陳振裕先生和該所的楊定愛先生、文物出版社的蔡敏先生、中國社會科學院考古研究所資料室前主任李健民先生，荆州博物館老領導滕壬生先生，也都給過重要幫助。湖北省博物館的郝勤建先生，在照片拍攝上出力尤多。

早稻田大學長江流域文化研究所工藤元男教授，作爲項目合作者，提供日本 21世紀 COE 計劃購置的紅外綫成像系統，讓我們看到了肉眼無法辨認的字迹。香港

---

[1]　陳偉《郭店竹書别釋》"緒言"，湖北教育出版社 2002 年 12 月。

大學單周堯教授用"香港資助局"項目與武漢大學簡帛研究中心合作開發的"楚簡字形、辭例數據庫",大大提高了字形比對、研究的效率。

項目立項後,根據評審專家組的建議,課題組聘請李學勤教授、裘錫圭教授、曾憲通教授、林澐教授、龐樸教授擔任顧問。五位先生對項目順利實施給予了多方面的指導和幫助。

項目竞標評審組專家項楚教授、張忠培教授、姜伯勤教授、林澐教授、榮新江教授,項目結項鑒定組專家李學勤教授、林澐教授、李均明教授、王子今教授、卜憲群教授,對項目的實施和成果的修訂,提出過重要意見和建議。

武漢大學領導,學校社科部、人事部領導,歷史學院領導,對項目的申報和實施,給予了政策支持和制度保障。在學校主要領導的直接關心下,武漢大學簡帛研究中心得以創建并健康發展,成爲項目運行的可靠平臺。學校實行的訪問教授制度,使課題組最重要成員之一——彭浩先生住校研究成爲可能。

在合集出版之時,對于上述各位同事、師友和領導,對於曾經給予各種幫助而未能一一提到諸多朋友,心中充滿感激之情。

陳　偉
2009 年初

# 凡　例

　　一、本合集收錄歷年楚地出土戰國簡册 14 批：包山簡、郭店簡、望山簡（兩批）、九店簡（兩批）、曹家崗簡、曾侯乙簡、長臺關簡、葛陵簡、五里牌簡、仰天湖簡、楊家灣簡、夕陽坡簡。

　　二、每批簡册包含有關於發現、整理和資料發表的介紹（内容比較複雜的部分，有的另加説明）、釋文與注釋，其後附主要參考文獻。

　　三、釋文一般按内容分篇。簡册原有篇名的，保留原篇名。原無篇名的，基本沿用原整理者所用篇名。原無篇名或原擬篇名不宜沿用的，據文意擬加。

　　四、沿用先前發表時的竹簡編號和基本順序。簡序調整的各家意見，在釋文之前或相應位置説明。祇對有一定共識、并且影響簡文閲讀、理解的地方，才對編連作必要改動。改動後編號不變。圖版按新釋文順序排列。

　　五、釋文一般用通行字寫出，不嚴格按簡文字形隸定。難以隸定的字用簡文圖片表示。内容相接的簡文，釋文連寫；分段、分章者另起行。不連接和不能確定連接的簡文，釋文空一行書寫。

　　六、异體字、假借字隨文注出通行字，寫在（）號内。確認的錯字隨文注出正確字，寫在〈〉號内。根據殘畫和文意可以確認的字寫在【】號内。根據文意或他本可以確切補出的缺文，也寫在【】號内。筆畫不清或已殘去的字，用□號表示，一□對應一個字；字數無法確認的，用……號表示。竹簡殘斷，用⊿號表示。奪字或衍字，釋文照録，而在注釋中説明。

　　七、簡文中原有符號一般不保留。合文和重文號一般直接析書。釋文另加標點。

　　八、注釋中，引述原先整理者的釋文、注釋，一般徑稱爲“原釋文”“原考釋”或者“整理者”，不標出作者、版本和頁碼。本次整理者的意見，用“今按”表示。

　　九、注釋中的引述盡量簡明扼要，一般擇要引述論點和主要論據。引述其他學者的表述，凡有明顯筆誤或者核對未精者，徑行改過。

　　十、參考文獻中，有些論文先在會議、網絡上發表，再由刊物、文集刊載或收録。如果會議、網絡發表與刊物刊載相隔時間不長，一般祇給出刊物刊載的數據。如果相隔時間比較長，或者後來有修訂，則附加説明。多位學者大致同時提出相同觀點時，大體按正式發表時間的先後揭舉二三位，不逐一交待。

　　十一、圖版在常規或紅外影像中選用效果最佳者，必要時同時采用。圖版編號與釋文對應。紅外影像編號下加波浪綫，以與常規圖版區別。

# 前　言

　　九店墓地坐落在楚故都紀南城東北 1.2～1.5 千米的丘陵地帶，地名施家窪。海拔高 43～50.9 米。原隸屬於九店公社雨臺大隊，現更名爲紀南鄉雨臺村。1981 年 5 月至 1989 年年底，湖北省博物館江陵工作站在此地發掘東周墓 596 座（見 1995 年科學出版社出版的《江陵九店東周墓》），其中五六號墓和六二一號墓各有一批竹簡出土。

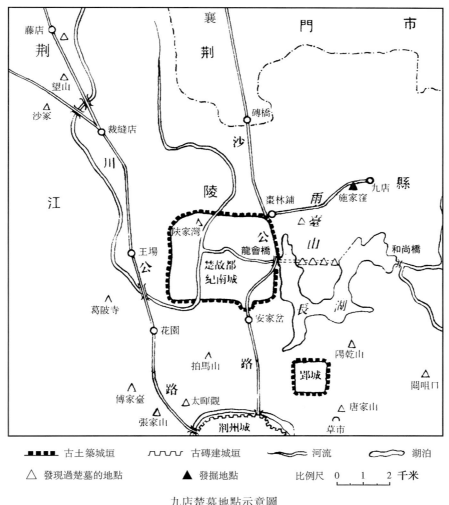

九店楚墓地點示意圖

　　五六號墓位於墓區西南，是一座長方形豎穴土坑墓。葬具衹有一棺，隨葬有陶器、漆木器和兵器等三十餘件。六二一號墓位於墓區東北，也是一座長方形豎穴土坑墓，但其規模要比五六號墓大，隨葬物要比五六號墓多。葬具爲一槨一棺，木質。隨葬有陶器、漆木器和兵器等五十餘件。

　　這兩座墓均無紀年材料。據墓葬規模和形制、隨葬器物數量和組合關係、器物形態特徵，以及墓葬地點等，這兩座墓都應屬於楚墓。其中，六二一號墓的時代屬戰國中期晚段，墓主身份爲“士”；五六號墓的時代屬戰國晚期早段，墓主身份爲“庶人”中地位較高者或“士”中的没落者，其職業或許與占卜有關。

　　五六號墓竹簡共 205 枚，出於側龕内，與污泥膠粘在一起，保存情况較差，系成卷入葬，内裹墨盒、鐵刀。經整理，有字簡 145 支，其中完整和較完整的 35 枚，餘均殘斷。竹簡爲破竹修削而成，黑褐色，文字用墨書寫於篾黄一面。整簡長 46.6～48.2、寬 0.6～0.8、厚 0.1～0.12 厘米；上有編聯綫痕三道。簡文的書寫從頭端開始，不留天頭。一簡上字數最多的有 57 字。總字數約 2700 多個（包括殘泐不清的字），可辨字 2300 多個。根據簡文内容，可分爲十五篇：

　　（一）1 號至 12 號簡，記的是畬、秫等的數量。數量單位有擔、秸、秭、赤、䔲、方、麋、鴈首、䬫等。

　　（二）13 號至 24 號簡，記的是楚建除家言。簡文分上下兩欄書寫，上欄是“建”“贛”等十二名在一年十二個月所值日辰表，下欄是十二名及其占辭。十二名與睡虎地秦簡《日書》楚除第一套十二名基本相同。

　　（三）25 號至 36 號簡，記的是楚叢辰家言。簡文分上下兩欄書寫，上欄是“結”“陽”等十二名在一年十二個月所值日辰表，下欄是“結日”“陽日”等十二日及其占辭。十二名與睡虎地秦簡《日書》楚除第二套十二名基本相同，其占辭亦與秦簡《日書》甲種楚除占辭基本相同。

　　（四）37 號至 40 號四簡上欄和 41 號、42 號二簡，記的是春夏秋冬四季不吉日、吉日、成日所在日干和成日、吉日、不吉日的宜忌。

　　（五）37 號至 40 號簡下欄，記的是五子日、五卯日和五亥日的禁忌。

　　（六）43 號和 44 號簡，記的大概是巫祝爲病人祭禱某神之子武夷，以祈求病人靈魂歸來，飲食如故。

　　（七）45 號至 59 號簡，記的是修建住宅等的方位對人產生的吉凶，屬於相宅之書，與睡虎地秦簡《日書》甲種相宅之書的内容有相似之處。

　　（八）60 號至 76 號簡，記的是占出入盗疾，與睡虎地秦簡《日書》乙種一五八號至一六九號簡的内容基本相同。

　　（九）77 號簡，記的是“太歲”一年每月所在的四方位置，與睡虎地秦簡《日書》甲種《歲》篇所記“太歲”一年每月所在的四方位置相同，唯“太歲”運行四方的順序有所不同。

　　（一〇）78 號至 80 號簡，78 號殘簡記每月合朔所躔之宿。79 號、80 號二殘簡文字比 78 號殘簡文字要大，當非一篇，因其有二十八宿之名，故暫且把它們附在 78 號殘簡之後，合爲一篇。

　　（十一）81 號至 87 號簡，記的是“往亡”，與睡虎地秦簡《日書》所記往亡內容基本相同。

　　（十二）88 號至 93 號簡，記的是“移徙”。88 號至 91 號四簡記的是“徙四方”，92 號、93 號兩簡記的是“行四維”。

　　（十三）94 號和 95 號簡，記的是“裁衣”的宜忌，與睡虎地秦簡《日書》甲種《衣》篇相似。

　　（十四）96 號至 99 號簡，記的似是生、亡日的宜忌。

　　（十五）100 號至 146 號簡皆是殘片，不能綴聯、通讀。從殘簡文字看，絕大多數仍屬《日書》。

　　六二一號墓竹簡共 127 枚，出於棺槨之間的東側，保存狀況比五六號墓更差。竹簡全部殘斷。經整理，有字殘簡 88 枚，其中字迹比較清晰的 37 枚，不清晰的 51 枚，無字簡 39 枚。最長的長 22.2、寬 0.6～0.7、厚 0.1～0.13 厘米。其上有編連綫痕。字形可辨的 106 個。由於殘斷過甚，已不能綴聯成文。從 37 枚可以辨認的殘文談到烹飪等來看，當是古佚書。據 34 號簡，李家浩認爲其篇名可能是“季子女訓”。蕭毅將 34 號簡文改釋爲“事事安訓”，對是否爲篇題提出質疑。

　　九店五六號和六二一號楚墓竹簡的圖版、釋文曾收入《江陵九店東周墓》一書。其後，湖北省文物考古研究所和北京大學中文系聯合編撰出版了《九店楚簡》（中華書局，2000 年版）一書，對釋文作了全面修訂，在簡文的釋寫以及竹簡的編排方面都作了調整，并且還加上了注釋。本次整理，在釋文與注釋方面即以《九店楚簡》爲底本，參考諸家説法并核對紅外圖像整理而成。竹簡編號沿用《九店楚簡》，其中 116 號前移與 45 號簡綴合。

　　以上説明，參考《九店楚簡》一書的“出版説明”以及書內《五六號、六二一號楚墓發掘報告》寫成，“九店楚墓地點示意圖”亦采自該書，特此説明，并致謝忱。

　　這次九店竹簡的整理工作，由武漢大學簡帛研究中心與湖北省文物考古研究所合作進行。釋文和注釋由白於藍撰稿，李家浩審定。圖版前期由周波處理，後期由劉國勝及其指導的博士研究生雷海龍、劉松清處理。常規照片由湖北省文物考古研究所提供，紅外圖像由武漢大學簡帛研究與湖北省文物考古研究所合作拍攝。采用的紅外圖像編號下加標波浪綫，以與常規照片區別。

# 五六號墓竹簡

## 一　鼑、桪等數量

　　本篇共有十二枚殘簡（1 號至 12 號），全部殘斷，故整簡長度不詳。內容記的是鼑、桪等的數量。數量單位有檐、秅、秲、赤、箮、方、廪、鴈首、訒等。李家浩（2000，57 頁）認爲從鼑、桪等字從"田"、從"米"來看，其所記之物可能跟農作物有關。邴尚白（2002）則認爲是有關釀酒方法的的記錄，或可能是釀酒之米、麴比例爲題的算術書。到底屬於什麼性質的作品，有待進一步研究。原簡無篇題，據文義，李零擬爲《講衡量換算的部分》，李家浩擬爲《鼑、桪等數量》，黃儒宣擬爲《簿》。此從李家浩擬名。

☑【鼑一秅又五宁（秲），敌秚之】三檐（擔）。〔1〕鼑二秅，〔2〕敌秚之四檐（擔）。〔3〕鼑二秅又五宁（秲），〔4〕敌秚之五檐（擔）。鼑三秅，〔5〕敌秚之六檐（擔）。鼑三☑ 1

☑秅，敌秚之八檐（擔）。鼑四秅☑ 2

☑之十檐（擔）。〔6〕鼑五秅又五宁（秲），敌秚之十檐（擔）一檐（擔）。鼑六秅，敌秚之十檐（擔）二檐（擔）。〔7〕方一，〔8〕廪一，〔9〕鼑☑☑☑〔10〕3

☑宋☑☑。方七，廪一，鼑五秅又六宁（秲），鼑四【檐（擔）。〔11〕方宋，笞一，鼑十】檐（擔）又三檐（擔）三赤二箮。〔12〕方、产（鴈）首一，〔13〕鼑二十檐（擔）。〔14〕方☑ 4

☑三赤二箮。方三，产（鴈）首一，鼑☑檐（擔）☑☑☑〔15〕5

☑【鼑】☑檐（擔）三檐（擔）三赤二箮。方☑ 6

☑鼑四十檐（擔）六檐（擔），〔16〕粞三訒一箮☑〔17〕7

☑☑☑，粞三訒一箮。方一☑ 8

☑☑又四宁（秲）。方四，廪一☑☑ 9

☑【方】五，廪一，鼑四☑☑ 10

☑又六☑一☑ 11

☑☑三秅☑〔18〕12

---

〔1〕　此簡上端殘缺，"三"字原文僅殘存一橫畫。此字的釋寫和此字之上所補出的缺文，皆據李家浩（2000，57 頁）。

　　檐，原文皆寫作從"木"從"八"從"言"。此字還見於楚國的龍節、鄂君啓節和包山竹簡等。李零（1999）："檐"是與傳食制度（驛傳配給糧食的制度）有關，所以也是稱量粟米的衡制單位。在銘文中，其讀法相當古書中的"擔"，是擔夫負重的單位，可與車載負重的單位換算，一車等于二十檐。"擔"字本爲負荷擔舉之義，作爲衡制單位，相當一石之重，合一百二十斤。李家浩（2000，57 頁）：《呂氏春秋·异寶》記伍員從楚國逃往吳國避難的途中，江上丈人對他説："荆國之法，得五（伍）員者，爵執圭，禄萬檐（擔），金千鎰。"此以"檐"爲禄的單位，與楚國文字用法相合。

今按：李家浩（1998）指出楚國龍節、鄂君啓節和包山竹簡的“檐（擔）”是容量單位，相當於十二斗。本篇的“檐（擔）”也是容量單位，其容量單位與龍節等相同。李零認爲簡文等的“檐（擔）”是衡制單位，似不可信。

〔2〕　舊，李零（1999）：此字不詳，似爲折合之義。李家浩（2000，58 頁）：此字从“田”从“崔”。“崔”是“舊”字所从的偏旁，與“崔巍”之“崔”非一字。弢伯匕井姬鑷銘文“鑷”字原文以“崔”爲“舊”。據此，簡文“舊”有可能是“疄”字的异體。“疄”見於《集韵》卷二齊韵，即“畦”字的重文。《楚辭・離騷》：“畦留夷與揭車兮。”王逸注：“畦，共呼種之名。……五十畝爲畦也。”又《招魂》“倚沼畦瀛兮。”王逸注：“畦，猶區也。”“畦”的這些意思皆與簡文“舊”不合。從一號簡至七號簡以“擔”“秙”“桺”“來”等爲“舊”的量詞來看，“舊”似是指某種農作物。“舊”字還見於包山楚墓一五七號簡：“郊（鄂）序大夫命少剅（宰）尹邴敔，譔聒（問）大梁之戠（職）舊之客苟坦。苟坦言胃（謂）：郊（鄂）攻（工）尹屈惕命解舟贄、舟緘、司舟、舟斯、車軸夅斯、宋宎之斯古、斯埜、笭駬（駥）倌（官）、笭倌（官）之舊貣（貸）解。”《周禮・秋官・序官》“職金”鄭玄注：“職，主也。”簡文“職舊”猶《周禮》“職金”，應當是指管理“舊”這種農作物的職官。“鄂工尹屈惕命解舟贄……笭官之舊貸解”，意思是説鄂工尹屈惕命令解除對舟贄……笭官等人的“舊”的借貸。晃福林（2002）：“舊”字仍應從李家浩先已指出的爲“畦”字的重文，當讀如畦，是楚地田畝名稱，但其量制面積很可能没有《楚辭》王逸注所説五十畝之多。古代畝制向以百步爲畝（見《周禮・小司徒》鄭注引《司馬法》）最爲常見，故楚制一畦有可能爲五十方步，而非五十畝。若按這種推測，那麼一畝即爲兩畦，一畦則爲半畝。邴尚白（2002）：“舊”字應分析爲從“田”，“崔”聲，在簡文中疑應讀爲“秫”。“崔”“秫”上古音分別爲微部清母和微部入聲船母，可以通用。“秫”爲粱米、粟米之黏者，多用以釀酒。黄儒宣（2003，184 頁）贊同李家浩釋“舊”爲“疄”的説法，説江陵天星觀 1 號墓遣策“繡”字作 ，其右上與本簡“舊”相似，故“舊”可能是“疄”的异體。劉信芳（2003B，164 頁）認爲楚簡中從中、從艸不甚分别，故“舊”應分析爲從田崔聲，是“崔”字的繁形，讀爲“萑”，是一種草名。周波（2004）：“舊”，整理者認爲有可能是“疄”字的异體，字又作“畦”，其考釋非常精當。“疄”字見曾侯乙墓簡80 和上博《周易》簡 17，字從“囱”從“崔”從“田”。九店簡“舊”疑爲“疄”字的省形。董珊（2010）認爲“舊”可讀作“委積”之“委”，統指農作物的全禾、穗實、籽粒、粟米四個階段。林清源（2013）指出清華簡《繫年》簡 7“疄（攜）惠王”之“疄”作“ ”，説明“疄”字的結構應分析作從田、雟聲。“雟”字本象禽鳥之形，其頂端所從中形部件爲鳥冠，底部所從囱形部件爲鳥尾。上博簡《周易》簡 17 之“疄”字作“ ”，所從的囱形部件，與表示鳥身的隹形部件分離，并移置於隹形部件左側。到了九店簡的“舊”，又進一步將囱形部件省略。因此，九店簡“舊”字的構形，應可分析作從田、雟聲。“舊”從“雟”省聲，“雟”古音在匣紐支部，支、歌二部關係密切。據此，九店簡的“舊”字，有可能讀作匣紐歌部的“禾”。“禾”本指粟，即今之小米，也可指嘉穀之連藁者，後來詞義擴大，亦可用爲穀類作物之總稱。九店簡文“舊”多與“敓秭”搭配使用，茲由“敓秭”的詞義推估，“舊”應是專指尚未去殼的嘉穀。今按：從字形上講，《説文・隹部》：“雟，周燕也。从隹，中象其冠也，囱聲。一曰蜀王望帝婬其相妻，慙，亡去，爲子雟鳥。故蜀人聞子雟鳴，皆起云望帝。”“雟”所從之“崔”旁很可能就是《説文》訓爲“周燕”或“子雟鳥”的象形本字，所從“囱”旁爲後加之聲符。上博簡《周易》的“疄”字作“ ”（簡17），去除聲旁“囱”之後，所剩字形與本簡“舊”字字形完全一致，可見李家浩“簡文‘舊’有可能是‘疄’字的异體”的説法是完全正確的。從字義上講，亦以李家浩的説法“舊”“似是指某種農作物”較爲合理。包山簡有“戠（職）舊之客”之辭例，若依晃説，“舊”即“畦”字重文，爲楚地田畝名稱，而“一畦則爲半畝”，則包山簡“戠（職）舊之客”這句話就很令人費解了。李零説“舊”爲折合之義，更難以解釋包山簡“戠（職）舊之客”的文字。李家浩已指出簡文“舊”

所從“崔”非“崔嵬”之“崔”，故邴尚白根據“崔嵬”之“崔”的上古音，認爲簡文“䜌”通“秌”，顯然亦不可信。至於董珊讀作“委”的看法，林清源（2013）已有批判，兹不贅引。林清源讀“䜌”爲“禾”的看法，盡管在字音和文義解讀方面有其合理性，但就楚簡實際用例來看，至今尚未見到有從“喬”聲之字與從“禾”聲之字的相通例證，而且清華簡《金縢》見有“禾斯偃”（簡9）、“禾斯起”（簡13）語，兩例“禾”字均用其本義。因此，該説法仍需今後進一步驗證。

秅，李零（1999）疑此字是稱量粟米的衡制單位。李家浩（2000，58頁）説此字是量詞。晁福林（2002）贊同李家浩“秅”是量詞的看法，但進一步指出其在簡文中當讀作“里”。説：“坐，《説文》‘從土，從留省’，朱駿聲謂‘留以卯爲聲，坐以卯爲意’。其實，坐字亦可讀若留，而留則可讀若里，《莊子·天地》‘執留之狗成思’，《釋文》謂留‘一本作狸’，《應帝王》篇留作氂，皆爲證。九店簡的‘秅’當讀若里，從其從禾的情況看，蓋指植稻禾之田地……將‘里’明確作爲面積單位的是《韓詩外傳》，其謂‘廣三百步長三百步爲一里’。這是否合乎楚制，尚無確證，但可據此推測簡文‘秅’即表示一定地畝面積的量詞。”今按：當以李家浩的説法爲確。李零認爲是衡制單位，但就本簡用例看，“秅”應當和“擔”一樣也是容量單位（參看上注〔1〕）。晁説有誤，云“坐字亦可讀若留，而留則可讀若里”，但上古音“坐”爲從母歌部字，“留”爲來母幽部字，二字聲韵俱隔，難以相通。“坐”不從“卯”得聲，這一點從其所引《説文》及朱駿聲的注解亦可以看得很清楚。“坐”既然不能讀作“留”，當然就更不能讀作“里”。

〔3〕　關於“敂秖”的解釋，見下注〔7〕。

〔4〕　屮，李家浩（2000，59頁）釋爲“來”。晁福林（2002）：“來”是表示地畝面積的量詞，疑以古音相同而讀若釐（今字作厘）。土地面積歷來以畝、分、釐爲基本單位，故推測楚制“秅”類於畝，而“來”類於分。蓋十來爲一秅，故簡文謂“一秅又五來”，猶今所謂一畝又五分；“二秅”猶二畝。黃儒宣（2003，184頁）：“來”當與“秅”“稜”同爲量詞單位。董珊（2010）釋爲“屮”，讀作“秭”。認爲九店簡用“屮”去計量的東西與曶鼎銘文中用“秭”來計量的“禾”相同，都是指帶有秸藁與穗實的全禾。今按：董珊釋讀可信。

〔5〕　李零（1999）：簡文中“秅”或作“稜”，但就此二字所從聲符看，坐是從母歌部字，癸是見母脂部字，故此二字似非通假字。李家浩（2000，59頁）：“稜”字還見於下二號、三號、四號等簡。從此字所處的位置與“秅”相同來看，它們有可能是同一個字的異體。《史記·孝武本紀》元鼎五年冬“始立后土祠汾陰脽上”，司馬貞《索隱》：“脽，丘；音誰。《漢舊儀》作‘葵丘’者，蓋河人呼‘誰’與‘葵’同故耳。”《詩·小雅·鴛鴦》“摧之秣之”，鄭玄箋：“摧，今‘莝’字也。”慧琳《一切經音義》卷五五“莝碓”條引“摧”作“莝”，即用今字。從“癸”聲之字與從“隹”聲之字可以相通，而從“隹”聲之又與從“坐”聲之字可以相通，那麼從“癸”聲之字與從“坐”聲之字也應當可以相通。晁福林（2002）：“稜”仍是表示地畝面積的量詞，其畝積當與“秅”相當，“秅”與“稜”之所以名稱不同，可能是因種植作物不同而得以不同名稱。今按：李家浩的釋讀是正確的。

〔6〕　李家浩（2000，59頁）：一號、二號、三號三殘簡文字應當連讀。它們之間的缺文可以根據文例補出：“䜌三【稜又五來，敂秖之七擔（擔）。䜌四】稜，敂秖之八擔（擔）。䜌四稜【又五來，敂秖之九擔（擔）。䜌五稜，敂秖】之十擔（擔）。”

〔7〕　李家浩（2000，59頁）：以上簡文皆言“䜌多少稜（秅），敂秖之多少擔”或“䜌多少稜（秅）又五來，敂秖之多少擔”。細繹文義，“敂秖之多少擔”之“之”，似是指代其前的“䜌多少稜（秅）”或“䜌多少稜（秅）又五來”；“敂秖”二字似是動詞。若此，“䜌多少稜（秅），敂秖之多少擔”或“䜌多少稜（秅）又五來，敂秖之多少擔”，意思似是説“䜌”有“多少稜（秅）”或“多少稜（秅）又五來”，將它“敂秖”之後則爲“多少擔”。“稜（秅）”與“來”的比率是一比一〇。“䜌”經“敂秖”之後，“稜（秅）”與“擔”

"來"與"擔"的比率分別是一比二、五比一。由於有些字不認識，影響了對文義的理解，以上的推測是否符合原意，有待今後新資料的發現來證明。晁福林（2002）："敆"可讀若悟，"秿"疑通於謨，簡文"敆秿"可讀若悟謨，疑類於今語之"估摸"，有估計、大概、大約之意。邴尚白（2002）：李家浩對"敆秿之"的解釋不符合古漢語語法的習慣，因爲若要表示李家浩所講的那種意思，一般會說成"敆秿爲"或"敆秿之爲"。周鳳五："'敆''秿'二字應分別爲動詞和名詞。'敆'同'禦'，由抵擋義引申而有相當義；'秿'則與農作物有關。'崔若干敆秿之若干'就是'崔若干當秿若干'，'崔'與'秿'可能是作物種類的不同或加工前後的差別。"《說文》"敆，禁也"，段《注》："敆爲禁禦本字，禦行而敆廢矣。古假借作禦、作圉。"可證"敆""禦"可通。《詩·秦風·黄鳥》"維此鍼虎，百夫之禦。"毛《傳》："禦，當也。"《史記·匈奴列傳》："是時漢兵之出擊匈奴者不得言功多少，功不得禦。"張守節《正義》："其功不得相禦當也。"可證"禦"可訓爲"當"。"敆"字從"攴"，"秿"字從"禾"，也顯示二字可能分別和動詞及農作物有關。"秿"字亦不見於字書，依照漢字構形規律，應分析爲從"禾"，"毋"聲。"秿"字與農作物有關，在簡文中疑應讀爲"麰"。"毋""麰"上古音分別爲魚部明母和幽部明母，可以通用。"麰"有大麥及大麥麴二義。《說文》："麰，來麰，麥也。"《方言》："麰……麴也……齊右河濟曰欤，或曰麴"，郭《注》："音牟，大麥麴。"那麼，這組簡前面一大段或許是說：秫（"崔"）若干，當大麥麴（"秿"）之若干。也與釀酒有關，可能是一份便於查看的米、麴比例對照表。黄儒宣（2003，185頁）贊同李家浩的説法，説："秿"字若指農作物，則簡文"檐"應是"秿"的單位量詞，但實際上，"檐"是"崔"的單位量詞之一，所以"秿"可能并不是農作物。"敆秿之"當指動作，其具體的含義，有待進一步研究。林清源（2013）認爲"敆""秿"二字在九店簡中的用法應如李家浩所説"似是動詞"，表示某種類型的農作物加工程序，緊接其後的"之"字則是代詞，用以指代尚未加工的原物料"崔"。"敆"可讀作"杵"，訓作"搗"，"秿"可讀作"靡"或"磨"，可訓作"研磨"。這裏所謂的"敆秿（杵磨）"，應可涵蓋脱粒、去殼等加工程序。今按：從大體文義的解讀上看，李家浩、黄儒宣和林清源的説法是可取的。晁説不足據。邴説看似有理，但誠如黄文所説"'秿'字若指農作物，則簡文'檐'應是'秿'的單位量詞，但實際上，'檐'是'崔'的單位量詞之一，所以'秿'可能并不是農作物"。另外，邴文所舉書證中的"當"均是抵擋的"當"，不是相當的"當"，因此，將簡文"敆"訓爲相當之"當"缺乏根據。而且，助詞"之"位於兩個名詞之間，多相當於"的"的意思，"秿之多少檐（擔）"顯然不是"秿的多少檐（擔）"的意思。至於林清源讀"敆秿"爲"杵磨"的看法，"杵磨"一詞亦典籍未見，而且目前尚未見到從"毋"聲之字有與從"麻"聲之字的相通例證，故其説尚待今後進一步研考。

〔8〕李零（1999）："方"也許是方量。晁福林（2002）："方"因古聲部相同蓋讀若凡。邴尚白（2002）："方"可能也是器名或容量單位。黄儒宣（2003，185頁）對晁福林的説法提出批判，説：典籍中字并無"方"讀若"凡"這類用法，同時亦指出簡文"方"很可能是量詞，但也不排除有其他可能性。今按："方""凡"古音韵部不同，黄儒宣已指出晁説之非。"方"當是量名，但未必一定就是方量，參看下注〔9〕。

〔9〕李零（1999）："麋"（今按：原文隸定作"麋"）也許是方量。李家浩（2000，60頁）："麋"字還見於下四號、九號、一〇號簡。《説文》鹿部："麋，麖也。從鹿，囷省聲。麕，籀文不省。"簡文"麋"是否用此義，待考。晁福林（2002）：簡文"方一麋五"實爲是對地畝與產量的比例的概括。"方"因古聲部相同蓋讀若凡，"麋"字通捆。將稻禾捆縛，則稻禾皆協比而排，故麋（捆）又有當、比、皆諸意。所以"方一麋五"意即"凡一比五"、"凡一皆五"。此是以百斤爲單位，亦即百斤稻穀皆須待五來之產。"方一麋五"可以説是對於前面一大段簡文的總結，説明了產量與地畝面積的關係。邴尚白（2002）："麋"可能也是器名或容量單位。黄儒宣（2003，186頁）：從"麋"字的位置與"产𦥑"相當來看，當是量詞。今按：下5號簡"方三，产首一"與此"方七，麋一"文例相同。"产首"是量名（見下注〔13〕），那麼，"方""麋"

也應當是量名，但李零認爲"方""廩"都是方量的看法則缺乏證據。"廩一"之"一"，李家浩（1995，506頁；2000，45頁）釋文作"五"。周波（2004）據紅外圖像指出"五"實爲"一"，今據以校改。"方一，廩一"之間的逗號也有可能應該刪去，作一句讀。下4號簡"方七，廩一"、5號簡"方三，产首一"、9號簡"方四，廩一"、10號簡"【方】五，廩一"同此。

〔10〕　崔□□□☑，李家浩（2000，45頁）釋文作"□□☑"，周波（2004）據紅外綫圖像説第一字是"崔"，同時指出"崔"下尚有三字。今按：周説可從，今據以校改。

〔11〕　李零（1999）："方七，廩一，崔五稯又六來，崔四檐（擔）"意思是説七方一廩等於五稯六來加四檐，而四檐等於二稯，故一方似乎等於十廩，七點一方等於七點六稯，即一方約等於零點九八稯。今按：李零説不可據，簡文"方七，廩一，崔五稯又六來，崔四檐（擔）"看不出是七方一廩等於五稯六來加四檐這種意思。而且，四檐等於二稯這一前提也難以成立，因爲據簡文，一稯崔必須經過"敧秚"之後才爲二檐，并非一稯本身就等於二檐。

〔12〕　方括號内的"檐（擔）方宀笞一崔十"七字，常規照片未照出，李家浩（2000，60頁）據原簡釋出。今按：紅外圖像保存有多字殘畫。
　　　　李零（1999）説"方宀笞"也許是方量。今按：李零説缺乏證據，不可信。簡文屢見"方多少，廩多少"、"方多少，产首多少"，與此"方宀，笞一"相仿，故疑"方宀"之"宀"也是表示數量。《玉篇·丨部》："中，半也。"《廣韻·東韵》："中，半也。"疑"方宀"之"宀"當讀作"中"，訓爲"半"。"笞"字下殘，從用例上看，也是量詞。
　　　　赤，李家浩（2000，60頁）説是量詞。晁福林（2002）：疑指秈稻，即今所謂的早稻。黄儒宣（2003，186頁）贊同李家浩的説法，説："赤"所在的位置與"䂞"相當，應是量詞。今按：當從李家浩和黄儒宣的説法，"赤"是量詞，同類用法的"赤"字亦見於葛陵村楚墓竹簡甲三203、206、211、220、224、244、254、311等簡。關於"䈞"的解釋，見下注〔17〕。

〔13〕　产（鴈）首，亦見於下5號簡，原文作合文"𩾌""𩿀"。李家浩（1995，506頁；2000，45頁）釋爲"大首"。李零（1999）釋爲"顔"，與"方"字連讀爲"方顔一"。説"顔"似是一從产從首加重文號的字，并認爲"方顔"，從方字看，也許是方量。李家浩（2000，60頁）：據下五號簡"方三，笞。（大首）一"之語，此處"方"字之下當漏寫一數字。也有可能"方大首一"應當讀爲"方、大首一"，指"方""大首"各一。晁福林（2002）：簡文"笞"，從大從首，疑爲稽字古文。稽本義爲留止，後多引申用如稽考之意，《周禮·大司馬》"簡稽鄉民"是爲其例。今按：上海博物館藏大市量器名之字作"𩿀"，唐友波（2000）隸作"𩿀"，説："𩿀"字又見於九店五十六號墓簡，從产從首，加=號，故李零對此字的字形分析是對的，但此字在九店簡及大市量凡三見皆有=號，結合上下文來看，此字似爲一合文，故李零釋爲"顔"仍不確，而且李零將"方顔"連讀，并認爲"也許是方量"的看法，經大市量銘文驗證，也不能成立。唐説可從。"产（鴈）首"亦見於葛陵村楚墓竹簡甲三90、203號簡，析書作"鳶首"。"鳶"應該與三孔布"𧾷"、郭店楚墓竹簡《性自命出》7號"𦎍"和包山楚墓竹簡145號"𧆼"是同一個字，當隸定作"鳶"，從"鳥""产"聲。"产"即"彦"字所從之聲旁。裘錫圭指出"鳶"當是"鴈"字的異體。參看裘錫圭（1978）、白於蓝（1996）和李家浩（1999A）。本篇簡文"𩾌""𩿀"和大市量"𩿀"應是"鳶首"的合文，因"首"占據了"鳶"字所從"鳥"旁位置，故將其"鳥"旁省去。據上海博物館藏大市量，"鳶（鴈）首"的實際容量爲五○○毫升。"方、鴈首一"是方、鴈首各一的意思。

〔14〕　二十，原文作合文。

〔15〕　李家浩（2000，60頁）："檐"上殘字似是"四十"的合文。

〔16〕　四十，原文作合文。

〔17〕　粿，以往均釋爲“梅”。李零（1999）疑“梅”同“秫”。李家浩（2000，60頁）：《玉篇》米部：“梅，酒母也。”不知簡文之“梅”是否用此義。晁福林（2002）：《玉篇》謂“梅”爲酒母，此處可暫從之。邴尚白（2002）：如果“梅”在簡文裏用的是酒母之義，則簡七的“☐舊四十檐六檐，梅三剞一篙☐”似乎是説“舊”這種穀物與“梅”的比例，很可能與釀酒有關。黄儒宣（2003，188頁）對李零的説法提出批評，説：簡文中“梅”的單位爲“剞”“篙”，應與“秫”無關。李守奎（2003，446頁）、廣瀨熏雄（2006）均將該字隸定爲“粿”。董珊（2010）認同隸定爲“粿”的看法，認爲該字當讀作“賸”，即今“剩餘”之“剩”字正體。簡文“粿（賸）三剞一篙”的意思是説不足一擔的部分即其“賸餘”的部分爲“三剞一篙”。今按：簡文中“粿”字凡二見，字形均有所殘泐。但據其殘存筆畫來看，李守奎和廣瀨熏雄的隸定是可信的，董珊讀作“賸”，似不可信。該字從米表義，似與農作物有關。

剞，李零（1999）釋寫作“剞”，説：“剞”“赤”“篙”，從燕客量看，也許是圓量。李家浩（2000，60～61頁）：“剞”字見於戰國璽印，字或寫作“劚”。湖南省博物館揀選的一件楚國銅量，銘文自名爲“剞”。戰國文字往往將“刀”旁寫作“刃”，所以許多學者指出“剞”與“剞”是同一個字。據周世榮《楚邘客銅量銘文試釋》所説，“剞”這種銅量爲圓筒形，有鋬，像現在的量杯，容量是二三〇〇毫升（《江漢考古》一九八七年二期封三，八七頁）。晁福林（2002）：“梅三剞（今按：原文隸作“剞”）一粳”，其意蓋指梅與粳的比率爲三比一，即三剞梅當一剞粳。董珊（2010）從李學勤（2002B，61～64頁）説認爲“剞”與包山簡之“劀”當是一字，均用爲“半”，指二分之一，是量制單位。同時指出包山簡之“劀”字應是名詞“胖”或動詞“判”的表意字。今按：晁説不可據。關於包山簡之“劀”字，白於藍（2001）已經指出實即“胖”字之原始表義初文，在簡文中用作“半”。清華簡第四册《算表》中亦見有“剞”和“劀”字，清華簡的整理者亦從李學勤的説法，將之讀作“半”（李學勤主編《清華大學藏戰國竹簡（肆）》，中西書局2013年12月，142頁）。

篙，李零（1999）：楚文字中的“參”或“三”往往作“晶”，疑此“篙”字實等於《説文解字》卷五上之“篸”。李家浩（2000，60頁）：“赤”“篙”還見於下五號、六號等簡，都是量詞。“篙”從“竹”從“晶”。戰國文字多以“晶”爲“參”，故簡文“篙”所從的“晶”也可能是作爲“參”字來用的。若此，“篙”可以釋爲“篸”。《説文》竹部：“篸，篸差也。”“篸差”是一個聯綿詞，古書多作“參差”，不齊貌。《集韻》卷四侵韻又以“篸”爲“先（簪）”字的重文。此皆非簡文“篙”字之義。所以“篙”到底是不是“篸”，目前還不能確定。晁福林（2002）：簡文“篙”字蓋因古音相近而疑讀若粳，粳字本作秔，前人多謂指不粘之稻，實爲今所謂之晚稻。邴尚白（2002）：郢大府銅量外壁刻“郢大府之☐笭”，底部刻“笭”，容量一一〇〇毫升，爲五升量。“笭”字爲裘錫圭先生所釋。與銅量銘文對照，頗疑簡文“篙”與“笭”是同一種單位的不同寫法，因爲從“參”聲及“小”聲的字，都常與從“喿”聲的字通用，如《詩·小雅·北山》：“或慘慘劬勞。”《釋文》：“慘，七感反，字又作懆。”《戰國策·魏四》的“周肖”，《韓非子·説林下》作“周趮”。《禮記·檀弓上》：“綢幕，魯也。”鄭《注》：“綢讀如紬。”李家浩先生根據湖南省博物館揀選的一件自名爲“剞”的楚國銅量，指出“剞”的容量是二三〇〇毫升。若此，則“剞”和“篙”的比率當爲一比二。接在“剞”後的“篙”的數量，簡文中祇出現“一篙”，而没有更大的數量，也消極的加强了上述論證的可能性。黄儒宣（2003，187頁）：香港中文大學文物館所藏竹簡《奴婢廩食粟出入簿》132號木牘有“稟大石五石，爲小石八石三斗一參”之語，陳松長指出“一參”相當於大石的二升，也就相當於小石的三升三還有餘數，也許是爲了方便計算，故用這個特殊的重量單位來省略許多尾數的麻煩。流沙墜簡“稟給”類簡41則有“百一十三斛七斗六升六合三撮三秒☐”之語，王國維指出此爲孫子算經法，六粟爲圭，十圭爲秒，十秒爲撮，十撮爲勺，十勺爲合，十合爲升。若據從“參”聲與“小”聲的字可以通用，則“參”可與“秒”通用，然而據上引兩種簡文所記，“參”與“秒”應是不同的單位，所以對於本簡"簜"是否可讀爲"籙"或"笅"，應持保留的態度。李天虹（2005）也懷疑"簜"是"笅（筲）"字的异體，用義與"筲"相同。董珊（2010）從李學勤（2002B，61～64頁）説認爲"簜"當讀作"參"，指三分之一，是量制單位。今按：晁説不可信。"赤"既是量詞，則"簜"亦當是量詞，董珊所引李學勤的看法應當是可信的。邴尚白和李天虹説法亦不可信，黃儒宣已有所論述。俗書"喿"旁與"參"旁常相混。參看王念孫《讀書雜誌》卷七之三，頁十八（江蘇古籍出版社，2000年12月版，590頁）和張涌泉《敦煌俗字研究》（上海教育出版社，1996年12月版，535頁）。馬王堆漢墓帛書《戰國縱橫家書·蘇秦自齊獻書於燕王章》行31～32有"王信田代〈伐〉繰去疾之言功（攻）齊，使齊大戒而不信燕"語，馬王堆漢墓帛書整理者指出"繰去疾，人名，燕臣。《燕策二》繰字作參，古書從參的字常誤從喿"（馬王堆漢墓帛書整理小組：《馬王堆漢墓帛書〔叁〕》，文物出版社，1983年，29頁）。邴文所舉《詩·小雅·北山》之"慘"，《釋文》"字又作懆"，祇能説明"慘""懆"二字相混，并非相通。至於《禮記·檀弓上》之"繰"，前引王念孫《讀書雜志》已指出是"繰"字之誤，故得以與從"小"聲之"綃"字相通。可見，邴文所舉例證均不足據。"簜"字亦見於楚印"鄗開枳簜"（牛濟普：《楚系官璽例舉》，《中原文物》1992年3期，93頁，圖65），其文例與古璽"桼丘廩鷹"相同，"簜"似亦爲量名。

〔18〕　李家浩（2000，61頁）：本號殘片僅殘存右半，"稧"上一字的第一橫與第二橫距離較大，跟當時的"三"字寫法有別，有可能第一橫屬於上一字的筆畫。若此，此殘片文字應當釋寫作"☒□二稧☒"。

# 二　建除

本篇共有十二枚簡（13號至24號），保存情况大致完好，僅13、14、15、21、22號五支簡上端殘缺一至四字。整簡長46.6～48.2厘米，寬0.6～0.8厘米，有兩道編繩。簡文分上下兩欄，以長横和短横隔開。上欄是“建”“竷”等十二名在一年十二個月所值日辰表，下欄是十二名及其占辭。十二名與睡虎地秦簡《日書》楚除第一套十二名基本相同。〔1〕本篇内容屬楚建除家言。原簡無篇題，劉樂賢擬爲《建除A》，劉信芳、陳偉擬爲《建竷》，李零擬爲《曆忌甲種：建除》，李家浩擬爲《建除》。此從李家浩擬名。

【𣌭】㞢:〔2〕建於辰,〔3〕竷於巳,〔4〕敓於午,〔5〕坪於未,〔6〕寍於申,〔7〕工於栖（酉）,〔8〕坐於戌,〔9〕盍於亥,〔10〕城於子,〔11〕復於丑,〔12〕荀於寅,〔13〕散於卯。〔14〕**13** 壹

【夏㞢:〔15〕建於】巳，竷於午，敓於未，坪於申，寍於栖（酉），工於戌，坐於亥，盍於子，城於丑，復於寅，荀於卯，散於辰。**14** 壹

【享月:〔16〕建於】午，竷於未，敓於申，坪於栖（酉），寍於戌，工於亥，坐於子，盍於丑，城於寅，復於卯，荀於辰，散於巳。**15** 壹

夏栾:〔17〕建於未，竷於申，敓於栖（酉），坪於戌，寍於亥，工於子，坐於丑，盍於寅，城於卯，復於辰，荀於巳，散於午。**16** 壹

八月:〔18〕建於申，竷於栖（酉），敓於戌，坪於亥，寍於子，工於丑，坐於寅，盍於卯，城於辰，復於巳，荀於午，散於未。**17** 壹

九月:〔19〕建於栖（酉），竷於戌，敓於亥，坪於子，寍於丑，工於寅，坐於卯，盍於辰，城於巳，復於午，荀於未，散於申。**18** 壹

十月:〔20〕建於戌，竷於亥，敓於子，坪於丑，寍於寅，工於卯，坐於辰，盍於巳，城於午，復於未，荀於申，散於栖（酉）。**19** 壹

負（爨）月:〔21〕建於亥，竷於子，敓於丑，坪於寅，寍於卯，工於辰，坐於巳，盍於午，城於未，復於申，荀於栖（酉），散於戌。**20** 壹

【獻】馬:〔22〕建於子，竷於丑，敓於寅，坪於卯，寍於辰，工於巳，坐於午，盍於未，城於申，復於栖（酉），荀於戌，散於亥。**21** 壹

【冬栾:〔23〕建於】丑，竷於寅，敓於卯，坪於辰，寍於巳，工於午，坐於未，盍於申，城於栖（酉），復於戌，荀於亥，散於子。**22** 壹

屈栾:〔24〕建於寅，竷於卯，敓於辰，坪於巳，寍於午，工於未，坐於申，盍於栖（酉），城於戌，復於亥，荀於子，散於丑。**23** 壹

遠栾:〔25〕建於卯，竷於辰，敓於巳，坪於午，寍於未，工於申，坐於栖（酉），盍於戌，城於亥，復於子，荀於丑，散於寅。**24** 壹

凡建日，大吉，利以取（娶）妻、[26]祭祀、竺（築）室、[27]立社禝（稷）、帶鐱（劍）、[28]冠。[29]**13** 貳

凡贛日，不利以□□，利以爲張罔（網）。[30] **14** 貳

凡敊日，悷矍之日，[31]不利以祭祀、聚眾、□迭（去）、[32]徙豥（家）。[33] **15** 貳

凡坪日，利以祭祀、和人民、[34]詖事。[35] **16** 貳

凡盇日，利以取（娶）妻、内（入）人、徙豥（家）室。[36] **17** 貳

凡工日，不吉，是胃（謂）無紉。[37] **18** 貳

凡坐日，無爲而可，[38]女（如）以祭祀，必又（有）三□。**19** 貳

凡盇日，利以折（製）衣裳（裳）、[39]絀鐜、[40]折（製）布褘（褐）、[41]爲門膚（閭）。[42] **20** 貳

凡城日，大吉，利以結言、[43]取（娶）妻、豥（嫁）子、内（入）人、城（成）言。[44] **21** 貳

凡復日，不吉，無爲而可。**22** 貳

凡荀日，可以爲少（小）社。[45] **23** 貳

凡敚日，利以豥（嫁）女、見人、瑞（佩）玉。[46] **24** 貳

---

[1]　李家浩（2000，61頁）：雲夢秦簡《日書》裏有兩種“除”，甲、乙種各有兩篇。第一篇甲種名爲《除》（一正至一三正），乙種沒有篇名（一至二五）；第二篇甲種名爲《秦除》（一四正至二四正），乙種名爲《除》（二六至四六）。從“除”的名稱等方面看，甲、乙種第一篇是同一種“除”的兩個不同本子。秦簡《日書》“除”第一篇有兩套十二名。第一套是建除十二名，第二套是叢辰十二名。秦簡《日書》“除”第一篇所記建除十二名與本組簡建除十二名基本相同，可見第一篇是楚除。甲種第二篇名爲《秦除》，顯然是對“楚除”而言的。爲叙述方便，將秦簡《日書》甲、乙種“除”第一篇稱爲“楚除”。現將本組簡建除名稱和秦簡《日書》甲、乙種兩篇楚除的建除名稱列表於左，以便對照：

| 楚 簡 | 建 | 贛 | 敊 | 平 | 盇 | 工 | 坐 | 盇 | 城 | 復 | 荀 | 敚 |
|---|---|---|---|---|---|---|---|---|---|---|---|---|
| 秦簡甲 | 建 | 陷 | 彼 | 平 | 寧 | 空 | 坐 | 蓋 | 成 | 甬 | 澳 | 媚 |
| 秦簡乙 | 建 | 窖 | 作 | 平 | 成 | 空 | 壁 | 蓋 | 成 | 復 | 窓 | 贏 |

有一點情況需要指出，秦簡《日書》是把建除和叢辰合在一起的，建除十二名與叢辰十二名相配；相配後的每個建除名和叢辰名合用一條占辭。本墓竹簡的建除和叢辰是各自爲篇的，各自有各自的占辭。根據有關情況，秦簡《日書》楚除的占辭是屬於叢辰的，所以本組簡的占辭不見於秦簡《日書》楚除。

[2]　本篇 13 號、14 號、15 號、21 號、22 號五支簡簡首殘缺，缺文是根據李家浩（2000，46頁）釋文補出的。
　　李家浩（2000，62頁）：“智㞢”和下面的“夏㞢”“享月”“夏柰”等，都是楚國特有的月名。雲夢秦簡《日書》有秦楚月名對照的資料（《睡虎地秦墓竹簡》圖版九四·六四正至六七正，九八·一一一正至一一三正）。現根據秦楚簡的有關資料，將秦楚月名歸納爲下表：

| 月序 | | 一 | 二 | 三 | 四 | 五 | 六 | 七 | 八 | 九 | 十 | 十一 | 十二 |
|---|---|---|---|---|---|---|---|---|---|---|---|---|---|
| 秦月 | | 十月 | 十一月 | 十二月 | 一月 | 二月 | 三月 | 四月 | 五月 | 六月 | 七月 | 八月 | 九月 |
| 楚月 | 秦簡 | 冬夕 | 屈夕 | 援夕 | 刑尸 | 夏尸 | 紡月 | 七月 | 八月 | 九月 | 十月 | 爨月 | 虘馬 |
| | | 中夕 | | | 刑屍 | 夏屍 | | 夏夕 | | | | | 獻馬 |
| | | | | | 刑夷 | 夏夷 | | | | | | | |
| | 楚簡 | 冬栾 | 屈栾 | 遠栾 | 昌屍 | 夏屍 | 享月 | 夏栾 | 八月 | 九月 | 十月 | 㝅月 | 獻馬 |

李家浩（2000，62 頁）又説：“昌”從“刑”聲，“屍”與“尸”皆從“尸”聲。“尸”“夷”音近古通。所以秦簡將“昌屍”寫作“刑尸”“刑屍”“刑夷”等。“昌屍”又見於《左傳》莊公四年、宣公十二年，字作“荊尸”（參看于豪亮《秦簡〈日書〉記時記月諸問題》，《雲夢秦簡研究》三五五、三五六頁，中華書局，一九八一年）。秦用顓頊曆，以夏曆十月爲歲首，其月名仍然使用夏曆月名。從上面的秦楚月名對照表可以看出，楚也是用顓頊曆，以夏曆十月爲歲首，其月名自成一套。一九七七年湖北穀城出土的緒兒缶銘文説：“佳（惟）正月初冬吉，緒兒擇其吉金自乍（作）寶□。”“正月初冬吉”是“正月初冬吉日”的省略説法（參看劉彬徽《湖北出土的兩周金文之國別與年代補記》，《古文字研究》第十九輯一八五、一八六、一九三頁）。初冬是夏曆十月。此也可以證明楚是以夏曆十月爲歲首。不過從秦楚月名對照表看，楚國那套月名所反映的四季，卻是按照周曆來劃分的，與緒兒缶銘文的四季是按照夏曆來劃分的不同。楚十二個月的月名，八月、九月、十月三個月的月名，是按月的序數命名的（楚七月僅在秦簡《歲》篇中出現過兩次，比較特別），與其他九個月的月名不同類，這就向人們透露出這三個月可能屬於一季。在上面所繪的秦楚月名對照表中，以楚八月、九月、十月這三個月爲一個單元，每隔三個月空一格，空格與空格之間表示一季。這樣就會發現四季中的夏冬兩季，其月名所反映的季節性十分明顯。夏季的孟夏叫“夏屍（尸）”，季夏叫“夏夕（夕）”；冬季的季冬叫“冬栾（夕）”。於此可見，楚國那套月名本身所反映的曆法，實際上是顓頊曆和周曆的結合。從月建來説，是顓頊曆，從四季來説是周曆。不僅如此，本組簡和下（三）、（一○）、（一一）、（一二）等組簡（今按：此處所説的四組簡，即本釋文所説的《叢辰》《十二月宿位》《往亡》《移徙》四篇），用的都是夏曆，以夏曆正月爲歲首，但其月名仍然使用那套特殊月名，原來的月序也沒有改變。這跟秦用顓頊曆，而月名仍然使用夏曆月名的情況同類。還有一點需要指出，（一二）組簡的四季是按照夏曆來劃分的，與緒兒缶銘文相同。看來楚人使用的曆法情況十分複雜，人們在研究楚國曆法的時候，要充分注意這一點。具體情況具體對待，不要因爲某一種情況，而否定其他幾種情況的存在，否則的話就會犯錯誤。黃儒宣（2003，17 頁）：“昌屍”爲楚月第四月，相當於夏曆正月。今按：李家浩（2001）也有類似李家浩（2000，62 頁）關於楚曆的説法。有多位學者根據楚簡和秦簡等有關楚月名的資料，對楚國所使用的曆法作過研究，提出過不同的説法。例如：何幼琦（1985）主張楚月名用子正，戰國時實際用曆是寅正；王勝利（1988；1990）主張楚月名歲首用亥正，四季用子正；潘嘯龍（1988）主張楚月名歲首、四季都用子正；武家璧（1996）主張用亥正；曾憲通（1981；1982）、張聞玉（1987）、陳偉（1996；1997）主張用寅正；王紅星（1991）、劉彬徽（1991；1993；2005；2006）主張用丑正。如果讀者對楚曆問題有興趣的話，不妨參看以上諸家的論著。

劉彬徽（2006）爲了證明他所主張的楚曆用丑正説，認爲應把本篇 22 號上“【冬栾，建於】丑”簡排在第一簡。對劉氏的這種説法，有必要在此説明一下。爲了便於説明問題，先把李家浩（2000）附録一“五六號墓竹簡整理順序號與出土登記號對照表”中有關本篇簡號的部分轉録如下，并附上每簡的月名：

| 整理順序號 | 13 | 14 | 15 | 16 | 17 | 18 | 19 | 20 | 21 | 22 | 23 | 24 |
|---|---|---|---|---|---|---|---|---|---|---|---|---|
| 出土登記號 | 135 | 80 | 79 | 146A 77 85 | 140 | 138 | 139 | 144 | 145 | 146B | 147 | 148 |
| 月　名 | 冏层 | 夏层 | 享月 | 夏柰 | 八月 | 九月 | 十月 | 臭月 | 獻馬 | 冬柰 | 屈柰 | 遠柰 |

　　“出土登記號”是竹簡運到室内，從右向左一層層揭取竹簡時給予的編號。從表面上看，有幾支簡的“出土登記號”的次序并不相連，但是從當時清理記録的情况看，這十二支簡實際上是從右向左相連排列的，唯個别簡略有上下錯位而已（146A 是 77＋85 號簡首的一小枚殘片，不知是什麽原因附在 146B 上）。根據這一情况，劉氏把 146B（22）號“冬柰”簡排在本篇第一簡，顯然是不可以的，這是明白不過的事實。

　　又上引李家浩（2000，62 頁）提到的緒兒缶銘文的“正月”，李學勤（1999，103 頁；2003；2005，343～345 頁）認爲不是一月，是指夏正而言的。

〔3〕　建，李家浩（2000，63 頁）：簡文“建”皆寫作𡈼形，从“聿”从“止”。這種寫法的“建”還見於長沙楚帛書（曾憲通：《長沙楚帛書文字編》四八頁，中華書局，一九九三年），跟常見的古文字“建”作𡊨（《金文編》一一九頁）、𨖷（《漢印文字徵》二·一七）等形者有别。金文中有一個从“聿”从“辵”的“逮”字，作𨔶、𨔾二形（《金文編》一一九、一一八一頁），舊或釋爲“建”。按雲夢秦簡“建”或寫作𨖇（張守忠：《睡虎地秦簡文字編》二五頁），从“辵”，可見把“逮”釋爲“建”恐怕是對的。在古文字中往往將“辵”旁寫作“止”，簡文“聿”大概是“逮”這種形體的“建”之簡寫。黄儒宣（2003，18 頁）：郭店楚簡《老子》乙篇簡 10、11、15 和上博簡《容成氏》簡 22 从“聿”从“止”之字均讀爲“建”。

　　辰，原文作“唇”。李家浩（2000，64 頁）：“唇”字常見於楚國文字，从“日”，多用爲時辰之“辰”。

〔4〕　讒，原文作“𧽯”。李家浩（1995，506、507 頁；2000，46、47、64 頁）釋作“讒”。劉樂賢（1996）隸定作“𧽲”，説：整理者隸定爲“讒”有誤，其右下所從是止而非夂。其所從歁即讒字的聲符，乃從欠得聲，其音讀當與陷或窞近。所以，𧽲與睡虎地日書的陷、窞也是音近相通。李家浩（2000，64 頁）：簡文“讒”字原文皆寫作从“止”从“歁”。《説文》“贛”“𨏌”“讒”等字所從聲旁“𡕢”，即“歁”之譌誤（參看李家浩《楚國官印考釋（四篇）》，《江漢考古》一九八四年二期四四、四五頁）。《説文》夂部説“讒”从“夂”。根據古文字，“止”“夂”二字皆像足趾之趾。疑簡文“𧽯”應當是“讒”字的異體，故釋文將其徑寫作“讒”。秦簡《日書》楚除跟“讒”相當的字，甲種作“陷”，乙種作“窞”。按“讒”“陷”“窞”三字古音相近，可以通用。劉信芳（1997）、陳偉（1998）和黄儒宣（2003，19 頁）也認爲簡文“讒”與睡虎地秦簡《日書》的“陷”或“窞”音近可通。今按：“𧽯”字除劉樂賢隸作“𧽲”外，其他學者都從李家浩釋作“讒”，本釋文從之。

〔5〕　劉信芳（1997）：秦簡中“㪷”或作“作”。古音從乍從皮之字音近，如“鈹”又稱“鉏”（見《廣雅·釋器》），而“作”又可假爲“詛”，如《詩·大雅·蕩》“侯作侯祝”即“侯詛侯祝”。故秦簡之“作”乃“㪷”或“彼”之音近借字。李家浩（2000，64 頁）：“㪷”不見於字書，字當從“皮”得聲。“㪷”，秦簡《日書》楚除甲種作“彼”，乙種作“作”。“㪷”、“彼”二字所從聲旁相同，可以通用。“彼”“作”二字形近，“作”當是“彼”字之誤。黄儒宣（2003，20 頁）：“彼”爲幫紐歌部字，“作”爲從紐鐸部字，二字聲韻遠隔，疑睡虎地秦簡《日書》乙種“作”是訛字。今按：劉説不可信。黄文已指出“彼”“作”二字聲韻遠隔，難以相通。《廣雅·釋器》：“鎩、鎭、鋸、鈹、鎛，鉏也。”若據劉説，豈不是“鎩、鎭、鋸、鎛”諸字也都與“鉏”字音近可通？當以李家浩的説法爲是。

〔6〕　坪，劉信芳（1997）：楚簡中“平”字多作“坪”。李家浩（2000，64 頁）：簡文“坪”字原文皆寫作𡎚。類

似這種寫法的"坪"還見於長沙楚帛書、包山楚墓竹簡和古璽文字等，舊或釋爲"塝""重"等，皆不可信。關於此字的考釋，請看李棪齋《評巴納氏〈楚帛書文字的韵與律〉》（引自許學仁《先秦楚文字研究》一八四頁，臺灣，一九七九年），嚴一萍《楚帛書新考》（《中國文字》第二七期），裘錫圭《談談隨縣曾侯乙墓的文字資料》（《文物》一九七九年七期）。"坪"，秦簡《日書》甲、乙種建除皆作"平"。

〔7〕　窊，原文作"窟"。劉信芳（1997）：秦簡中"窊"作"寧"，二字古聲韵皆同。或作"成"，成、寧皆從丁得聲，知秦簡《日書》乙種之"成"乃"寧"之借字。李家浩（2000，65頁）：簡文"窊"字原文皆作"窟"，此字見於包山楚墓竹簡七二號，《包山楚簡》作者釋爲"窊"，甚是。"窊"，秦簡《日書》楚除甲種作"寧"，乙種作"成"。《說文》丂部說"寧"從"窊"得聲，故"窊""寧"二字可以通用。秦簡《日書》楚除名第九字，甲、乙種皆作"成"，乙種與"窊"或"寧"相當的"成"，顯然是一個誤字。古音"窊""寧""成"都是耕部字，當是因音近而致誤。今按：李家浩的說法較確切。《說文》說"寧""從丂窊聲"。劉信芳說"寧""從丁得聲"，未知何據。

〔8〕　工，劉信芳（1997）、李家浩（2000，65頁）都說此建除名在秦簡《日書》甲、乙種楚除中作"空"。"空"從"工"聲，故"工""空"二字可以通用。
　　　栖，原文作"𢽰"。李家浩（2000，65頁）：這種寫法的"栖"還見於鄂君啓節和包山竹簡等楚國文字，簡文用爲十二地支申酉之"酉"。

〔9〕　坐，李家浩（2000，65頁）：此建除名，秦簡《日書》楚除甲種作"坐"，與楚簡同；乙種作"堲"。"堲"即"髽"字异體，從"坐"聲。

〔10〕　盍，李家浩（2000，65頁）：秦簡《日書》楚除甲、乙皆作"蓋"。"蓋"從"盍"聲，故"盍""蓋"二字可以通用。

〔11〕　城，李家浩（2000，65頁）：秦簡《日書》楚除甲、乙種皆作"成"。"城"從"成"聲，故"成""城"二字可以通用。

〔12〕　復，劉信芳（1997）：秦簡中或作"甬"。《淮南子·本經》："甬道相連。"高誘注："甬道，飛閣複道也。"李家浩（2000，65頁）："復"原作"遉"，"遉"是"復"字的古文。此建除名，秦簡《日書》楚除甲種（今按：此"甲種"與下"乙種"當互置）作"復"，與楚簡同；乙種作"甬"，與楚簡异。按秦簡文字"甬"作𤰞，"荀"作𤰞（"備"字的偏旁，《睡虎地秦簡文字編》一〇七、一二九頁），二字字形十分相似。"復""荀"二字音近古通。疑秦簡《日書》楚除乙種的"甬"即"荀"字之誤。黃儒宣（2003，22頁）：睡虎地秦簡《日書》"甬"字作𤰞，楚簡"甫"字作𤰞，疑睡虎地秦簡《日書》"甬"字爲"甫"字之訛，"遉"并紐覺部，"甫"幫紐魚部，二者聲紐相近，或可通用。今按：李家浩（1999B）也有類似李家浩（2000，65頁）的說法。九店楚簡與睡虎地秦簡建除名稱上的差異大都可以用通假關係來解釋，如：竷與陷、窨；敓與彼；窊與寧、成；工與空；坐與堲；城與成；盍與蓋；散與媚。另有個別是誤字造成的，如九店楚簡之"散"，秦簡甲種作"媚"，乙種作"嬴"，"嬴"乃"媚"字之誤，就屬這種情況（參看下注〔14〕所引李家浩的說法）。可見，這種名稱上的差異不存在字義上的關聯，故劉說非是。就秦簡之"甬"到底爲何字之誤的認識上，李家浩的說法亦較黃說爲優，因爲黃說"甬"字爲"甫"字之訛，但從字音上講，"甫"與"遉"韵部有一定距離。

〔13〕　荀，原文作"𦯧"。劉樂賢（1996）將該字隸作"苟"，說：從現有楚文字資料看，苟字所從并非旬字。睡虎地日書中與之相對應的爲濡、窞、窊三字，李零先生說當與窊字通假，其說可信。此字亦見於包山楚簡第151號簡，簡文與田制有關，疑讀爲畹。徐在國（1997）：該字當分析爲從艸從田夗聲，應釋爲"苑"。劉信芳（1997）將該字隸作"苟"，說：簡文此字未見於字書。秦簡作"濡"或"窞"，由窞、濡互文，知濡讀如"畏"，"苟"字讀音應與"畏""窞"相近。陳松長（1997）：包山簡中"茜"作"𦯧"（255簡），"酉"

字或作"畫"（52 簡）、"畫"（61 簡）、"畫"（128 簡）、"畫"（140 簡），"西"字起首的兩橫畫每畫作彎曲形收尾，第二橫畫的收筆向下拉出一定的彎度後再收筆，因此，曾有人將包山楚簡中的"𦱤"字徑釋爲"苗"，并稱其爲"從草從畺省"（今按：原注：滕壬生《楚系簡帛文字編》湖北教育出版社，1995 年，980頁），而且將其列在"畺"這個字條之下，視爲"畺"字之異構，恐怕是比較合理的。首先，在包山簡中，其文句是"城田一，索畔苗（畺）"，樂賢兄曾指出該字與田制有關，確實不錯。所謂"畔苗（畺）"，猶言田界也。其次，在九店簡中，作爲日名，亦可與睡虎地秦簡中的"窈"字相通。語音上，"窈"與"畹"通，同屬影母元韻字，苗（畺）是見母陽韻字，元、陽二韻的主要元音相同，例可通轉。語義上，畹，《說文·田部》："田三十畝也"。畺，《說文·田部》："界也，從畕，三其畫也"。"畕，比田也，從二田"。可見，二字均與田以及田地的範圍多少有關，因此，二字互見，且用之於不同的地域，這是完全可以成立的。陳偉（1998）：該字當分析作"從艸從甸"，指出古書中甸、田通用，故此字似即"苗"。"苗""茅"音近，可以通假。《儀禮·士相見禮》"在野則曰草茅之臣"，鄭注："古文茅作苗"，茅、柔皆從"矛"得聲，柔則與安、濡二字意義有關，并與濡音近通假。《爾雅·釋詁》："柔，安也。"《淮南子·說山訓》"厲利劍者必以柔砥"，高注："柔，濡。"《詩·周頌·時邁》"懷柔百神"，《釋文》："柔如字，本亦作濡。"李零（1999）認爲該字當釋爲"菀"，說：此字下半所從并非甸字，而是一個從田從宛的字，這種寫法的"宛"字，其貌似於勹的偏旁可能是由金文"𩜹"字所從的ㄅ演變而來。又引董珊說：金文"原"字的古體含有這個部分，其形體演變可爲旁證。李家浩（2000，66 頁）：此字原文作𦱤，從"艸"從"畠"。按古文字從"勹"旁之字作如下諸形：𩜹（匍）、𩜹（匌）、角（朋，《金文編》六四九、六五一、六六一頁）、𦱤（郍，《包山楚簡》圖版七八·一七二）。"畠"所從"ㄅ"與上錄諸字"勹"旁相似，故將𦱤字隸定作"苟"。如果對簡文"苟"的釋寫不誤。那麼此字應當分析爲從"艸"從"甸"聲。此建除名，秦簡《日書》楚除乙種作"窈""宭"，甲種圖版照片文字不甚清楚，釋文作"濡"。"窈"，《說文》以爲"宛"字的或體，《玉篇》以爲冤枉之"冤"的本字，《集韻》以爲"怨"字的或體。"宭"字不見於字書，顯然是"窈"字的異體。上古音"宛""安"都是影母元部字，故從"宛"聲的"窈"可以寫作從"安"聲的"宭"。"濡"與"窈"的讀音相隔甚遠。王念孫曾指出，"凡隸書從'耎'之字，多誤從'需'，若'硬'之爲'礝'，'偄'之爲'𤸁'，'蝡'之爲'蠕'，皆是也"（《讀書雜誌》五之二"涅儒"條）。《儀禮·士喪禮》"澡濯棄于坎"，此語見於《禮記·喪大記》，"澡"作"濡"。《水經注·濡水注》說"濡水"一名"難河"，"濡、難聲相近，狄俗語譌耳"。王念孫等人指出，"濡水"之"濡"爲"㶟"字之誤（《讀書雜誌》四之七"洫水、蠻夷"條）。"㶟""窈"二字的古音都屬元部。疑秦簡"濡"是"㶟"字的誤釋。"甸"字的古音屬真部。古代真元二部的字音關係密切。"甸""㶟"二字的聲母也近。"甸"屬定母，"㶟"屬泥母，都是舌頭音。"苟""窈""㶟"當是一聲之轉。"苟"字還見於包山楚墓竹簡一五一號："左馭番戍飤（食）田於邔𢧵（域）酓邑，城田一索畔（?）苟。"其義當與田有關。今按：李家浩（1999B）也有類似李家浩（2000，66 頁）的說法。𦱤字所從聲旁"畠"，亦見於上海博物館藏戰國竹簡《孔子詩論》，爲𦱤字的釋讀提供了新的資料。《孔子詩論》"畠丘"連言，是《詩》篇名，即《毛詩·陳風》的《宛丘》。睡虎地秦簡《日書》乙種與本篇𦱤相當的"窈"即從"宛"聲。季旭昇（2001，120 頁）、李學勤（2002A）、劉信芳（2002）、黃儒宣（2003，24 頁）、何琳儀（2003，340～348 頁）、馮勝君（2004，283～284 頁）等據金文"邍"或作"�"，認爲"畠"即"邍"字的省寫"备"；其字形結構，各家多認爲應分析爲從"田"從"ㄅ"聲，"ㄅ"即"宛"字所從聲旁"夗"的變體。上古音"邍"跟"宛""窈""宭""㶟"等字一樣也是元部字。從字形和字音兩個方面看，此說很有道理。不過，在戰國文字中，確認爲"邍"字省寫的"备"，如貨幣文字、璽印文字、古陶文字和上海博物館藏戰國竹書《周易·比卦》等，都作备形，而不作畠形。由此看來，畠是否"邍"字的省寫"备"，還需研究。值得注意的是，上海博物館藏戰國竹書《周易》的需卦之"需"作🔲。據上引李家浩所説，古代"需""耎"二字常常混用，疑傳本《周易·需卦》之"需"當用爲"耎"。從睡虎地秦簡《日書》甲種與本篇🔲相當的字作"澳"來看，🔲與🔲都應當從"冖"得聲。睡虎地秦簡《日書》甲種《詰》篇有一個鬼名"勾鬼"（簡41背壹），疑🔲、勾是同一個字。根據秦簡這一字形，本釋文暫且仍采用李家浩的釋法，將🔲釋寫作"荀"，但李家浩對"荀"的字形分析是有問題的。

〔14〕　散，劉信芳（1997）：秦簡中"散"作"贏"，《説文》解贏字"從貝，羸聲"，羸、散古音同在微部（贏古多假作累，贏從羸聲）。段玉裁、朱駿聲等皆謂"贏"非從"羸"聲，今據九店簡，知許慎之説不誤。陳偉（1998）：睡虎地日書"散"均作"贏"。贏從羸得聲，所以《秦律十八種·工律》借"贏"爲"累"。累爲微部來母，散爲微部明母，二字鄰組疊韵，或可通假。李家浩（2000，67頁）説："散"即"微"字所從的聲旁。此建除名，秦簡《日書》楚除甲種作"媚"（《睡虎地秦墓竹簡》釋文誤釋爲"贏"），乙種作"贏"。"散""媚"古音相近，可以通用。例如：《儀禮·少牢饋食禮》"眉壽萬年"，鄭玄注："古文……'眉'爲'微'。"《左傳》莊公二十八年《經》"冬，築郿"，《公羊傳》《穀梁轉》"郿"皆作"微"。秦簡文字"贏"作🔲、🔲，"媚"作🔲、🔲（《睡虎地秦簡文字編》九五、九六、一八六頁），二字字形有相似之處，乙種的"贏"當是"媚"字之誤。黃儒宣（2003，25頁）："微"明紐微部，"媚"明紐脂部，"贏"喻紐耕部。"微""媚"聲同韵近，"贏"與"微"韵近，或可通用。今按：李家浩（1999B）也有類似李家浩（2000，67頁）的説法。上古音"微"屬明母微部字，"贏"屬餘母耕部字，二字聲韵均有一定距離，李家浩的説法不失爲是一種合理的解釋。

〔15〕　李家浩（2000，67頁）："夏原""夏夈"二月名見於下七七號、七八號等簡，"夏"字原文皆作"頵"，即古文"夏"。黃儒宣（2003，25頁）："頵（夏）原"爲楚月第五月，相當於夏曆二月。

〔16〕　李家浩（2000，67頁）："享月"見於下七七號、七八號等簡，原文是合文。這種合文寫法的"享月"還見於包山楚墓竹簡一二〇號、一二一號、二〇〇號和長沙楚銅量銘文（《江漢考古》一九八七年二期封三）。許多學者指出，"享月"是楚月第六月，秦簡作"紡月"。按"享"與"亯"古本一字；"亯"有許庚切、撫庚切二音，後一讀音的"亯"即"烹"字，與"紡"的上古音同屬滂母陽部，所以"享""紡"二字可以通用。《周易》的《大有》九三"公用亨（享）于天子"和《隨》上六"王用亨（享）于西山"，馬王堆漢墓帛書《周易》二"亨（享）"字皆作"芳"（《馬王堆帛書〈六十四卦〉釋文》，《文物》一九八四年三期六頁）。秦簡"享"作"紡"，猶此"亨（享）"作"芳"。今按：據李家浩所説，"享月"也可能應當釋讀爲"亨月"。上博簡《周易》的《隨》上六與馬王堆帛書《周易》"芳"字相對應的字亦爲"享"。

〔17〕　黃儒宣（2003，25頁）："頵（夏）夈"爲楚月第七月。今按："夏夈"之"夈"，亦見於下"冬夈""屈夈""遠夈"等月名，睡虎地秦簡《日書》與這些月名中"夈"相當的字皆作"夕"。朱德熙（1979）："夈，從示亦聲。《廣韵》昔韵：'亦'羊益切，喻母四等；'夕'祥易切，邪母。古音'亦、夕'都在魚部，喻母四等與邪母諧聲、假借均有密切關係。二字古音相近，古籍常互爲異文。《晏子·内篇雜上》第二章'吾亦無死矣'，銀雀山竹簡本《晏子》作'吾夕無死已'。又《内篇雜下》第四章'晏子曰嘻亦善……'銀雀山竹簡本作'晏子□詠夕善矣'，并假夕爲亦。"

〔18〕　黃儒宣（2003，26頁）："八月"爲楚月第八月，相當於夏曆五月。

〔19〕　黃儒宣（2003，26頁）："九月"爲楚月第九月，相當於夏曆六月。

〔20〕　黃儒宣（2003，26頁）："十月"爲楚月第十月，相當於夏曆七月。

〔21〕　李家浩（2000，67頁）："戾月"見於下七七號、八三號等簡。"戾月"之"戾"，望山二號楚墓竹簡和包山楚墓竹簡等或作"戾""炅"等形。秦簡《日書》"戾月"作"奡（爨）月"，所以許多學者指出，"戾"或"炅"即"爨"字的異體。黃儒宣（2003，26頁）："戾月"爲楚月第十一月，相當於夏曆八月。

〔22〕黃儒宣（2003，27頁）："獻馬"爲楚月第十二月，相當於夏曆九月。

〔23〕李家浩（2000，68頁）："冬柰"見於下七八號、八四號等簡。"冬"字原文作"各"，即《説文》古文"冬"。"冬柰"，秦簡《日書》作"中夕"。"冬""中"音近古通。黃儒宣（2003，27頁）："各（冬）柰"爲楚月第一月，相當於夏曆十月。

〔24〕黃儒宣（2003，27頁）："屈柰"爲楚月第二月，相當於夏曆十一月。

〔25〕李家浩（2000，68頁）："遠柰"，秦簡《日書》作"援夕"。上古音"遠""援"都是匣母元部字，故二字可以通用。黃儒宣（2003，27頁）："遠柰"爲楚月第三月，相當於夏曆十二月。

〔26〕利，本墓竹簡均作"秒"。李家浩（2000，68頁）："秒"，《説文》古文"利"。

以，本墓竹簡均作"弓"。《玉篇》巳部："弓，今作以。"

妻，原文作"要"。李家浩（2000，68頁）：此字見於長沙楚帛書，曾憲通先生據《古文四聲韵》卷一齊韵所引《古孝經》"妻"字等寫法，將其釋爲"妻"（《長沙楚帛書文字編》三四頁），十分正確。

〔27〕李家浩（2000，69頁）：《説文》説"築"從"筑"聲，而"筑""竺"二字都從"竹"聲，故"竺"可以讀爲"築"。下五六號簡"☒不竺東北之遇（寓）"之"竺"，也讀爲"築"。

〔28〕帶，原文作"繡"。劉樂賢（1994，316頁）：帶劍即佩劍。李家浩（2000，69頁）："繡"字見於信陽楚簡等，從"糸"從"帶"聲，即"帶"字的繁體（參看朱德熙、裘錫圭《信陽楚簡考釋（五篇）》，《考古學報》一九七三年一期一二五、一二六頁）。

〔29〕李家浩（2000，69頁）："冠"字原文作𠨷，從"弓"從"兀"，下三六號、四一號等簡作𠨷，從"弓"從"元"。"兀"、"元"古本一字，故可通作。此字見於望山二號楚墓竹簡（四九號、六一號、六二號）和包山楚墓竹簡（二一九號、二三一號、二五九號、二六三號）。《望山楚簡》一二七頁考釋〔一二〇〕謂"冗"是"冠"的古體。

李家浩（1995，507頁）"冠"字前用逗號，李家浩（2000，47頁）改用頓號。張富海（2004）："冠"字前用頓號不妥，宜改爲逗號。因爲"冠"不可能作"帶"的賓語。劍可用帶系於腰間，冠則祇可用簪固定在髮上，與"帶"無關。古書中常見帶某劍、冠某冠，如《楚辭·涉江》："帶長鋏之陸離兮，冠切雲之崔嵬"，可見此簡文中的"冠"應是動詞，讀去聲，義爲行加冠禮，與其前面的"娶妻""祭祀""築室""立社稷""帶劍"并列，而不與"劍"字并列。下文簡36有"利以冠"，與此處"冠"字用法同。又秦簡《日書》乙種楚除有"復、秀之日，利以乘車、寇〈冠〉、帶劍、製衣裳、祭、作大事、家（嫁）子，皆可，吉"，亦以"帶劍"與"冠"并列，但兩者的前後位置與此處正好相反，也可以證明"冠"不當與"劍"并列。下文簡36"帶劍、冠，吉"，頓號亦以改逗號爲宜。今按：王子今（2003，43頁）在解釋秦簡《日書》甲一三正貳的"寇〈冠〉"時亦認爲"冠"應理解爲當日行冠禮。張富海和王子今的說法可從，但考慮到本篇簡文"利以"之後的詞組都是"利以"的行爲，爲并列關係，故統一用頓號。

〔30〕張富海（2004）："張網"可以理解爲張網捕魚之義，但這樣一來，前面的"爲"字沒有了着落，成了多餘的字。如果當時真要表達利以張網捕魚的意思，似乎應該説成"利以張網"或"利以爲張網之事"。"爲"有製作之義，如下簡20下"爲門膚"，此簡的"爲"字也可以解釋爲"製作"。那麼，"張網"就是一個名詞或名詞性片語，可能是一種網的名稱，或者"張"通"帳"，帷帳和網同類，所以并提。今按：古代漢語有兩字同義連用的情況，疑簡文"爲張"即屬於這種情況。《廣雅·釋詁三》："設、張、爲，施也。"王念孫《廣雅疏證補正》："《呂氏春秋·長利篇》注：'爲，施也。'今俗語猶云'施爲'矣。""施爲"也是兩字同義連用。若此"爲張網"與下31號簡"設網"同義。

〔31〕懣戁，李家浩（2000，69頁）："懣"字見於《集韵》卷二寒韵，訓爲"杖也"，當非簡文之義。《淮南子·齊俗》"故伊尹之興土功也，修脛者使之跖钁"，許慎注："長脛者以蹋插（舌）者，使入深。""钁"是大

鋤（見《説文》等），許注將"钁"訓爲"舀"，顯然是一個假借字。《太平御覽》卷三七、七六四引此，"钁"皆作"鐸"。《淮南子》在漢代就有許、高异本，《太平御覽》引此作"鐸"，大概是高本。《説文》"鐸"作"耒"，"兩刃舀也"。舀亦稱爲"栗"。《説文》木部："栗，耒舀也。从木、入，象形；㕯聲。""钁"從"矍"聲，"矍"從"瞿"聲，而"瞿""栗"皆從"㕯"聲。"跖钁"之"钁"當是"栗"字的假借。疑簡文"悓矍"應當讀爲"踐栗"，與《淮南子》的"跖钁（栗）"同義。"悓（踐）矍（栗）之日"當指耕種之日。黃儒宣（2003，30頁）：《論衡·程材》："禹決江河，不秉钁鍤。"《論衡·辨祟》："夫使食口十人，居一宅之中，不動钁錘（鍤），不更居處，祠祀嫁娶，皆擇吉日，從春至冬，不犯忌諱，則夫十人比至百年，能不死乎?"黃暉認爲《論衡》"不秉钁鍤""不動钁錘（鍤）"謂不起土興功犯歲月也。因此簡文"悓矍"當非耕種，而應指動土之事。今按：一般來説，本篇和下一篇在建除和叢辰名稱之後出現的占辭，經常會是有關這一天的整體性説明，例如："凡建日，大吉"（13 貳）；"凡工日，不吉"（18 貳）；"是謂（謂）絶日，無爲而可，名之曰死日"（34）；"是胃（謂）禾日，利以大祭之日"（36）。如果在建除和叢辰名稱之後出現的是某種具體行爲，則是用"利以"、"不利以"和"可以"這幾種用語來開頭，例如："凡贛日，不利以□□，利以爲張網"（14 貳）；"凡寧日，利以取（娶）妻，内（入）人，徙家"（17 貳）；"凡荀日，可以爲少（小）社"（23 貳）；"是胃（謂）交日，利以串戶秀（牖），鑿井，行水事"（27）；"是胃（謂）達日，利以行師徒，出正（征），得"（30）。從這方面來考慮，"悓矍之日"似應當是對啟日這一天的整體性説明，而不是一種具體的行爲。因此，頗疑"悓矍"應該讀爲"恂懼"。上古音"悓"屬從母元部，"恂"屬心母真部。從、心二母都是齒頭音，真、元二部字音關係密切。例如：銀雀山漢墓竹簡《孫臏兵法·奇正》有"使民唯（雖）不利，進死而不筍踵……故民見□人而未見死，道（蹈）白刃而不筍踵"之語，此二"筍踵"皆讀爲"旋踵"。"筍"屬真部，"旋"屬元部。《楚辭·九歌·湘君》以元部的"淺""閒"與真部的"翩"押韵。"矍""懼"二字都從"瞿"得聲。所以"悓矍"可以讀爲"恂懼"。《莊子·齊物論》："民溼寢則腰疾偏死，鰌然乎哉? 木處則惴慄恂懼，猿猴然乎哉?"成玄英疏："惴慄恂懼，是恐迫之别名。"陸德明《釋文》："恂，郭音荀，徐音峻，恐貌。崔云：戰也。""凡啟日，恂懼之日"的意思是説：凡啟日，都是恐懼的日子。故簡文緊接著説"不利以祭祀，聚眾，□去，徙家。"

之日，原文作合文"㫗"。李家浩（2000，69頁）："悓矍"下之字亦見於三六號、七九號、一〇四號等簡，原文作㫗。此字有兩種分析法。一、此字右下側兩點表示這個字是"之日"的合文。二、《説文》"時"字古文作"旹"，從"日"從"之"聲。此字右下側兩點表示這個字是作爲"之旹（時）"來用的，跟楚國文字"之戠（歲）"作"戠〓"同例。㫗字常見於包山楚簡，都是作爲"之日"來用的。所以釋文也把本墓竹簡的㫗作爲"之日"的合文來處理。但是從七九號簡此字之上似是月名"遠柰"來看，也不排除本墓竹簡的㫗是作爲"之旹（時）"來用的。

〔32〕　李家浩（2000，70頁）："迲"字屢見於戰國文字，從"辵"從"去"聲，即來去之"去"的專字。其上一字殘泐，有可能是"遠"字。劉國勝（2000）認爲"迲（去）"當釋爲"寄"，説：郭店簡《老子》有"愛以身爲天下，若可以寄天下矣"之語，"寄"正作此形。江陵天星觀楚簡又有"期中將動，寄處不爲友"之語，"寄"亦作此形。原釋"去"，釋"寄"較釋"去"更貼切。"寄"上一字，似作"舊"，讀爲"久"。黃儒宣（2003，30頁）堅持李家浩釋"迲（去）"的看法，説：此字還見於郭店楚簡《成之聞之》簡21"是以智（知）而求之不疾，其迲（去）人弗遠恔"以及上博簡《容成氏》簡41"述（遂）逃，迲（去）之桑（蒼）虘（梧）之埜（野）"，這兩處簡文之"迲"皆讀爲"去"，故本簡"迲"亦應讀爲"去"。今按：劉説恐非。此字原文殘泐，從殘畫看，將其釋爲"迲（去）"顯然較釋爲"寄"爲確。"迲（去）"上之字，殘泐不清，待考。

〔33〕　徙，李家浩（2000，70頁）：此字原作"遞"，字亦見於長沙楚帛書（《長沙楚帛書文字編》六八頁）和古

璽文字（《古璽文編》三七頁，原書誤釋爲"逑"）。下一七號簡下欄有"屖豪室"之語。"遅"與"屖"用
法相同，當是同一個詞的不同寫法。本墓九〇號、九一號簡有一個從"屖"的"遅"字。"屖""遅"二字
都見於包山楚墓竹簡等。許多學者指出，"屖"即《説文》"徙"字古文𣥠，"遅"即《古文四聲韵》卷三紙
韵"徙"字所引《古老子》𧾷。"遅"當是"遅"的省寫，《長沙楚帛書文字編》六八頁於"遅"字下注説
"或以爲徙字"，十分正確。

　　豪，李家浩（2000，71 頁）："豪"字屢見於楚國文字，從"爪"從"宀"從"豕"。在望山一號墓竹簡中，
此字或寫作"𡨄"，從"爪"從"宀"從"至"。朱德熙先生説"豕"和"至"都是脂部字，古音相近，所
以這個字以"豕"或"至"爲聲符。詳見《長沙帛書考釋（五篇）》（《古文字研究》第十九輯二九二、二
九三頁）。下二八號簡"亂"字作"𤔔"，其字形結構與"豪"或"𡨄"相同，此字從"𤔔"聲。此外，在
古璽文字中也有一個與"豪"或"𡨄"字形結構相同的"𧠨"字（《古璽文編》四八一頁），此字顯然是從
"與"聲。由此可見，朱先生對"豪"字字形結構的分析是十分正確的。不過"豪"字除讀如它所從的
"豕"音外，還讀如它所從的"宀"音。這跟"狄"字古文"采"包含有"卒"的字形，在楚國文字中或
讀爲"卒"的情況相同（參看李家浩《從戰國"忠信"印談古文字中異讀現象》，《北京大學學報（哲學社
會科學版）》一九八七年二期一三頁）。此處的"豪"是作爲"宀"字來用的。

　　徙豪，李零（1999）：似應讀爲"徙嫁"。今按："豪"在楚文字裏多用爲"宀"，"徙豪"讀爲"徙家"文
從字順，不必改讀"家"爲"嫁"。

〔34〕　李家浩（2000，71 頁）：本墓竹簡"民"字有兩種寫法：𢁒（四一號）、𢁒（四七號），其上皆作"中"字
形，字形比較特別。本簡"民"字原文略有殘泐，從殘畫看，是後一種寫法。

〔35〕　李家浩（2000，71 頁）：包山楚墓竹簡司法文書部分常見"訞"字，細繹文義，上對下而言用"訞"，下對
上而言用"告"。有人認爲"訞""似可讀作屬，表示上級官長將訟獄交付給下級官員辦理"（陳偉：《包山
楚簡初探》三〇頁，武漢大學出版社，一九九六年）。也有人認爲"訞"應當讀爲"諭"，訓爲"告"（史
傑鵬：《關於包山楚簡司法文書的幾個問題》，北京大學碩士研究生學位論文，一九九七年）。李家浩
（2000，138 頁）又説：《老子》第十九章"故令有所屬"，郭店楚墓竹簡《老子》甲組二號"屬"作"豆"
（《郭店楚墓竹簡》三・一一一頁，文物出版社，一九九八年）。"訞"從"豆"得聲。據此，本墓竹簡"訞
事"和包山楚墓竹簡"所訞"等的"訞"，皆當以讀爲"屬"爲是。《吕氏春秋・慎人》："百里奚之未遇時
也……公孫枝得而説之，獻諸繆公，三日，請屬事也。"今按：陳偉（2003）據郭店楚墓竹簡《老子》甲組
2 號"屬"作"豆"，重申楚簡的"訞"應讀爲"屬"。現在看來，這一意見無疑是正確的。

〔36〕　李家浩（2000，72 頁）："豪"上一字原文殘泐，從殘畫看，當是"屖"字。此字見於包山楚墓竹簡等，即
《説文》"徙"字的古文𣥠。"豪"讀爲"宀"。今按："家室"指住宅。參看下《叢辰》篇注〔33〕。

〔37〕　李家浩（2000，72 頁）："紅"字左半是"糸"，右半似是"工"的殘文。若此，此字當釋爲"紅"。古書多
以"紅"爲"功"（參看高亨《古字通假會典》一頁），疑簡文"無紅"應當讀爲"無功"。

〔38〕　此號簡和下 23 號、34 號簡都有"無爲而可"之語，"而"字原文作�，李家浩（1995，507、508 頁）作爲
不認識的字。劉樂賢（1996）、徐在國（1997）、李家浩（2000，72 頁）等指出此字見於包山楚墓竹簡，應
從《包山楚簡》釋爲"而"。劉樂賢（1996）：簡文的坐日、復日、絶日都是凶日，不利行事，故言"無爲
而可"。無爲而可者，謂凶日不做任何事情則可以避禍。徐在國（1997）："無爲而可"中的"而"字在這裏
是連詞，表示承接，相當於"則"，"無爲而可"即"無爲則可"，意思是無所作爲就可以了。李家浩
（2000，72 頁）：本簡的"坐日"和二二號簡的"復日"，都是不吉日。三四號簡的"絶日"，也是不吉日。
"無爲而可"的意思是説：這一天什麼事也不作，就可以避免災難的發生。

〔39〕　李家浩（2000，72 頁）："製"從"制"聲。古代"制""折"二字形、音、義極爲接近（參看裘錫圭《説

字小記》，《北京師院學報（社會科學版）》一九八八年二期一〇、一一頁），故秦漢文字"製"多寫作"裚"，從"折"聲。此處"折衣裳"和下文"折布虘"之"折"，皆應當讀爲"製"。"衣"字原文寫作"卒"。按古文字"衣""卒"二字形近，戰國文字多以"卒"爲"衣"。此處的"卒"是作爲"衣"字來用的，所以釋文徑寫作"衣"。"裳"字見於楚王酓朏銅器銘文，從"示"從"尚"聲，即《爾雅·釋天》所說的"秋祭曰嘗"之"嘗"的專字（參看《金文詁林》第一册一六四、一六五頁引郭沫若、劉節等人曰）。簡文"裳"假借爲衣裳之"裳"。黃儒宣（2003，34頁）指出郭店楚簡亦有"裳"字，可參。今按："折衣裳"，下《叢辰》36號簡作"折衣綯"，睡虎地秦簡《日書》甲種除一三正貳與之相當的文字作"折衣常（裳）"，整理小組注："折，讀爲裚，即製字。"李學勤（1981，340頁）也談到"裚"字：《管子·大匡》有裚字，注云"斷也"，此字屢見於秦簡，如"三曰擅裚割"（《爲吏之道》）；"利以裚衣裳"（《日書》乙種）；"利以乘車、冠、帶劍，裚衣裳"（同上）。裚其實就是製字的異體，"裚衣裳"即製衣裳，"裚割"意即裁斷、決定。

〔40〕　 䩓䋆，原文作𦆅。李家浩（2000，73頁）將𦆅釋寫作"褕"，説："䩓"從"色""咨（咬）"聲，"褕"從"衣""虘"聲。簡文"䩓褕"與"衣裳"連言，"䩓褕"當是跟衣裳同類的東西。《方言》卷四："小袴謂之校衧，楚通語也。""䩓褕"與"校衧"古音相近，"咬""校"二字皆從"交"聲。"虘"屬藥部，"衧"屬宵部，宵、藥二部陰入對轉。頗疑簡文的"䩓褕"即"校衧"。劉國勝（2000）："䩓"字從爻、口，從色，系"貌色"兩字合文。指出郭店《五行》簡有"顏色容貌溫變也"之語，"顏色"合文之情形與此"貌色"類似，彼"貌"字從爻、人，裘錫圭先生以爲讀作"貌"，可信。簡文"貌色"下側漫渤，可能書有合文符號，或省寫。"貌色"下一字從辵從鹿，鹿得聲，應讀爲"麗"。睡虎地秦簡《日書》有"丁丑裁衣，媚人"句。黃儒宣（2003，35頁）贊同李家浩將𦆅釋寫作"䩓"，但不同意將𦆅釋寫作"褕"。認爲𦆅所從"𰀓"旁與本墓竹簡41號𰀓、47號𰀓之"民"字類似，故此字可隸定作"䋆"。"䩓䋆"疑讀爲"絞緟"。《爾雅·釋言》："緟，綸也。"孫炎云："皆繩名也。"簡文"䩓䋆"當指"絞緟"，即"絞索"。《詩·豳風·七月》："晝爾于茅，宵爾索綯。"注："當晝日往取茅，歸夜作絞索，以待時用。"今按：《上海博物館藏戰國楚竹書（四）》所收《柬大王泊旱》4~5號簡有字作𰀓，凡四見，僕茅左隸定作"褰"，認爲即《集韻》"表"字古文"𰀓"，陳劍（2005）讀爲"孚"，沈培（2006）從之。沈培還認爲本篇𦆅所從𰀓與𰀓是同一個字。按照沈培的意見，𦆅應該寫作"䋆"。上古音"表"屬幫母宵部，"衧"屬來母宵部，二字韻部相同，幫、來二母字音有關。如"录""高"屬來母，而從"录""高"得聲的"剥""禀"屬幫母。此是諧聲的例子。《尚書》的《呂刑》篇，《禮記·緇衣》等引作《甫刑》。"呂"屬來母，"甫"屬幫母。戰國貨幣面文"膚虎"，裘錫圭（1978）説即《漢書·地理志》太原郡的"慮虒"，"膚"屬幫母，"慮"屬來母。此是異文的例子。於此可見，"䩓䋆"仍然可能讀爲"校衧"。

〔41〕　 虘，李家浩（1995，507頁）釋爲"敊"。李家浩（2000，47、74頁）釋爲"虘"，説：上古音"虘""䊀"都是魚部字，可以通用……疑簡文"布虘"應當讀爲"布䊀"。《方言》卷四："扉、屨、麤、履也，……南楚江沔之間總謂之麤。"《釋名·釋衣服》："履，……荆州人曰麤，絲、麻、韋、草皆同名也。"劉國勝（2000）：此字當分析爲從屮、害，讀爲"葛"。害、曷古音皆屬匣母月部，可通。郭店《成之聞之》簡屢見"曷"作"害"。"布葛"指粗布夏衣。蘇建洲（2002）亦説此字應該分析爲從屮害聲，讀爲"葛"。簡文"折（製）布葛"是製作葛布夏衣之意。黃儒宣（2003，36頁）：𰀓字上部與"害"字上部所從相近，但下部則與《汗簡》卷上之一引《王庶子碑》"且"作𰀓較爲近似，此字形義還有待進一步研究。今按：馮勝君説該字當隸定作"虘"，讀爲"褐"。楚簡當中從"虍"旁之字很常見，未見有與"𰀓"字上部所從形近者，況且楚簡中從"虘"的"虞"字作"𰀓"（包山楚簡69）、"𰀓"（包山楚簡196）等，"虘"旁與此字上部不類。劉國勝和蘇建洲的看法很具啓發性，但將該字分析爲從屮從害亦不十分確切。楚簡中"害"字很

常見，或作""（九店簡 32）、""（郭店簡《成之聞之》簡 22）、""（郭店簡《成之聞之》簡 30）等，上部所從均與此字上部所從之""形近，但并不相同。《郭店楚墓竹簡》的《老子》甲組有一字作""（簡 4），該組釋文注〔一〇〕有裘錫圭按語云："此字疑即'害'字，讀爲'害'。《説文》無'害'，謂'憲'字從'害'省聲。"裘説至確。""與""上部所從之""應即一字，故""應從馮勝君説隸定作"害"，可分析爲從艹害聲。郭店簡《老子》甲又有一字作""（簡 28），今本《老子》作"害"，該字從"又"，可隸定作"害"，古文字表義偏旁往往單複無別，故"害""害"很可能是一字之異體。《説文》無"害"字，僅見"憲"字所從。云："憲，敏也。從心，從目，害省聲。"將"害"字字形割裂，未確。金文中"害"字很常見，作""（害盉）、""（害鼎）、""（井人妄鍾）、""（揚簋）等形，其所從聲旁與"害"字相同。"害""曷"音近古通，故簡文"害"可以讀爲"褐"。典籍中見有"布褐"一詞，如《鹽鐵論》的《通有》："古者，采椽不斲，茅茨不翦，衣布褐，飯土硎。"《毀學》："拘儒布褐不完，糟糠不飽。"據此，馮勝君的看法當屬可信。

〔42〕　"爲"下二字，有不同程度的殘泐。李家浩（2000，75 頁）釋爲"門膚"，説："膚""呂"音近古通（參看王國維《觀堂集林》卷一八《王子嬰次盧跋》）。疑簡文"門膚"應當讀爲"門閭"。《淮南子·時則》"禁外徙，閉門閭，大搜客"，高誘注："門，城門也；閭，里門也。"

〔43〕　李家浩（2000，75 頁）："結言"見於《楚辭·離騷》、秦簡《日書》乙種楚除等。《睡虎地秦墓竹簡》釋文注釋二三二頁注："結言，用言語約定。《公羊傳》桓公三年：'古者不盟，結言而退。'《後漢書·獨行傳》：'二年之別，千里結言，爾何相信之審邪？'……關於求婚約、訂婚、結婚的書信也稱爲結言，見《後漢書·崔駰傳》。"黃儒宣（2003，37 頁）：簡文"利以結言，娶妻"應即《淮南子·泰族》"待媒而結言"之意。

〔44〕　李家浩（2000，75 頁）："成言"爲訂約之義。《楚辭·離騷》："初既與余成言兮，後悔遁而有他。"字或作"誠言"。《九章·抽思》："昔君與我誠言兮，曰黃昏以爲期。"

〔45〕　李家浩（2000，75 頁）："礻工"字還見於包山楚墓竹簡和楚王酓肬鼎銘文。應當分析爲從"示"從"工"聲。《周禮·春官·大祝》"掌六祈，以同鬼神示，……五曰攻，六曰説"，鄭玄注引鄭司農云："攻、説，皆祭名也。"又《秋官·庶氏》"掌除毒蠱，以攻説禬之"，鄭玄注："攻説，祈名，祈其神求去之也。""礻工"當是"攻説"之"攻"的專字。古代的祭祀分大祭、小祭。"小礻工（攻）"猶"小祭"，大概古代舉行"攻"這種祭祀活動也分大小。黃儒宣（2003，38 頁）：上博簡《容成氏》簡 20"四洿（海）之外皆青（請）礻工（頁）"（今按："頁"當爲"貢"）之"礻工"讀作"貢"。郭店楚簡《太一生水》簡 12"古（故）礻工（功）成而身不剔（傷）"之"礻工"讀爲"功"，而本簡之"礻工"字的確切涵義還有待進一步研究。

〔46〕　李家浩（2000，76 頁）："玉"上一字原文殘泐，從殘存筆畫看，當是信陽楚墓竹簡二一〇七號末尾"亓"下之字。此字朱德熙先生釋爲"璜"。望山一號楚墓竹簡和包山楚墓竹簡，"璜玉"作"荀玉""備玉""繡玉"。朱先生説"荀玉、備玉、繡玉并當讀爲'佩玉'。《左傳·哀公二年》：'大命不敢請，佩玉不敢愛。'《禮記·玉藻》：'凡帶必有佩玉，唯喪否。'璜大概是佩玉之佩的專字，繡大概是璜的異體"（《長沙帛書考釋（五篇）》，《古文字研究》第十九輯二九〇、二九一頁）。望山竹簡、包山竹簡和《左傳》等的"佩玉"是動賓結構的名詞性詞組，本墓竹簡的"佩玉"是動賓結構的句子，謂佩戴玉飾，意思有所不同。

# 三　叢辰

　　本篇共有十二枚簡（25 號至 36 號），除 25、26、31、32 號四簡略有殘缺外，其他簡都保存完好。整簡長 46.6～48.2 厘米，寬 0.6～0.8 厘米，有兩道編繩。簡文分上下兩欄，上欄是"結""陽"等十二名在一年十二個月所值日辰表，下欄是"結日""陽日"等十二日及其占辭。本篇"結""陽"等十二名與睡虎地秦簡《日書》楚除第二套十二名基本相同，其占辭亦與秦簡《日書》甲種楚除占辭基本相同。李家浩指出本篇的十二名及其所值的占辭當是叢辰家言。[1]原簡無篇題，劉樂賢擬爲《建除 B》，劉信芳、陳偉擬爲《結陽》，李零擬爲《曆忌乙種：叢辰》，李家浩擬爲《叢辰》。此從李家浩擬名。

【寅、卯、辰】、巳、午、未、申、栖（酉）、戌、亥、【子】、丑，[2]是胃（謂）結日，作事，[3]不果。[4]以祭，笑（齊）。[5]生子，無俤（弟）；[6]女（如）又（有）俤（弟），[7]必死。以亡貨，不再（稱）。[8]以鼠田邑，[9]笑（齊）。[10]**25**

【卯、辰、巳】、午、未、申、栖（酉）、戌、亥、子、丑、寅，是胃（謂）易（陽）日，[11]百事訓（順）城（成）。[12]邦君得年，[13]少（小）夫四城（成）。[14]以爲上下之禱祠，[15]□神卿（饗）之，[16]乃涅（盈）其志。[17]**26**

辰、巳、午、未、申、栖（酉）、戌、亥、子、丑、寅、卯，是胃（謂）交日，利以串（穿）戶秀（牖），[18]鑿井，[19]行水事，[20]吉。又（有）志百事，大吉。利於內（納）室。[21]以祭門、禜（行），[22]向（饗）之。[23]**27**

巳、午、未、申、栖（酉）、戌、亥、子、丑、寅、卯、辰，是胃（謂）□日，[24]利以迲（解）兇（凶），[25]敍（除）不羊（祥）。[26]利以祭門、禜（行），敍（除）疾。[27]以祭、大事，[28]聚眾，必或（惑）亂（亂）之。[29]以埵（寓）人，[30]敚（奪）之室。[31]**28**

午、未、申、栖（酉）、戌、亥、子、丑、寅、卯、辰、巳，是胃（謂）㑒（陰）日，[32]利以爲室豪（家），祭，[33]取（娶）妻，豪（嫁）女，內（入）貨，吉。[34]以見邦君，不吉，亦無咎。[35]**29**

未、申、栖（酉）、戌、亥、子、丑、寅、卯、辰、巳、午，是胃（謂）達日，[36]利以行帀（師）徒，出正（征），得。[37]以祭，少（小）大吉。[38]生子，男吉，女必出其邦。[39]逃人不得。利於寇逃（盜）。[40]**30**

【申】、栖（酉）、戌、亥、子、丑、寅、卯、辰、巳、午、未，是胃（謂）外易（陽）日，利以行作，[41]【迍（蹠）】四方埜（野）外，[42]吉。[43]以田獵，[44]獲。[45]逃人不得，無聞。[46]埶（設）罔（網），得，大吉。[47]**31**

【栖（酉）】、戌、亥、子、丑、寅、卯、辰、巳、午、未、申，是胃（謂）外害日，[48]不利以行作，[49]迍（蹠）四方埜（野）外，[50]必無埵（遇）寇逃（盜），必兵。[51]是古（故）胃（謂）不利於行作、埜（野）事，[52]不吉。[53]**32**

戌、亥、子、丑、寅、卯、辰、巳、午、未、申、栖（酉），是胃（謂）盦（陰）日，[54]利以祭，内（入）貨，吉。[55]以作卯事，不吉。[56]以遠行，舊（久）。[57]是古（故）不利以行□。[58]**33**

亥、子、丑、寅、卯、辰、巳、午、未、申、栖（酉）、戌，是胃（謂）絶日，[59]無爲而可。[60]名之曰死日。[61]生子，男不蕾（留）。[62]逃人不得。[63]利以敍（除）絫（盟）禠（詛）。[64]**34**

子、丑、寅、卯、辰、巳、午、未、申、栖（酉）、戌、亥，是胃（謂）窭日，[65]利於酓（飲）飤（食）；女（如）遠行，剉。[66]曰：居又（有）飤（食），行又（有）得。[67]生子，男必散（美）於人。[68]内（入）貨，吉。[69]**35**

丑、寅、卯、辰、巳、午、未、申、栖（酉）、戌、亥、子，是胃（謂）采〈采〉日，[70]利以大祭，時，[71]利以冠，□車馬，[72]折（製）衣緉（裳）、[73]表紪。[74]倀（長）者吉，[75]幽（幼）子者不吉。[76]帶鐱（劍），冠，[77]吉。以生，[78]吉。[79]**36**

---

[1]　李家浩（2000，76～77頁）：本組簡"結""陽"等十二名與雲夢秦簡《日書》楚除第二套十二名基本相同。秦簡《日書》甲種有《稷辰》篇（二六正壹至三一正壹、三二正至四六正），饒宗頤先生指出"稷辰"即"叢辰"。《叢辰》"秀""正陽"等八名與楚除第二套"結""陽"第十二名中的八名相合，唯文字略有出入（參看裘錫圭《釋蚩》，國際中國古文字學研討會編《古文字學論集》初編二二○、二二一頁，香港，一九八三年；饒宗頤、曾憲通《楚地出土文獻三種研究》四一二、四一三頁，中華書局，一九九三年）。秦簡《叢辰》當是秦叢辰家言，那麼楚除中的"結""陽"等當是楚叢辰十二名，（三）組（今按：指本篇）簡的十二名及其所值日辰的占辭當是楚叢辰家言。爲了叙述方便，仿照建除十二直之名，把"結""陽"第十二名和"秀""正陽"等八名，稱爲叢辰十二直和叢辰八直。將秦簡《日書》叢辰八直、十二直和本篇叢辰十二直列表如下，以便對照：

| | | | | | | | | | | | | |
|---|---|---|---|---|---|---|---|---|---|---|---|---|
| 秦簡甲種叢辰八直 | 結 | 正陽 | 敍 | 萬（羣） | 陰 | 鷕 | 危陽 | | | | | 秀 |
| 秦簡甲種叢辰十二直 | 結 | 陽 | 交 | 害 | 陰 | 達 | 【外】陽 | 外害 | 外陰 | □ | 夹 | 秀 |
| 秦簡乙種叢辰十二直 | 結 | 陽 | 交 | 羅 | 陰 | 達 | 外陽 | 外遆 | 外陰 | 絶紀 | 決光 | 秀 |
| 楚簡叢辰十二直 | 結 | 易 | 交 | □ | 酓 | 達 | 外易 | 外害 | 【外】盦 | 絶 | 窭 | 采 |

李家浩（2000，77頁）又説：對此表有兩點需要先説明一下。一、秦簡甲種叢辰八直是以"秀"開始的，爲

了照顧其他三種叢辰十二直順序的原貌，對八直的順序作了相應的調整。二、秦簡乙種楚除是把建除十二直和叢辰十二直連在一起寫的，甲種楚除是把建除十二直和叢辰十二直分別寫在其所值日辰上下的……於此可見，秦簡《日書》甲、乙種楚除，實際上是把建除和叢辰合在一起的，共用一種占辭。從甲種楚除的占辭與本組簡占辭基本相同來看，其占辭當是採用叢辰的。今按：上引李家浩所制之表，"楚簡叢辰十二直"欄的"絶""采"二字原文作"劉""禾"。又，上《建除》篇注〔2〕"今按"曾提到劉彬徽（2006）主張楚曆用丑正。劉氏爲了證明他這一主張，不僅認爲《建除》篇22號上"【冬柰，建於】丑"簡應排在第一簡，而且還認爲本篇36號"秀日"簡也應排在第一簡。爲了便於説明問題，也先把李家浩（2000）附録一"五六號墓竹簡整理順序號與出土登記號對照表"中有關本篇簡號的部分轉録如下，并附上"結日"等日名：

| 整理順序號 | 25 | 26 | 27 | 28 | 29 | 30 | 31 | 32 | 33 | 34 | 35 | 36 |
|---|---|---|---|---|---|---|---|---|---|---|---|---|
| 出土登記號 | 131 | 133 | 137 | 142 | 141 | 151 | 153 | 154 | 155 | 156 | 157 | 149 |
| 楚簡叢辰十二直 | 結日 | 昜日 | 交日 | □日 | 會日 | 達日 | 外昜日 | 外害日 | 【外】盇日 | 絶日 | 夌日 | 采（秀）日 |

根據當時在室內揭取竹簡時的記録，這十二支簡是從右向左排列的，唯個別簡略有上下錯位。例如149號"秀日"簡，即疊壓在157號"夌日"簡上方。根據這一情況，劉氏把149（36）號"秀日"簡排在本篇第一簡，顯然也是不可以的，這也是明白不過的事實。

〔2〕 李家浩（2000，77頁）：秦簡《日書》甲、乙種楚除的建除十二直和叢辰十二直所值日辰之前，書有月名，月序是按照周曆的月序排列的（即以夏曆的十一月開始的）。本組簡叢辰十二直所值日辰之前，沒有書月名，但是從與秦簡甲、乙楚除比較的情況看，其月序是按照夏曆的月序排列的。李家浩（2000，77頁）爲了便於讀者更好地瞭解本篇的情況，特製成叢辰十二直與建除十二直的對應關係及其在各月所直日辰表：

| 夏月 | 楚月 | 建除十二直和叢辰十二直所直日辰 |
|---|---|---|
| 正月 | 刑尿 | 寅 卯 辰 巳 午 未 申 酉 戌 亥 子 丑 |
| 二月 | 夏尿 | 卯 辰 巳 午 未 申 酉 戌 亥 子 丑 寅 |
| 三月 | 享月 | 辰 巳 午 未 申 酉 戌 亥 子 丑 寅 卯 |
| 四月 | 夏柰 | 巳 午 未 申 酉 戌 亥 子 丑 寅 卯 辰 |
| 五月 | 八月 | 午 未 申 酉 戌 亥 子 丑 寅 卯 辰 巳 |
| 六月 | 九月 | 未 申 酉 戌 亥 子 丑 寅 卯 辰 巳 午 |
| 七月 | 十月 | 申 酉 戌 亥 子 丑 寅 卯 辰 巳 午 未 |
| 八月 | 臭月 | 酉 戌 亥 子 丑 寅 卯 辰 巳 午 未 申 |
| 九月 | 獻馬 | 戌 亥 子 丑 寅 卯 辰 巳 午 未 申 酉 |
| 十月 | 冬柰 | 亥 子 丑 寅 卯 辰 巳 午 未 申 酉 戌 |
| 十一月 | 屈柰 | 子 丑 寅 卯 辰 巳 午 未 申 酉 戌 亥 |
| 十二月 | 遠柰 | 丑 寅 卯 辰 巳 午 未 申 酉 戌 亥 子 |
| 建除十二直 | | 筍 敚 建 穮 敀 坪 盇 工 坐 盍 城 復 |
| 叢辰十二直 | | 結 昜 交 □ 陰 達 外昜 外害 【外】陰 絶 夌 采（秀） |

今按：上引李家浩所制之表，"叢辰十二直"欄的"絶""采"二字原文作"劉""禾"。

〔3〕 李家浩（2000，78 頁）：簡文中"作"多寫作𠈁。按"人""尸"二字在戰國文字中字形相近，作爲偏旁往往混用不別，所以簡文"作"將"人"旁寫作"尸"字形。右旁"乍"見於楚王酓肷瑚和包山楚墓二二五號簡等楚國文字。這種寫法的"作"還見於包山楚墓二二四等號簡。

〔4〕 不果，李家浩（2000，79 頁）：秦簡《日書》甲種楚除結日占辭作"不成"。

〔5〕 李家浩（2000，79 頁）："𥰏"字見於戰國中山王鼎、馬王堆漢墓帛書《老子》乙本和《周易》，中山王鼎和帛書《老子》乙本皆用爲"鄰"，帛書《周易》用爲"吝"。"𥰏"字所从的"厸"是古文"鄰"，見《漢書·敘傳上》顏師古注、漢代碑刻和《汗簡》等。上古音"鄰"屬來母真部，"文"屬明母文部。古代文真二部的字音關係密切，明、來二母的字有互諧的情況。可見"𥰏"是個兩聲字，即"厸""文"皆聲。所以，"𥰏"既可以用爲"鄰"，也可以用爲"吝"。秦簡《日書》甲種楚除結日占辭"𥰏"作"闈"，整理小組注："闈，讀爲吝。今本《周易》悔吝之吝字，馬王堆帛書《周易》均作闈。吝，小不利。《周易·繫辭》：'悔吝者，言乎其小疵也。'"

〔6〕 無俤，李家浩（2000，79 頁）：秦簡《日書》甲種楚除結日占辭作"毋弟"。"俤"從"人"從"弟"聲，當是兄弟之"弟"的專字。

〔7〕 女又俤，李家浩（2000，79 頁）：秦簡《日書》甲種楚除結日占辭作"有弟"，其上無"女（如）"字。

〔8〕 再，李家浩（1995，507 頁）作爲不可辨識之字而缺釋。李零（1999）釋爲"得"。李家浩（2000，79 頁）釋爲"再"，說："再"及其前四字原文都有不同程度的殘泐，從殘畫看，當是"𠯑亡貨不再"。"不再（稱）"，猶言"不得"。劉國勝（2000）：簡文"亡"字稍有漫漶，從筆勢看似當是"亡"字，然"亡貨"在本篇中不得其解，睡虎地秦簡《日書》屢言"出貨""入貨""出入貨"，九店《日書》亦見"入貨"，故"亡"疑爲"出"之誤。"不"下一字，原釋文（今按：指李家浩 1995 釋文）無釋，當是"稱"字，相值、相稱之義。簡文此字字形與三體石經"稱"近似。郭店《成之聞之》簡二二號簡之"稱"字作此形加"又"符。"以出貨，不稱"，意思是説賣貨要虧本。今按：李零釋"再"爲"得"，誤。劉國勝認爲"亡貨"之"亡"乃"出"之誤字，可備一説。

〔9〕 李家浩（2000，79 頁）：下四一號簡有"利以内（納）田邑"之語。"以鼠田邑"當與"以納田邑"義同或義近。上古音"鼠"屬來母葉部，"納"屬泥母緝部。泥、來二母都是舌頭音，緝、葉二部字音關係密切。疑簡文"鼠"應當讀爲"納"。《楚辭·大招》："田邑千畛，人阜昌只。"

〔10〕 "必死"之下的文字，李家浩（2000，80 頁）：秦簡《日書》甲種楚除結日占辭作"以寄人，寄人必奪主室"，與本簡文字不同。

〔11〕 易，劉信芳（1997）：秦簡"易"作"陽"，"易"乃"陽"之本字。

〔12〕 訓城，李家浩（2000，80 頁）：秦簡《日書》甲種楚除陽日占辭作"順成"。"順成"，順利。《左傳·宣公十二年》："執事順成爲臧，逆爲否。"

〔13〕 陳偉（1998）：秦簡"邦君"作"邦郡"。簡文以"邦君"與"小夫"對舉。又 29 號簡稱"見邦君，不吉，亦無咎"，秦簡《除》篇對應的簡六正貳寫作"以見君上，數達，毋咎"。可見"邦君（郡）"即國君。李家浩（2000，80 頁）："邦君"在秦簡《日書》甲種楚除陽日占辭中作"邦郡"。"郡"從"君"聲。秦簡"郡"當是"君"字的假借。王子今（2003，19～20 頁）指出馬王堆漢墓帛書《十大經·前道》有"小夫得之以成，國家得之以寧"語，正與秦簡《日書》的"邦郡得年，小夫四成"可以互相印證。今按：王子今的看法可從，簡文之"邦君"當從秦簡讀作"邦郡"。清華簡《皇門》有"忞（媚）夫先受吝（殄）罰，邦亦不宭（寧）"語，亦是以"忞（媚）夫"與"邦"爲對文。至於本簡和秦簡之"年"字，則似亦當從馬王堆漢墓帛書讀作"寧"，年、寧音近可通。上博簡《君人者何必安哉》有"君王唯（雖）不充（荒）年"語，伊强《〈君人者何必安哉〉劄記一則》（簡帛網，2009 年 1 月 11 日）讀"年"爲"寧"。可從。

得，本墓竹簡均作"导"。

〔14〕 李家浩（2000，80 頁）："少夫四城"，秦簡《日書》甲種楚除陽日占辭作"小夫四城（今按：'城'當作
'成'）"。整理小組注："《商君書·境內》：'軍爵自一級已下至小夫，命曰校、徒、操士。'小夫，當指無
爵位者。四成，四年成熟。"劉樂賢《睡虎地秦簡日書注釋商榷》說"'小夫'即'匹夫'，就是沒有爵位
的人。《莊子·列御寇》：'小夫之知，不離苞苴竿牘。'疏：'小夫，猶匹夫也。'"（《文物》一九九四年一
〇期三八頁）。本簡"城"當從秦簡讀爲"成"。劉信芳（1997）："四城"謂爲坦以祭。《周禮·秋官·司
儀》："爲坦三成。"《山海經·西山經》："東望恒山四成。"《吕氏春秋·音初》："九成之臺。"其"成"皆
作"重"（平聲）解。黃儒宣（2003，49 頁）："小夫"一詞還有可能意指基層官吏。《潛夫論·交際》：
"小夫貪於升食。"汪繼培《潛夫論箋校正》引《漢書·百官公卿表》"百石以下有斗食、佐史之秩"師古
曰："漢官名秩簿云斗食月奉十一斛，佐史月奉八斛也。一說，斗食者，歲奉不滿百石，計日而食一斗二升，
故云斗食。"因此"小夫"可能是稟有俸給之基層官吏。今按：李家浩（1999B）也有類似李家浩（2000，
80 頁）的說法。王子今（2003，22 頁）在解釋秦簡《日書》"小夫四成"時也提出好的意見。王氏說：
"'小夫'稱謂，漢代仍然使用。《漢書·息夫躬傳》記載息夫躬上疏，有'軍書交馳而輻湊，羽檄重迹而押
至，小夫懦臣之徒慴眊不知所爲'句。'小夫'起初很可能是和'大夫'相對應的社會身份。'小夫四成'
之'四成'，則可能是四季之成，四時之成。如此，則亦可與'邦郡得年'對應。《易·恒》所謂'四時變
化而能久成'，可以參考"。據此，"四成"是四季成熟的意思。

〔15〕 以爲，劉信芳（1997）：從句法上說，"以爲"是"以之爲"之省，意即"以四城爲"。
　　　今按：古代"以"可以表示假設，義同"如""若"（參看《虛詞詁林》117 頁引《經詞衍釋》、120 頁引
《古書虛字集釋》）。本墓竹簡"以"亦多表示假設，例如本篇 25 號簡"以祭，各"；"以亡貨，不稱"；"以
鼠田邑，各"；28 號簡"以寓人，奪之室"；29 號簡"以見邦君，不吉"等（參看下注〔31〕）。此句"以
爲上下之禱祠"，即"如爲上下之禱祠"的意思。劉說簡文"以爲"是"以之爲"之省，意即"以四城
爲"，非是。
　　　上下，原文爲合文。
　　　禱祠，李家浩（2000，81 頁）："禱祠"，下四一號簡作"禱祆"。本簡"祠"字原文稍有殘泐，從殘畫看，
右半似非"飤"字，而似是"台"字。"袑"當是"祠"字的異體。《後漢書·班固傳》所錄《西都賦》云
"禮上下而接山川"，李賢注："上下，謂天地也。"《周禮·春官·小宗伯》"大裁，及執事禱祠于上下神
示"，鄭玄注："求福曰禱，得求曰祠。"孫詒讓《周禮正義》："《女祝》注云：'祠，報福也。'謂既得所
求，則祠以報之也。"

〔16〕 "神"上一字，原文殘泐。李家浩（1995，507 頁）作爲不可辨識之字而缺釋。李零（1999）："神"上一字
睡虎地秦簡作"群"，但本簡此字從殘存筆畫看似非"群"字，可能是"槀（鬼）"字。李家浩（2000，81
頁）："以爲上下之禱袑，□神卿之"，在秦簡《日書》甲種楚除陽日占辭中作"以蔡（祭）上下，群神鄉
（饗）之"。此簡"神"上一字殘泐，從殘畫看，似是"祂"字。

〔17〕 涅，李家浩（1995，507 頁）以此字左旁不清楚而釋寫作"□呈"。劉樂賢（1996）釋爲"湦"，說：細審字
形，"呈"旁居於字的右上角，其左部和下部尚存筆畫痕迹。所以，懷疑它與 47 號簡"尻（處）之不湦
（盈）志"的湦是同一個字。湦從呈聲，應即盈字異體。盈志是滿志、得志的意思，不盈志即不滿志、不得
志。劉樂賢（1998）對自己前面的說法作了修正，說：馬王堆帛書中也有類似本簡的說法，例如，《經·正
亂》："［太］山之稽曰：子勿言佑，交爲之備，［吾］將因其事，盈其寺……"整理者注云："寺，讀爲志。
盈其志，即滿足其欲望，使之驕傲自滿。"不過，盈志讀爲逞志，似更合適（原注：此點蒙李零先生提示）。
逞志多見於《左傳》，與簡文句式最近者，如昭公二十五年"無民而能逞其志者，未之有也……焉得逞其

志"？ 另外，古璽中亦有類似的説法。《古璽彙編》"吉語璽" 類 4517 至 4524 號，印文皆爲 "呈志"，吴振武先生都讀爲 "逞志"。古代盈、逞二字音義皆近（例如《左傳》的 "欒盈"，《史記》之《晉世家》《田敬仲世家》作 "欒逞"），所以，無論讀盈志還是逞志，都應是同樣的意思。李家浩（2000，81 頁）釋爲 "涅"，説："乃涅亓志"，秦簡《日書》甲種楚除陽日占辭作 "乃盈志"。上古音 "涅" "盈" 都是耕部喻母四等字，可以通用（參看高亨《古字通假會典》四九、五〇頁）。疑本簡的 "涅" 當從秦簡讀爲 "盈"。"盈其志"，謂滿足其意志。下四七號簡 "涅志" 作 "溋志"。黄儒宣（2003，51 頁）亦釋爲 "涅"，説："逞志" 之 "逞" 是 "快也" 的意思，因此朱駿聲認爲《楚辭·大招》之 "逞志" 實亦 "盈志"。郭店《老子》甲篇簡 16 "高下之相涅（盈）" 之 "涅" 字亦讀作 "盈"。本簡應讀爲 "盈志"，滿足其志。

今按：細審原簡照片，該字當以釋 "涅" 爲是。古代 "盈" "逞" 音近可通。《左傳》昭公四年："司馬侯曰：'不可。楚王方侈，天或者欲逞其心……'"《新序·善謀》第五章記此語，"逞其心" 作 "盈其心"。據此，似乎 "涅其志" 讀 "盈其志" 或 "逞其志" 均可。不過，就簡文用字來説，本簡 "涅其志" 之 "涅" 和下《相宅》篇 47 號簡 "溋志" 之 "溋" 均當讀爲 "盈"。"涅" 字在郭店楚墓竹簡中凡八見，都讀爲 "盈"：《老子》甲組 13 號 "高下之相涅（盈）也"，37～38 號 "持而涅（盈）之……金玉涅（盈）室"，乙組 14 號 "大涅（盈）若盅"；《太一生水》7 號 "一缺一涅（盈）"；《性自命出》64 號 "怒欲涅（盈）而毋暴"；《語叢一》100 號 "涅（盈）聖之謂聖"；《語叢四》24～25 號 "金玉涅（盈）室不如謀"。《相宅》47 號 "溋志" 之 "溋" 即 "盈" 字的異體（參看下《相宅》篇注〔23〕）。此皆其證。《莊子·盜蹠》有 "志氣欲盈" 之語，亦可證明這一點。"盈志" 與成語 "躊躇滿志"（《莊子·養生主》）之 "滿志" 同義。

〔18〕 户，原文作 "床"。李家浩（2000，81 頁）："床" 即《説文》"户" 字古文。

"户" 上一字：李家浩（1995，507 頁）作爲不可辨識之字而缺釋。李零（1999）釋爲 "串"，讀爲 "穿"，説："利以串（穿）户牖"，睡簡《日書》乙種簡 196 壹有 "穿户忌，毋以丑穿門户，不見其光"，可參看。李家浩（2000，81 頁）釋爲 "申"，説："申" 字原文與《説文》"申" 字正篆寫法相近。"秀" "牖" 音近古通，簡文 "秀" 當讀爲 "牖"。"户牖" 屢見於古籍，指門窗。秦簡《日書》甲種楚除交日占辭與此 "利以申户牖" 句相當的文字作 "利以實事"。上古音 "申" 屬書母真部，"實" 屬船母質部。真、質二部陽入對轉。船、書二母都是舌上音，疑簡文 "申" 應當讀爲 "實"。《廣雅·釋詁三》："實，塞也。"《詩·豳風·七月》"塞向墐户"，毛傳："向，北出牖也。" "實户牖" 猶《詩》"塞向"。睡虎地秦簡整理小組注 "利以實事" 之 "實"，引《禮記·哀公問》注 "財貨也"，疑誤。"實事" 似是本簡所説的 "實户牖" 之事。劉國勝（2000）："户牖" 上一字，應釋爲毌（今按：原文作毋，蓋是排印錯誤。下同），貫穿之義。《説文》："毌，穿物持之也。" 桂馥義正："《蒼頡篇》：'穿也。' 通作貫。" 毌，古文字形作縱書象 "申" 狀，字見於甲骨和金文，是古盾器的象形字，字音與 "干" 相近。簡文 "毌户牖" 指窗鑿牆壁，開設通穿（今按：疑此兩句 "窗" "穿" 二字位置應互易）。亦即是睡虎地秦簡《日書》所云 "穿門，爲户牖。" 蘇建洲（2002）認爲劉國勝釋 "毌" 不確，説："毌" 字甲骨文作 **中**（《甲》3113）、**中**（《林》2.24.6），西周金文作 **中**（秉盾韘）的確與 "申" 形近。但這些字形是原始的 "盾" 字，與 "毌" 没有任何關係。《睡虎地·日書·四正》"交日，利以實事，鑿井，吉。以祭門、行、行水，吉。" 與《九店》"交日" 的内容可互相呼應，似乎不必另作他解爲 "開設通穿"。簡文此字可能是象 "盾" 形，可讀爲 "屯"，二者古音皆爲定紐文部。《廣雅·釋詁一上》："牣、塞、盈、屯，豐滿也。" 黄儒宣（2003，52～53 頁）亦釋 "户" 上一字爲 "申"，説：九店 56 號墓的年代在戰國晚期早段，與篆文 "申" 字寫法出現的時間相近，因此仍當隸定爲 "申"，然而亦不排除有其他可能性存在。若此字爲 "申"，"申" 書紐真部，"真" 章紐真部，聲近韵同，可以通用。朱駿聲指出 "槙" 字亦作 "柛"。因此簡文 "申" 疑讀爲 "填"，《説文》："填，塞也，从土真聲。”“申户牖”即“填户牖”。今按：李家浩（1999B）也有類似李家浩（2000，81 頁）的説法。湯餘惠主編的《戰國文字編》（福建人民出版社，2001 年版，22 頁）中將“户牖”前一字摹作“串”，釋爲“串”。細審簡文圖版照片，《戰國文字編》和李零的釋法都是正確的。就用法上看，李零讀“串”爲“穿”，亦可信從。《淮南子·詮言》：“百姓穿户鑿牖，自取照焉。”可與簡文相參。秦簡“利以實事”之“實”，李家浩（2000，81 頁）引《廣雅·釋詁三》訓爲“塞”，很可能是正確的。《後漢書·顯宗孝明帝紀》：“司空魴將校復土。”李賢《注》引《前書音義》曰：“復土，主穿壙填塞事也。言下棺訖，復以土爲墳，故言復土。”“實事”蓋即此“填塞事”。

〔19〕　鑿井，原文作“臿㳂”。李家浩（2000，82 頁）：“臿㳂”，秦簡《日書》甲種楚除交日占辭作“鑿井”。“鑿”字侯馬盟書或作“斵”“鐯”（《侯馬盟書》三五四頁）。按“鑿”本從“斵”聲（此字見《玉篇》殳部、《廣韵》卷五鐸韵等），“斵”“鐯”本從“斮”聲。“斮”從“㞷”從“臼”。簡文“臿”從“斤”從“臼”，與“斮”的結構相同，當是“斮”的異體。“斮”和“臿”可能是“鑿”字的初文。“㳂”從“水”從“井”聲，《説文》以爲是“阱”字的古文。井是畜水的，“㳂”可能是“井”字的異體，古文假借爲“阱”。黃儒宣（2003，53 頁）：郭店楚簡下從“臼”的字，如“舀”讀爲“牙”，“杳”讀爲“本”，皆從上部偏旁來讀，因此“臿”字的訓解還有待進一步研究。今按：從字形、文義以及同睡虎地秦簡的對應關係這三方面的因素來考慮，李家浩釋“臿”爲“鑿”應該是正確的，所以釋文把“臿㳂”徑釋寫作“鑿井”。

〔20〕　行水事，李家浩（2000，82 頁）：秦簡《日書》甲種楚除交日占辭此句位於下文“以祭門行”之後，“行水”下無“事”字。睡虎地秦簡整理小組注：“行水，乘船。《周禮·考工記》：‘作車以行陸，作舟以行水。’”按簡文以“行水”與“鑿井”并列，其義非是“乘船”。“行水”除作行于水上講外，還作使水流通講。後一種講法的“行水”猶言“治水”，屢見於古書。《孟子·離婁下》“如智者若禹之行水也，則無惡于智矣。禹之行水也，行其所無事也”，趙岐注：“禹之用智，決江疏河，因水之性，因地之宜，引之就下，行其空虛無事之處。”《禮記·月令》：“季夏之月……土潤溽暑，大雨時行，燒薙行水，利以殺草，如以熱湯，可以糞田疇，可以美土疆。”《淮南子·時則》：“毋行水，毋發藏。”據此，秦簡“行水”當指治水利，本簡“行水事”當指治水利之事。黃儒宣（2003，54 頁）：香港中文大學文物館所藏竹簡 19 號有“□見人行水除渠，以取（娶）妻，妻悍，利學人·陷庚·引月從日”（今按：原文如此，疑有誤字）之語。其“行水除渠”連言，可見簡文“行水事”當是指開渠引水之事。今按：李家浩（1999B）也有類似李家浩（2000，82 頁）的説法。

〔21〕　“内室”之“内”，李家浩（1995，507 頁；2000，48 頁）讀爲“納”。陳偉（1998）：27 號簡説“利於内室”，釋文（今按：指李家浩1995 釋文）“内”讀爲“納”。睡虎地日書屢見“入室”。甲種《秦除》收日“入室”，整理小組亦讀爲納。但甲種簡 127 背説：“久行毋以庚午入室，長行毋以戌、亥遠去室。”“入室”以“久行”爲前提，又與“去室”對舉，當指外出者回家。反觀《秦除》收日“入室”與本篇“内室”，恐亦應如此解。李家浩（2000，83 頁）：“内（納）室”亦見於下四一號簡。侯馬盟書：“□自今弖（以）生（往）……而尚（倘）敢或内（納）室者，而或聒（聞）宗人兄弟或内（納）室者，而弗執弗獻，不（丕）顯𣎯公大冢明𧨏覡（視）之，麻夷非是。”《國語·晉語六》“殺三郤而尸諸朝，納其室以分婦人”，韋昭注：“納，取也；室，妻妾貨財。”秦簡《日書》甲種楚除交日占辭無“又（有）志百事，大吉。利於内（納）室”之語。劉國勝（2000）：簡文“納室”意指收入侍入財貨等家室備物，可能與睡虎地秦簡《日書》“交日：利以實事；鑿井，吉；以祭門、行、行水，吉”中的“實事”相當。《説文》段注：“以貨物充於屋下，是爲實。”黃儒宣（2003，頁 54）：“歸行”在《日書》中是重要的擇日項目之一，因此本簡的“入室”很可能如陳偉所説，指外出者回家。今按：從秦簡《日書》中既有“納室”又有“實事”的情

況來看，“納室”與“實事”的意思應當有別。秦簡之“實事”是與九店簡之“串户牖”相對應（參看上注〔18〕）。另外，睡虎地秦簡《日書》甲種秦除收日占辭及乙種楚除作、陰之日占辭中亦有“入（納）室”。整理者於收日占辭下注：“入室，入讀爲納。《國語·晉語六》：‘殺三郤而尸諸朝，納其室以分婦人’，韋昭注：‘納，取也；室，妻妾貨賄也。’於作、陰之日占辭下注：“納室，參看《侯馬盟書》。”陳偉認爲“内室”讀“入室”，指外出者回家，恐亦非是。古人遠待在外，有歸家入室的禁忌，平時出門回家，當無此禁忌。本簡和下 41 號簡的“内室”之前無“久行”“遠行”之類文字，似以讀作“納室”爲優。

〔22〕 以祭門、栁，李家浩（2000，83 頁）：秦簡《日書》甲種楚除交日占辭此句位於“行水”之上，“栁”作“行”。睡虎地秦簡整理小組注：“行，道路。古代常祭門和道路。《禮記·祭法》：‘大夫立三祀：曰族厲、曰門、曰行。適士立二祀：曰門、曰行。庶士、庶人立一祀，或立户，或立竈。’注：‘門户主人出入，行主道路行作。’”楚國文字“門行”之“行”，皆寫作从“示”从“行”聲，即行神之專字。

〔23〕 “之”上之字，李家浩（2000，83 頁）釋爲“享”，説：“享之”，秦簡《日書》甲種楚除交日占辭無此二字。今按：陳劍説“之”上之字當是“向”字，於該簡中可讀爲“饗”，簡 26 有“□神卿（饗）之”，可參證。陳説可從。細審原簡照片，該字作“𣦵”，其下從“甘”，非從“日”。此種寫法的“向”見於郭店楚墓竹簡《老子》乙組 17、18 號、《緇衣》43 號等，可以比較。

〔24〕 “日”上之字，略有殘泐。李家浩（1995，507 頁；2000，48 頁）作爲不可辨識之字而缺釋。陳偉（1997）：此字略有殘泐，其輪廓與包山 244 號簡上一字近似，後者有學者釋爲“害”。睡虎地秦簡日書甲種《除》篇日名有“害日”“外害日”，二者適相對應。《結陽》亦有“外害日”（32 號簡），可反證此日名應即“害”字（今按：陳偉 1998，151 頁也有類似的説法）。劉信芳（1997）摹寫作𡍷，説：該組簡“易”與“外陽”相對，“含”與“外含”相對，從校勘的角度可確定該字爲“害”之異體，而秦簡七三八正作“害”字。秦簡或作“羅”者，《詩·王風·兔爰》：“逢此百羅。”又：“逢此百憂。”又：“逢此百凶。”“羅”既與“憂”“凶”互文，知其得與“害”義近。陳松長（1997）：此字在竹簡照片上還比較清楚，作“𡊥”形，似可釋爲“巽”字。包山楚簡 103 號簡上有“巽陵”的“巽”字，作“𦥑”，115 號簡亦有此字，作“𦥑”。九店楚簡中的這個字形，與包山楚簡中的“巽”字下半部基本相同，祇是多一個相同的構件而已。因此，釋爲“巽”字似無大礙，按之文例，亦可相通。所謂“巽日”，乃是楚建除中的一個日名。睡虎地乙種日書中的“羅”日正可與九店楚簡中的“巽”日相通，“巽”是從紐、元部字，“羅”是來紐、歌部字。從語音上看，來、從雙聲通轉，歌、元兩韵對轉。從語義上，兩字亦可相通，《説文·丌部》：“巽，具也”。《釋名·釋天》：“巽，散也，物皆生，布散也”。是知“巽”有具備布散之意。而“羅”亦有布散之意，《廣雅·釋詁一》：“羅，列也”。《太元應》：“六干羅如”注云：“羅，猶布也”。可見，巽、羅不僅語音可以對轉，語義亦相近，因此，兩字通用是可以理解的。李家浩（2000，83 頁）：“□日”，秦簡《日書》甲種楚除作“害日”，乙種楚除作“羅之日”。上古音“害”屬月部，“羅”屬歌部，歌、月二部陰入對轉。按楚除有“外陽日”“外害日”“外陰日”，分別是對“陽日”“害日”“陰日”而言的，當從甲種楚除作“害日”爲確，乙種楚除“羅之日”之“羅”即“害”之假借。本簡“日”上一字稍有殘泐，從殘畫看，似非“害”或“羅”，大概是“害”的異體字或假借字。今按：“日”上之字陳松長釋爲“巽”，於字形不合；“巽”與“羅”亦非雙聲，來紐是舌頭音，從紐是齒頭音。其説顯然是不可取的。陳偉、劉信芳釋爲“害”，亦難以確定。認爲該字與秦簡之“害”或“羅”之讀音相近，應該不會有太大問題。

〔25〕 劉樂賢（1996）將“迻”釋寫作“趃”，讀爲“躅”，無説。陳偉武（1997）：《説文》無迻字，而有趃字，《走部》云：“趃，半步也，舉一足也。與蹋同。”迻當是趃、跰、蹢之初文，但楚簡不用跰步義。包山簡 137 反、137 兩例‘迻徇’均宜讀作“解枸”，迻（趃），古音爲溪紐支部；解，見紐支部。兩字旁紐同部，例可通假。簡文“利解兑，敘不羊”是説利於解脱凶患，除去不祥。睡虎地秦簡《日書》甲種〈除〉篇：

"害日，利以除凶屬，兌（説）不羊（祥）。" 又〈馬禖祝辭〉："敺（驅）其央（殃），去其不羊（祥）。" 楚、秦簡文的語意及句式均甚脗合。李家浩（2000，83頁）："利迖兌"，秦簡《日書》甲種楚除害日占辭作"利以除凶屬"。"迖"字不見於字書，當从"圭"得聲。"圭""解"二字古音相近，可以通用。簡文"迖兌"應當讀爲"解凶"。"解凶"與"除凶屬"同義。"迖"字還見於包山楚墓竹簡，凡兩見，也應當讀爲"解"。

〔26〕 敍不羊，李家浩（2000，85頁）：秦簡《日書》甲種楚除害日占辭"敍"作"兌"。"兌"讀爲"説"。睡虎地秦墓竹簡整理小組注："説，《國語・魯語下》注：'猶除也。'""敍""除"二字皆从"余"得聲，故楚國文字多以"敍"爲"除"。"除""説"同義。

〔27〕 利以祭門、禁、敍疾，李家浩（2000，85頁）：秦簡《日書》甲種楚除害日占辭作"祭門、行、吉"。

〔28〕 李家浩（2000，85頁）：《禮記・月令》"仲春之月……毋作大事，以妨農之事"，鄭玄注："大事，兵役之屬。" 晏昌貴（2002）："大事"，《日書》常見，如："小事果成，大事又（有）慶"（九簡34）（今按：九店簡中未見此語，"九簡34"當作"睡甲34正"）。"凡五子，不可以作大事"（九簡37貳）。"凡五卯，不可以作大事"（九簡38貳）。"秀日，利以起大事"（睡甲13正貳）。"祭祀、嫁子、作大事，皆可"（睡甲155正）。"毋（無）氣之徒而動，終日，大事也；不終日，小事也"（睡甲61背）。"利以結言，不可以作大事，利以學書"（睡乙14）。"嬴、陽之日，利以見人、祭、作大事、娶妻、吉"（睡乙15）。……《日書》所反映的乃是社會中下層的某些文化習俗，"高層次的文藝、思想、政治、軍事、外交等問題在《日書》中很少有反映"（今按：原注這段話引自蒲慕州《睡虎地〈日書〉的世界》，《"中研院"歷史語言研究所集刊》第六十二本第四分冊，1993年刊行，第666頁）。且《日書》另有"祭"或"祭祀"的條文（見上引），將"大事"解爲"國之大事"或"兵役之屬"似有未洽。在先秦兩漢典籍中，"大事"多見，除指"國之大事"之祭祀與兵役外，還有其他含義。如：《禮記・檀弓上》："夏后氏尚黑，大事斂用昏，戎事乘驪，牲用玄。" 鄭玄注："此大事謂喪事也。"《左傳》文公元年："能行大事乎"，杜注："大事謂弑君。"……有時是泛指重大或重要之事。如：《論語・子路》："見小利則大事不成。"《孟子・離婁下》："養生者不足以當大事，惟送死可以當大事。"……"大事"往往與"小事"對舉。《周易・小過》："亨，利貞，可小事，不可大事。"《周禮・天官・小宰》："大事則從其長，小事則專達。"《荀子・王制》："大事殆乎弛，小事殆乎遂。"《晏子春秋・外篇・重而异者》："微事不通，粗事不能者必勞；大事不得，小事不爲者必貧。"《日書》既是流行於社會中下層民眾間，則所用語彙必極淺近易曉。所謂"大事"，是與"小事"相對而言，其義淺近，指重大、重要之事，猶今日所言之大事者。"大事"泛指重大或重要之事，不一定是實指某事，這樣，術士在占斷吉凶時，就可以臨場發揮，增加命中的機率。黃儒宣（2003，56頁）：從九店楚簡"大事"在"呂（以）祭"之後，當非指祭祀之事，而位於"聚眾"之前，可能是指兵役之事，但也不排除有其他的可能存在。今按：晏昌貴對簡文"大事"的解釋，甚是。

〔29〕 或，李家浩（2000，85頁）：《禮記・祭義》"庶或饗之"，鄭玄注："或，猶有也。"
𤔔，李家浩（2000，86頁）："𤔔"與"豕"的字形結構相同，應當分析爲从"爪"从"宀"从"𤔔"聲。"𤔔"字見於信陽楚墓竹簡一一○三四號。按魏正始石經古文"亂"作"𤔔"，"𤔔"即"𤔔"的省變（參看劉雨《信陽楚簡釋文與考釋》，《信陽楚墓》一三三頁）。此簡的"𤔔"字从"𤔔"得聲，所以可以讀爲"亂"。黃儒宣（2003，57頁）不同意李家浩的説法，認爲"豕"當从"爪""家"聲，與"𤔔"字不同。上博簡《從政》甲篇簡2、9，乙篇簡3皆作，可以參看。今按：李家浩認爲"豕"字本有兩音，説"𤔔"與"豕"的字形結構相同，此是把"豕"與其異體"𧰼"和"𧱑""𤔔"等字放在一起加以分析後説的，黃儒宣似未理解其意。參看上《建除》篇注〔33〕引李家浩（2000，71頁）的説法。
以祭、大事、聚眾，必或𤔔之，李家浩（2000，86頁）：秦簡《日書》甲種楚除害日占辭作"以祭、取

（聚）眾，必亂者"。

〔30〕 李家浩（2000，86頁）："塓"字原文"土"旁在"禹"旁之下。"塓""寓"二字皆从"禹"得聲，故簡文的"塓"可以讀爲"寓"。

〔31〕 以塓人，敓之室，李家浩（2000，86頁）：秦簡《日書》甲種楚除害日占辭無此文。乙種楚除窌、羅之日占辭末尾有"而遇（寓）人，人必奪其室"之語，與此文字相近。睡虎地秦墓竹簡整理小組注："而，如。寓人，讓人寄居。《孟子·離婁下》：'無寓人於我室。'注：'寓，寄也。'""以"在古代有"如""若"之義（參看《虛詞詁林》一一七頁引《經詞衍釋》、一二〇頁引《古書虛字集釋》）。此簡文的"以"應當像秦簡的"而"字一樣訓爲"如"。

〔32〕 "日"上之字，劉信芳（1997）隸定作"含"，説：即楚系"陰"字。李家浩（2000，86頁）隸定作"含"，説："含日"之"含"，秦簡《日書》甲、乙種楚除皆作"陰"。《説文》以"陰"爲陰陽字，以"霒"爲陰晴字，"仌"即"霒"的古文。這三個字在文獻中多寫作"陰"。《集韻》卷四侵韻"霒"字重文或作"霠"。"霠"是將"霒"所从的"云"旁改作"日"旁的一種寫法。簡文"含"从"日"从"含"聲，而"含"从"今"聲。此字當是"霠"所从"㫺"字的異體，而"㫺"也就是"霠"字的異體。"霠"與"㫺"的關係跟"霒"與"仌"的關係同類。黃儒宣（2003，58頁）亦隸定作"含"，説：九店楚簡"含"當分析爲从"含"从"日"，"含"所从之"口"爲繁形。今按：李家浩的隸定和解説更允當。

〔33〕 利以爲室豪，祭，李家浩（1995，507頁）標點作"利以爲室，豪（家）祭"。劉樂賢（1996）：簡文"室豪（家）"指居處，猶17號簡下部的"豪（家）室"，不可拆開。《書·梓材》："若作室家，既勤垣墉，惟其塗塈茨。"《漢書·淮南王傳》："……縣爲築蓋家室。"可見，室家、家室皆可指居處。睡虎地日書作"利以家室、祭祀……"，"利以家室"也是利以修建住房的意思，家室作動詞用。李家浩（2000，87頁）："利以爲室豪，祭"，秦簡《日書》甲種楚除陰日占辭作"利以家室，祭祀"。"室豪（家）"即"家室"的倒文，指屋舍。據秦簡，本簡文"祭"下似漏寫一"祀"字。或説"豪（家）"屬下讀。"家祭"，家中對先人的私祭。《北史·崔浩傳》："浩……作《家祭法》，次序五宗，烝嘗之禮，豐儉之節，禮義可觀。"黃儒宣（2003，58頁）：與睡虎地秦簡對照，"豪（家）"字屬上讀的可能性較大。

〔34〕 取妻，豪女，内貨，吉，李家浩（2000，87頁）：秦簡《日書》甲種楚除陰日占辭作"家（嫁）子，取（娶）婦，入材（財），大吉"，文字略有出入。

〔35〕 "以見邦君"之"以"，李家浩（1995，507頁）漏釋。陳偉（1998）："〔以〕見邦君，不吉，亦無咎"。《除》篇作"以見君上，數達，毋（無）咎"（今按：此即秦簡《日書》甲種楚除陰日占辭）。《説文》："達，行不相遇也。"段注："今俗説不相遇尚有此言，乃古言也。……訓通達者，今言也。""數達"是多次晉見都不能見到，與本篇文意吻合。李家浩（2000，87頁）：本墓竹簡"邦"字作𨛫（見三〇號、四一號、四五號等簡），將"邑"旁寫在"丰"旁的左邊。此簡"君"上一字殘泐，從殘畫看，是像上引那種寫法的"邦"字。今按："邦君"見上26號簡，參看上注〔13〕。"邦君""君上"二詞多見於先秦典籍，《論語·季氏》："邦君之妻，君稱之曰夫人。"《荀子·不苟》："父子爲親矣，不誠則疏；君上爲尊矣，不誠則卑。"

〔36〕 達，原文作𨒌。李家浩（2000，87頁）：包山楚墓竹簡有人名𨒌，一一三號有人名𨒌，或作𨒌。𨒌與《古文四聲韻》卷五曷韻所引《古老子》古文"達"寫法十分相似，可見上引包山竹簡文字都應當是古文"達"。本簡𨒌與包山竹簡𨒌的寫法十分相似，它們顯然是同一個字，也應當是古文"達"。本簡日名之字，秦簡《日書》甲、乙種楚除皆作"達"，也可以證明把𨒌釋爲"達"是可信的。

〔37〕 利以行帀徒，出正，得，李家浩（2000，87頁）：秦簡《日書》甲種楚除達日占辭作"利以行帥〈師〉，出正（征），見人"，乙種楚除平、達之日占辭作"利以行帥〈師〉徒，見人，入邦□☑"，"師"下有"徒"

字，與本簡文字同。“行師徒”與“行師”同義，指出兵。《周易·謙》上六：“利用行師，征邑國。”其文字與簡文此句占辭相近。劉樂賢（1994，316頁）在解釋秦簡《日書》中的“師徒”時説：師徒是指兵士。《國語·吳語》：“吳王夫差既許越成，乃大戒師徒，將以伐齊。”包山楚墓占卜類簡中習見“大司馬悼愲遜楚邦之币（師）徒以救郙之歲”一句，師徒亦指兵士，即軍隊。

〔38〕李家浩（2000，88頁）：“以祭，小大吉”，是説小祭、大祭皆吉。“大祭”見於下三六號簡。《周禮·天官·酒正》“凡祭祀，以灋（法）共五齊三酒，以實八尊。大祭三貳，中祭再貳，小祭壹貳，皆有酌數”，鄭玄注：“鄭司農云：三貳，三益副之也。大祭，天地；中祭，宗廟；小祭，五祀。……玄謂大祭者，王服大裘、袞冕所祭也；中祭者，王服鷩冕、毳冕所祭也；小祭者，王服希冕、玄冕所祭也。”“大祭”“小祭”又稱“大祀”“小祀”。《周禮·春官·肆師》“立大祀，用玉帛牲牷；立次祀，用牲幣；立小祀，用牲”，鄭玄注：“鄭司農云：大祀，天地；次祀，日月星辰；小祀，司命以下。玄謂大祀又有宗廟，次祀又有社稷、五祀、五嶽，小祀又有司中、風師、雨師、山川、百物。”兩鄭注説不同，參看孫詒讓《周禮正義》卷九《酒正》、卷三七《肆師》疏。秦簡《日書》甲種楚除達日占辭此句作“以祭上下，皆吉”。“上下”指天地。

〔39〕女必出其邦，李家浩（2000，88頁）：秦簡《日書》甲種楚除達日占辭“其”作“於”。

〔40〕“利於”下二字，原文殘泐。李家浩（1995，507頁）作爲不可辨識之字而缺釋。

陳松長（1997）：殘文第一字是“命”。李零（1999）：殘文第一字是“宗”。李家浩（2000，88頁）：“利於”下二字，從殘畫看，當是“寇逃”，可與下三二號簡的“寇逃”比較。“寇”常見於戰國文字，即“寇”字的異體。上古音“逃”“盜”二字都屬定母宵部，可以通用。簡文“寇逃”當讀爲“寇盜”。三二號簡的“寇盜”是名詞，本簡的“寇盜”是動詞，是搶劫、掠奪的意思。《史記·匈奴傳》：“寇盜牛畜。”“逃人不得，利於寇逃”，秦簡《日書》甲種楚除達日占辭無此文。今按：當以李家浩（2000，88頁）的説法爲是。

〔41〕李家浩（2000，88頁）：“行作”亦見於下三二號簡外害日和秦簡《日書》甲種楚除外害日的占辭，是出門作事的意思。《商君書·墾令》：“聲服無通百縣，則民行作不顧，休居不聽。休居不聽，則氣不淫；行作不顧，則意必壹。”《管子·小匡》：“居處相樂，行作相和。”《禮記·祭法》“王爲群姓立七祀：……曰國門，曰國行……”鄭玄注：“行，主道路、行作。”《論衡·辨祟》：“起功、移徙、祭祀、喪葬、行作、入官、嫁娶，不擇吉日，不避歲月，觸鬼逢神，忌時相害。”舊以爲“行作”是“勞作”（《辭源》二八○○頁），於文義不十分貼切。北京大學歷史系《論衡》注釋小組《論衡注釋》四册一三八六頁注〔五〕説：“行作，出門辦事。”可從。上引《商君書》以“行作”與“休居”對言，《管子》以“居處”與“行作”對言，《禮記》鄭玄注以“道路”與“行作”連言。更值得注意的是，鄭注説“行作”是由行神主管的。眾所周知，古人外出遠行纔祭“行”。這些情況都足以説明“行作”的意思是“出門辦事”，而不是一般的“勞作”。劉國勝（2000）：“行作”，劉樂賢先生引徵《商君書·墾令》“則民行作不顧，休居不聽”，認爲是勞動的意思（今按：劉樂賢説見《睡虎地秦簡日書研究》，文津出版社，1994年版，26頁），可從。“行作”既與“休居”對舉，則是指墾地整田一類的户外勞動。今按：李家浩（1999B）也有類似李家浩（2000，88頁）的説法，唯把解釋“行作”的“出門辦事”改作“出門勞作”。王子今（2003，35頁）在解釋睡虎地秦簡《日書》甲種楚除外害日占辭中的“不可以行作”之“行作”時，又提出了一種新的觀點。王氏認爲：“推想簡文原意，或應爲‘不可以行’，‘不可以作’。《論衡·辨祟》中所列舉‘起功、移徙、祭祀、喪葬、行作、入官、嫁娶’，除‘起功’‘入官’可以理解爲動賓詞組外，均可以看作兩個部分相互并列的聯合詞組，於是也能夠拆解成移、徙，祭、祀，喪、葬，行、作，嫁、娶。”黄儒宣（2003，61頁）則針對王子今的觀點指出：“‘移徙’‘祭祀’‘喪葬’‘嫁娶’都可看作完整的詞組，所以‘行作’也不應拆解開來，當

以釋爲外出勞作爲是。" 黄説可從，當以李家浩的解釋最符合原義。

〔42〕 李家浩（2000，48 頁）釋文於 "四方埜外" 上補一 "迠" 字，李家浩（2000，89 頁）："利以行作，【迠】四方埜外"，秦簡《日書》甲種楚除外陽日占辭作 "利以遮埜（野）外"，乙種楚除成、外陽之日占辭作 "利以祭，之四旁（方）埜（野）外"。按下三二號簡有 "不利以行作，迠四方埜（野）外" 之語，與此文義相反。兩相對照，本簡 "四方埜外" 之上當漏寫一 "迠" 字，釋文據之補出。"迠" 字亦見於包山楚墓竹簡。包山一二〇號簡説："□客監盅迠楚之戠（歲）。" 包山一二八號簡背説："亓（其）謹（?），歆（識）言坽（市）既呂（以）迠鄗。" 此二簡 "迠" 字與本組簡 "迠" 字用法相同，是 "適" "至" 的意思。"迠" 字爲字書所無，上引秦簡《日書》甲種楚除外陽日占辭與此字相當的文字作 "遮"。"迠" 從 "石" 聲，"遮" 從 "庶" 聲。按 "庶" 本從 "石" 聲，故 "石" "庶" 二字作爲聲旁可以通用。疑楚簡 "迠" 應當是 "遮" 字的异體。古代 "蹠" 字有 "適" "至" 義。《淮南子·原道》"出生入死，自無蹠有，自有蹠無，而以衰賤矣"，高誘注："蹠，適也。"《淮南子·説林》"蹠越者，或以舟，或以車，雖异路，所極一也"，高誘注："蹠，至也。" 楚簡 "迠（蹠）" 字和秦簡 "遮" 字，都應當讀爲 "蹠"。本組簡 "蹠四方野外" 和秦簡 "蹠野外" 字 "蹠" 訓爲 "適"，包山楚簡 "蹠楚" 和 "蹠鄗" 之 "蹠" 訓爲 "至"。"埜"，《玉篇》林部説是 "古文野"。今按：李家浩（1999B）在解釋秦簡《日書》甲種楚除外陽日占辭之 "遮" 字時，也有類似李家浩（2000，89 頁）的説法。李家浩（2000，48、89 頁）據秦簡《日書》和下 32 號簡有關文字，認爲本句 "埜四方外" 之上漏寫一 "迠" 字，可從。陳偉（1998）在解釋下 32 號簡 "迠四方野外" 時，也認爲 "迠" 即 "蹠"，訓爲適也。參看下注〔50〕。

〔43〕 吉，李家浩（2000，90 頁）：秦簡《日書》甲種楚除外陽日占辭和乙種楚除成、外陽之日占辭皆無此字。

〔44〕 獵，原文作 "轀"。李家浩（2000，90 頁）："轀" 從 "車" 從 "鼠" 聲，疑是 "獵" 字的异體。古時駕車狩獵，故字從 "車"。

〔45〕 獲，原文作 "隻"。李家浩（2000，90 頁）："以田轀，隻"，秦簡《日書》甲種楚除外陽日占辭作 "可以田邋（獵）"。

〔46〕 聞，原文作 "睧"。李家浩（2000，90 頁）："睧" 即《説文》古文 "聞"。
　　無睧，李家浩（1995，508 頁）屬下讀，原釋文作："逃人不尋（得）；無睧執□尋（得），大吉。" 李家浩（2000，48 頁）釋文改寫作： "逃人不尋（得），無睧（聞）。執（設）罔（網）得，大吉。" 劉國勝（2000）：原釋文（今按：指李家浩 1995 釋文）"無聞" 下不斷，陳偉先生認爲 "無聞" 應屬上讀，不誤。
　　逃人不得，無睧，李家浩（2000，90 頁）：秦簡《日書》甲種楚除外陽日占辭作 "以亡，不得，毋門"。有無之 "無"，秦簡多以 "毋" 爲之。"睧" 即《説文》古文 "聞"。"聞" 從 "門" 聲，故 "睧" "門" 二字可以通用。秦簡 "毋門" 當從本簡文字讀爲 "無聞"。本簡 "逃人不得，無聞" 和秦簡 "以亡，不得，無聞"，意思是説奴隷逃亡，既抓不到他們，也聽不到他們的消息。

〔47〕 執罔，得，大吉，李家浩（1995，508 頁）將 "罔" 作爲不可辨識之字而缺釋。李零（1999）認爲此處 "執" 字乃 "執" 字之誤字，并將該句與上句之 "無聞" 合爲一句，釋讀作 "無聞執（執），罔得"，認爲 "無聞執（執），罔得" 意思是説 "没有聽説抓到，一無所獲"。李家浩（2000，90 頁）："執罔得，大吉"，秦簡《日書》甲種楚除外陽日占辭無此五字，但乙種楚除成、外陽之日占辭於上考釋〔一〇六〕（今按：即上注〔42〕引李家浩 2000，48 頁考釋）所引 "利以祭，之四旁（方）埜（野）外" 之下有 "熱罔（網）邋（獵），獲" 之語。按 "熱" 從 "執" 聲，故 "執" "熱" 二字可以通用。秦簡 "熱罔邋，獲"，當是本簡 "執罔尋" 的异文。"執" "設" 古音相近，可以通用。例如：武威漢簡《儀禮》多以 "執" 爲 "設"。本簡的 "執" 和秦簡的 "熱"，也都應當讀爲 "設"。"設網"，指設置捕鳥獸的網。賈誼《新書·諭誠》："湯見設網者四面張，祝曰：自天下者，自地出者，自四方至者，皆罹我網。" 秦簡《日書》乙種楚除成、

外陽之日占辭於"熱（設）罔（網）遄（獵）獲"之後，還有"作事，吉"三字。劉國勝（2000）也認爲簡文"熱"讀爲"設"，其下之字是"罔"。説："設網"即設置捕網，以獲取獵物。亦即是睡虎地秦簡《日書》所云"以獵置網"。古時設網捕獵好選擇良辰吉向。殷墟甲骨卜辭就已有記載。今按：李零説非是。"無聞"應屬上讀，參看上注〔46〕。典籍中用"熱"爲"設"的情況很多，這方面裘錫圭（1998A；1998B）曾有多篇文章專門論述。另，李家浩（2000，90 頁）將"熱（設）罔（網）"與"得"字連讀，欠妥。"得"相當於秦簡"熱罔遄，獲"之"獲"，應該在其前點開。

〔48〕　外害日，李家浩（2000，91 頁）：秦簡《日書》甲種楚除與此相同，乙種楚除"害"作"遧"。按本簡"害"字原文作令，與《古文四聲韵》卷四泰韵"害"字引《古孝經》作☖者相似。上古音"害""曷"都是匣母月部字，可以通用（參看高亨《古字通假會典》六一五頁），疑"遧"是"遏"字的異體。

〔49〕　不利以行作，李家浩（2000，93 頁）：秦簡《日書》甲種楚除外害日占辭作"不可以行作"，乙種楚除空、外遧之日占辭同，唯"行"下無"作"字，當是抄寫時遺漏。

〔50〕　陳偉（1998）："石（從辵）四方野外"，石從辵，即"跖"，古書往往寫作"蹠"。《淮南子·原道》"自無蹠有，自有蹠無"，高注："蹠，適也。"《除》篇簡九正貳説"之四方野外"，乙種簡二一壹説"之四鄰"，詞義正好相同。又包山簡 120 號、128 號也有此字，亦爲往適之意。李家浩（2000，93 頁）：關於簡文"迈"字的識讀，見上考釋〔一〇六〕（今按：即上注〔42〕引李家浩 2000，48 頁考釋）。

〔51〕　劉樂賢（1996）："必無遇寇盗，必兵"，當是"必無遇寇盗、必遇兵"的省略。文中的"無"字，相當於"不"（參見《經傳釋詞》卷十）。李家浩（2000，93 頁）："迈四方壂外，必無壉寇逃，必兵"，秦簡《日書》甲種楚除外害日占辭作"之四方野外，必耦（遇）寇盗，見兵"，乙種楚除空、外遧之日占辭作"之四鄰，必見兵"。據秦簡甲種楚除占辭文字，本簡"必無壉寇逃"之"無"，當系衍文。"逃"讀爲"盗"。黃儒宣（2003，64 頁）：副詞"必"有時也表示條件的作用；而這種條件是尚未成事實或者未必是事實的條件，因此也可以説是假設的條件（今按：原注此説法出自楊伯駿、何樂士《古漢語語法及其發展》，北京：語文出版社，2001 年 8 月，957－985 頁）。九店楚簡此字的"必"字，當如此理解。今按：李家浩的説法可從。不過此句的"無"字也可能爲助詞，無義。關於古代漢語助詞的"無"，説見王引之《經傳釋詞》卷十。從九店和秦簡文句對照的情況看，黃説恐非，"必"應爲必定、肯定之義。

〔52〕　李家浩（2000，93 頁）："野事"，《逸周書·作雒》"都鄙不過百室，以便野事"孔晁注："耕桑之事。"按"是故謂不利行作、野事"，是重複上文"不利以行，蹠四方野外"而言的，簡文的"野事"顯然是指"蹠四方野外"之事，不一定限於孔注所説的"耕桑之事"。

〔53〕　是古胃不利於行作、壂事，不吉，李家浩（2000，93 頁）：秦簡《日書》甲種楚除外害日占辭和乙種楚除空、外遧之日占辭皆無此文。

〔54〕　盦，原文作"☖"。劉樂賢（1996）：本簡之盦字，整理者讀爲陰。但第 29 號已有含（陰），此字似應與之有別。睡虎地日書中相應的日名是外陰。此字應直接視爲外陰，還是應讀爲陰，而將簡文解釋爲脱了"外"字呢？要回答這個問題，恐怕還得有待於新資料的發現。陳偉（1997）：本篇"陰日"出現兩次（29、33 號簡），但其他日名并不重複使用。睡虎地秦簡日書《除》篇有"陰日"和"外陰日"，彼此對應。因而 33 號簡日名恐脱落"外"字（今按：陳偉 1998，151 頁也有類似的説法）。劉信芳（1997）將該字摹作"☖"，説是"外含"二字合文。李家浩（2000，93 頁）："盦"，從"日"從"云"從"含"聲。上二九號簡"陰日"之"陰"原文作"含"，從"日"從"含"聲。"盦"當是"含"的繁體，即在"含"之上又加注形旁"云"而成。"盦日"，秦簡《日書》甲種楚除作"外陰日"，乙種楚除作"外陰之日"，"陰"之上皆有"外"字。據此，本簡文"盦"之上當漏寫一"外"字。"外陰日"是對上二九號簡的"陰日"而言的。今按：細審原簡圖版照片，劉信芳所摹字形有誤，致使説解亦誤。陳偉和李家浩的看法是可取的。

〔55〕　李家浩（2000，93 頁）："利以祭，内貨，吉"，秦簡《日書》甲種楚除外陰日占辭作"利以祭祀，作事，入材，皆吉"，乙種楚除墅、外陰之日占辭作"利以小然〈祭〉，吉"。按"材""財"二字皆从"才"得聲，可以通用。秦簡《日書》甲種楚除外陰日占辭"入材"之"材"，當讀爲"財"。"貨""財"同義。《説文》貝部："貨，財也。"《廣雅·釋詁四》："財，貨也。"今按：劉樂賢（1994，25 頁）亦指出秦簡"入材"之"材""當讀爲財"，説："銀雀山漢簡中財作材可以爲證。《日書》中'入材'多見，皆當讀爲'納財'。"王子今（2003，28 頁）從之。

〔56〕　陳偉（1998）：簡文"卯事"費解，"卯"疑爲"外"字誤寫。李家浩（2000，94 頁）："以作卯事，不吉"，秦簡《日書》甲種楚除外陰日占辭和乙種楚除墅、外陰之日占辭皆無此文。簡文"卯"疑應當讀爲"貿"。古文字"貿"寫作从"卯"聲（《金文編》四三四頁），故"卯""貿"二字可以通用。"貿事"，指貿易之事。今按：陳偉和李家浩對"卯事"的説法都不一定可信，其確切含義待考。《吕氏春秋·仲秋紀·仲秋》："是月也，可以築城郭，建都邑，穿竇窌，修困倉。"未知簡文之"卯事"是否與此"穿竇窌"有關。

〔57〕　李家浩（2000，94 頁）："舊""久"音近古通。"以遠行，久"，意思説外陰日如果遠行，會久留在外。此句秦簡《日書》甲種楚除外陰日占辭作"不可以之野外"，乙種楚除墅、外陰之日占辭作"生子，年（佞）；不可遠行，遠行不仮（反）"，文字出入較大。

〔58〕　"行"下一字，原文殘泐。李零（1999）認爲應釋爲"卸（禦）"。李家浩（2000，94 頁）：從殘畫看，似是"俊"字。"行俊（作）"見於上三一號、三二號簡。秦簡《日書》甲種楚除外陰日占辭和乙種楚除墅、外陰之日占辭皆無此句。今按：該字殘泐較甚，到底是什麽字，尚難確定。但是，《日書》中"行作"屢見，"行禦"則未見，而且"行禦"文義亦難以解釋，故上引二説中當以李家浩之説爲優。

〔59〕　絶，原文作"剉"，李家浩（1995，508 頁）隸定作"剉"，括注作"絶"。李家浩（2000，94 頁）：此字寫法與望山二號楚墓竹簡的"剉"相似，并據《望山楚簡》一一九頁考釋〔四二〕所説將其定爲"絶"字的異體。同時還説："剉日"，秦簡《日書》乙種楚除作"絶紀之日"，可證"剉"確爲"絶"字。秦簡《日書》甲種楚除位於此日名處殘缺，從相鄰的簡文看，共殘缺五個字。這殘缺的五個字可以據本簡文字補出："【絶日，毋（無）爲而】可。"若此，秦簡《日書》甲種楚除原文"絶"下無"紀"字，與本簡文字相同。

〔60〕　無爲而可，李家浩（2000，95 頁）：秦簡《日書》甲種楚除絶日占辭僅殘存一"可"字。

〔61〕　名之曰死日，李家浩（2000，95 頁）：秦簡《日書》甲種楚除絶日占辭作"名曰殼日"。睡虎地秦墓竹簡整理小組將"殼"讀爲"擊"，注云："擊，抵觸，乖戾。"今按：古代"死""擊"皆有殺義，例如：《國語·越語》"死生因天地之刑，天因人，聖人因天"，韋昭注："死，殺也。"《國語·楚語》"諸侯宗廟之事，必自射牛，刲羊、擊豕，夫人必自舂其盛"，韋昭注："擊，殺也。"故楚簡作"死日"，秦簡作"殼（擊）日"。

〔62〕　莔，李家浩（2000，95 頁）將該字釋爲"疇"，讀爲"壽"。説："生子，男不疇"，秦簡《日書》甲種楚除絶日占辭作"以生子，數孤"。本簡的"疇"當讀爲"壽"。秦簡"數孤"，意謂很快就成爲孤兒。《史記·賈生傳》"淹數之度兮，語予其期"，裴駰《集解》引徐廣曰："數，速也。"周波（2004）：該字"田"上所從似非"壽"省形，釋"疇"可疑。該字從"屮"從"卯"從"田"，與包山簡 169 和上博《緇衣》簡 21 之"莔"形近。"莔"疑讀爲"留"，可能是留居之義。秦簡《日書》甲種簡 55 正 3～56 正 3："戊午去父母同生，異者焦褎，居瘵（癃）。丙申以就（倃），同居必褎。"整理者注："異者焦褎，離去者憔悴而又貧窮。"又："居瘵，居留者有殘廢病。"今按：從字形上看，周波釋爲"莔"應當是可信的，讀作"留"亦可從，但以"留居"解釋本簡之"留"，則恐非。"留"有存留之義，《史記·廉頗藺相如列傳》："今以秦之彊而先割十五都予趙，趙豈敢留璧而得罪于大王乎？"即用此義。"留"又有久義。《爾雅·釋詁下》："留，久也。"《禮記·儒行》"悉數之乃留，更僕未可終也"，鄭玄注："留，久也。"從秦簡《日書》與

"生子，男不留"相當的文字作"以生子，數孤"來看，"留"當以解釋作"存留"爲優。此句的意思是説"絶日"這一天生子，如是男孩，不要存留，否則的話不利於父母，使其子成爲孤兒。睡虎地秦簡《日書》乙種《生》篇247號説："凡己巳生子勿舉，不利父母，男子爲人臣，女子爲人妾。"《史記·孟嘗君列傳》"田嬰有子四十餘人，其賤妾有子名文，文以五月五日生。嬰告其母曰：'勿舉也。'"司馬貞《索隱》："舉，謂初誕而舉之。"本篇"生子，男不留"與秦簡"生子，勿舉"意近。

〔63〕逃人不得，李家浩（2000，95頁）：秦簡《日書》甲種楚除絶日占辭作"桃人不得"。"逃""桃"二字皆從"兆"得聲，秦簡"桃"當從本墓竹簡讀爲"逃"。

〔64〕李家浩（2000，95頁）釋"敍"爲"敚"。説："利以敚祟褆"，秦簡《日書》甲種楚除絶日占辭作"利以兌（説）明（盟）組（詛）、百不羊（祥）"，乙種楚除蓋、絶紀之日占辭作"利以裓（製）衣常（裳）、説孟（盟）詐（詛）"，文字出入較大。按本簡的"敚"字當從秦簡讀爲"説"。"祟褆"見於望山一號楚墓竹簡七八號和包山楚墓竹簡二一一號等。《望山楚簡》九八頁考釋〔七一〕説："簡文'祟褆'當讀爲'盟詛'，字皆從'示'，似指盟詛之神。"睡虎地秦墓竹簡整理小組於上引秦簡《日書》甲種楚除絶日占辭"利以兌（説）明（盟）組（詛）"下注説："盟詛，在古籍中常見，《書·呂刑》：'罔中於信，以覆詛盟。'《周禮·詛祝》：'詛祝掌盟詛類造攻説論〈禬〉禜之祝號。'注：'盟詛主於要誓，大事曰盟，小事曰詛。'疏：'盟者盟將來，……詛者詛往過。'"王子今（2003，40頁）也對秦簡《日書》甲種楚除絶日占辭"盟詛"進行了解釋，説："盟詛"有兩種情形，有雙重涵義。整理小組注釋引文所謂"大事曰盟，小事曰詛"，所謂"盟者盟將來"，"詛者詛往過"，都説明了這一情形。還可以有這樣的理解，即一種重於"盟"，一種重於"詛"。重於"盟"者，即《周禮·春官·詛祝》："作盟詛之載誓，以敍國之信用，以質邦國之劑信。"鄭玄注："盟詛主於要誓。"孫詒讓《周禮正義》："盟詛亦有誓，但以用牲爲異。"……而重於"詛"者，如《周禮·秋官·司盟》："有獄訟者，則使之盟詛。凡盟詛，各以其地域之眾庶，共其牲而致焉。"又："盟萬民之犯命者，詛其不信者亦如之。"鄭玄注："盟詛者，欲相與共惡之也。"簡文"兌盟詛"之"明（盟）組（詛）"，似乎更接近於後一種重於"詛"者，亦即"相與共惡之"的情形。黃儒宣（2003，66頁）：若僅從簡文"利以敚（説）祟（盟）褆（詛）"一句來看，恐怕無法確定究竟是重於"盟"，抑或重於"詛"。今按：細審原簡照片，李家浩所釋之"敚"，實爲"敍"字，其左旁從"余"，在此當讀爲"除"。此字在秦簡《日書》甲種楚除絶日占辭中作"兌"，整理小組讀爲"説"。"除""説"義近，參看上注〔26〕引李家浩的説法。

〔65〕"炎日"之"炎"，李家浩（1995，508頁；2000，49頁）皆作爲不認識之字而未釋。劉樂賢（1996）釋爲"光"，説：此字的下部確與楚簡光字的通常寫法不同，但包山楚簡第268及第277號簡光字下部的寫法也很特別，似可互證。劉信芳（1997）據秦簡釋爲"央光"，説：此字字形奇特，右下有二小筆，究竟是合文符，還是字的構成筆畫，尚未能確定。陳偉（1997）釋爲"赤"，説：此字與包山272號簡"赤金之鈦"之"赤"近似。睡虎地秦簡日書甲種《除》篇有"決光日"，"光""赤"字形均與火有關，這兩個日名之間可能存在某種聯繫（今按：陳偉1998，151頁也有類似的説法）。李家浩（2000，95頁）："炎日"，秦簡《日書》甲種楚除作"央光日"，乙種楚除作"決光之日"。本簡"日"上之字，字形奇特，其下似從"火"，其上不知所從。今按：陳偉所説的包山楚簡272號"赤金"之"赤"原文作 ，本簡炎與之字形確實十分近似，因此可以將此字釋爲"赤"。不過從字形來説，包山簡272號 實是"炎"。"赤"本從"大"從"火"，因其上"大"旁受其下"火"旁影響而誤寫作"火"，遂成爲"炎"字形。值得注意的是，從"火"從"儿"的"光"字，包山楚簡也有訛作"炎"字形的，例如276號簡"霝光"之"光"作 ，這應該是其下"儿"旁受其上部"火"旁影響誤寫作"火"字形，遂成爲"炎"字形。據此，本簡炎也可能是"光"字的訛體。如此説不誤，"光日"當是秦簡《日書》"央光日"或"央光之日"的省稱。

〔66〕 陳偉（1998）：“到”似讀“侳”。《説文》：“侳，安也。”李家浩（2000，95 頁）：本簡下文“居有食，行有得”是承此“利於飲食；如遠行，到”而言的，可見“到”與“得”的意思相近。《説文》人部：“侳，安也。”《廣韻》卷四過韻：“侳，安也，有也。”“有”有“得”義。《玉篇》有部：“有，得也。”疑簡文“到”應當讀爲“侳”，訓爲“有”。“利於飤飲；女遠行，到”，秦簡《日書》甲種央光日占辭作“利以登高，飲食，遉（獵）四方野外”，文字出入較大。

〔67〕 曰：居又飤，行又得，李家浩（2000，96 頁）：秦簡《日書》甲種楚除央光日占辭和乙種楚除成、決光之日占辭皆作“居有食，行有得”，其上無“曰”字。

〔68〕 劉樂賢（1996）：古代㣤或從㣤得聲的字常與美、媚等字通用。從文例看，本簡㣤字似宜讀爲媚。馬王堆出土《雜禁方》第 2 至 3 簡：“欲微貴人，埊（塗）門左右方五尺。”整理者注釋：“微，讀爲媚，取悦。”第 7 簡：“取兩雌隹尾，燔冶，自飲之，微矣。”裘錫圭先生指出，此簡微也應讀爲媚。與本簡句式相同的例子也見於古書，《山海經·中山經·姑媱山》：“又東二百里，曰姑媱之山。帝女死焉，其名曰女尸，化爲䔄草，其葉胥成，其華黃，其實如菟丘，服之媚於人。”《博物志》卷三：“右詹山草，帝女所化，其葉茂欝，其華黃，實如豆，服者媚於人。”陳偉（1998）、李家浩（2000，96 頁）都説：“生子，男必㣤於人”，秦簡《日書》甲種楚除央光日占辭作“以生子，男女必美”，乙種楚除成、決光之日占辭作“生子，美”。“㣤”“美”音近古通。本簡的“㣤”當從秦簡讀爲“美”。李家浩（2000，96 頁）還説：“於”，表示比較，跟《論語·先進》“季氏富於周公”之“於”用法相同。今按：陳偉和李家浩的説法可從。劉樂賢讀“㣤”爲“媚”，恐非。如前陳偉和李家浩所引，睡虎地秦簡《日書》與本句相對應的文句是“以生子，男女必美”和“生子，美”，均用“美”，不用“媚”。睡虎地秦簡《日書》中雖見“媚人”，如甲種《衣》篇見“裂衣，丁丑媚人”（一一三背至一一四背），睡虎地秦簡《日書》乙種《生》篇亦見：“丁巳生，穀，媚人”（二四六），但均用“媚”，不用“美”。可見，在睡虎地秦簡《日書》中“美”“媚”二字用法有別。故本簡之“㣤”仍當從秦簡讀作“美”。

〔69〕 内貨，吉，李家浩（2000，96 頁）：秦簡《日書》甲種楚除央光日占辭和乙種楚除成、決光之日占辭皆無此文。

〔70〕 采〈采〉，李家浩（1995，508 頁；2000，49 頁）釋爲“禾”，秦簡《日書》甲、乙種楚除皆作“秀”。劉樂賢（1996）：照片上此字比較模糊，而秀與禾的形體本來就很相近，所以我們傾向於將它釋爲秀。陳偉（1997）：此字上部隱約有“爫”形，似當是“采”，即“穗”字。《説文》：“采，禾成秀人所收者也。”段注：“采與秀古互訓。”睡虎地秦簡日書甲種《稷辰》篇“正月、二月，子秀”，與此對應的乙種《秦》篇“秀”作“采”。據此，本篇“采日”當與睡虎地秦簡日書甲種《除》篇“秀日”對應（今按：陳偉 1998，151 頁也有類似的説法）。劉信芳（1997）亦釋爲“禾”，説：秦簡此字作“秀”，凡穀未秀曰苗，已秀曰禾，“秀”從禾作，因而可以認爲此“禾”乃“秀”之省，也可能是書寫時有脱筆。李家浩（2000，96 頁）：“禾日”，秦簡《日書》甲種楚除和乙種楚除“禾”皆作“秀”。若秦簡文字不誤，疑本簡的“禾”當是“秀”字的省寫。不過也有另一種可能。秦簡《日書》甲種《稷（叢）辰》所記“秀”“正陽”“危陽”等八名的“秀”，乙種作“采”。《説文》禾部以“采”爲“穗”的正篆。《説文》説：“采，禾成秀也。”《詩·王風·黍離》“彼稷之穗”，毛傳：“穗，秀也。”不僅“‘采’與‘秀’古互訓”（段玉裁《説文解字》采字注語），而且“采”在古代還有“秀”音，《説文》説“褎（袖）”從“采”聲就是很好的證明。上古音“褎”“秀”都是精組幽部字。所以“采”“秀”二字可以通用。本簡“禾日”之“禾”，也可能是“采”字的省寫。劉國勝（2000）：“秀”，原釋文釋作“禾”，當釋爲“休”，字從禾，從引省（今按：原文如此，疑有誤字）。黃儒宣（2003，69 頁）亦釋爲“禾”，説：郭店楚簡“采”字多見，疑本簡“禾”應是“采”的省寫。今按：據紅外圖像，該字本作“𣎴”，從“爪”從“木”，即“采”字，當系“采”字

之誤。

〔71〕 “利以大祭”之下一字，原文作☐，“日”旁右側殘泐。李家浩（1995，508頁）將此字釋爲“時”，在其前點開。陳偉（1998）認爲此字是“之日”合文，將該句讀作“利以大祭之日”。李零（1999）從李家浩（1995，508頁）釋法，但認爲“大祭”與“時”當連讀作“大祭祀”。劉信芳（2000，25頁）亦從李家浩（1995，508頁）釋法，説：本簡“利以大祭，時；利以冠，製車馬……”睡虎地秦簡《日書》簡742秀日作“利以起大事、大祭，吉；冠，製車……”“時”“吉”互文見義。《説文》：“吉，善也。”《詩·小雅·頍弁》：“爾殽既時。”毛《傳》：“時，善也。”《廣雅·釋詁》：“時，善也。”李家浩（2000，97頁）亦認爲此字是“之日”合文，説：“利以大祭之日”，秦簡《日書》甲種楚除秀日占辭作“利以起大事、大祭，吉”，乙種楚除復、秀之日占辭作“祭，作大事”，位於下文“製衣裳”之後。今按：因“大祭”下一字原文殘泐，到底是“時”還是“之日”合文，尚難確定。不過，劉信芳的説法值得注意。劉氏據秦簡《日書》與此字相當的字作“吉”，將其釋爲“時”，訓爲“善”，於字形、文義都很合理，故釋文采用“時”字的釋法。

〔72〕 “車馬”前一字，原文殘泐。李家浩（2000，97頁）：“車馬”上一字原文殘泐，其右半殘畫與“馭”字金文“駿”所從“夋”旁相似（見《金文編》一一五、一一六頁），有可能是“馭”字。“馭”是《説文》古文“御”。“利以冠，馭車馬”，秦簡《日書》乙種楚除復、秀之日占辭“利以乘車、寇”，甲種楚除秀日占辭作“寇，尋車”，其上無“利以”二字。秦簡二“寇”字皆是“冠”之誤。秦簡《日書》有“尋車”（甲種一三正貳）、“尋衣常（裳）”（甲種三二正）、“凡禫（尋）車及寇〈冠〉”（乙種一三〇）等語。細繹文義，這些“尋”字與“作”義近。秦公簋銘文説：“虔敬朕祀，乍（作）尋宗彝，吕（以）卲（昭）皇且（祖）。”“作尋”猶言“作爲”。“爲”也是“作”的意思。秦簡和秦公簋銘文都是秦人的文字，很可能與“作”義近的“尋”是秦人方言的説法。劉國勝（2000）：“車馬”前一字疑作告文（今按：“告文”蓋是“敓”字之排印錯誤），從告從文（今按：“文”蓋是“攵”字之誤字），讀爲造。今按：馮勝君認爲“車馬”前一字，應分析作從“攴”從“尋”，可隸定作“敹”，讀作“尋”。郭店楚簡《成之聞之》篇有“是古（故）君子敹席之上，讓而受幼”（簡33～34）語，其中“☐”字已有很多學者指出當分析作從“竹”“敹”聲，讀爲“簟”或“衽”。本簡此字與“☐”字下部所從當是一字，亦當隸定作“敹”，讀作“尋”。細審紅外圖像，馮勝君所釋很可能是正確的。關於睡虎地秦簡甲種楚除秀日占辭“車”前之字，劉釗（1996）亦釋爲“尋”，説：在簡文中可讀作“探”，訓爲“試”。“尋（探）車”即“試車”之意，可參看。

〔73〕 綿，原文右旁殘泐。李家浩（1995，508頁）釋寫作“紀☐”。李零（1999）釋爲“緔（裳）”。李家浩（2000，98頁）隸定作“綿”，説：“折衣綿”，秦簡《日書》甲種楚除秀日占辭“綿”作“常”，乙種楚除復、秀之日占辭“折”作“裭”，“綿”亦作“常”。本簡“綿”字原文右旁稍有殘泐。上二〇號簡下欄“製衣裳”之“裳”，原文作“裳”，下部從“示”。此字右旁原文也可能是“尚”字。“綿”當是“裳”字繁體，猶簡文“帶”作“繡”。劉國勝（2000）認爲“衣”下三字分別是“繻”“裭”“軒”，將該句標點作“制衣；繻裭軒”（今按：參看下注〔74〕引劉國勝説）。今按：細審紅外圖像，李家浩釋“綿”是正確的。劉國勝的標點也有問題，參看下注〔74〕。

〔74〕 陳松長（1997）認爲“紽”當釋爲“纤”，説：此字見於《玉篇》，注云“摩展衣也”，與服飾有關，置於簡的上下文中，正文從字順。李家浩（2000，98頁）：“表紽”，秦簡《日書》甲種楚除秀日占辭作“服帶”，其下還有一“吉”字。“紽”應當分析爲從“糸”從“弋”聲，與《龍龕手鑒》糸部音子廉反的“紽”當非一字。《汗簡》卷下之一糸部引王存義《切韻》“織”字作緎，從“糸”從“式”聲。“式”亦從“弋”聲。頗疑楚簡“紽”即“緎”字。若此，“表紽（織）”大概就是古書上所説的“表識”，字或作“表

幟”“摽（標）幟”等。或説“表紌”應當讀爲“服飾”。上古音“表”屬幫母宵部，“服”屬并母職部。幫、并二母都是唇音，宵、職二部字音有關。“服飾”，衣服的裝飾。《漢書・王莽傳》：“五威將乘《乾》文車，駕《坤》六馬，背負鷩鳥之毛，服飾甚偉。”簡文“表紌”位於“製衣裳”之後，疑“表紌”應當跟“衣裳”同類。若此，在以上兩種説法中，後一種説法似乎更符合原義。劉國勝（2000）認爲“表紌”二字當釋爲“裘軒”，説：前一字從衣、求，當是“裘”字，字形同于曾侯乙墓楚簡“裘”。後一字從糸從干，疑爲“軒”字。《説文》：“軒，干革也。”“裘軒”即指皮革。“裘軒”上一字不識，從字形看，應隸作“緧”字。《集韻》：“緧，一曰縫衣相合。”黃儒宣（2003，70 頁）：郭店楚簡“弋”字寫法與此字所从相似，簡文“表紌”即“表識”。今按：一般來説，楚簡中“求”“毛”二字的區別，“求”字下部幾筆向下彎曲，而“毛”字下部兩筆向上彎曲。本簡紌字中間所從的部分顯然是“毛”。楚簡中“干”“弋”二字的區別，頭部左側或右側筆畫與中間筆畫連作一筆寫作𢧳或𢧴者是“弋”，不連寫作𢧵者是“干”。簡文“紌”所從右旁作𢧳，屬前一種寫法。故李家浩釋作“表紌”應該是正確的。就簡文上下文意來看，李家浩將“表紌”讀作“服飾”，正可與秦簡之“服帶”相對應，顯然也較其他諸説合理。王子今（2003，47～48 頁）曾詳細論述睡虎地秦簡的“服帶”是所佩之帶，或所佩戴的其他飾件。若此，“服帶”與“服飾”本就是一回事。

〔75〕“倀者吉”之“者”，李家浩（1995，508 頁；2000，49 頁）認爲是“子”字。李家浩（2000，99 頁）：“倀子吉”，秦簡《日書》甲種楚除秀日占辭“倀”作“生”。“倀子”又見於本墓竹簡三八號下欄和四六號。劉國勝（2000）：“長子”後有“者”字。今按：簡文“吉”上一字殘泐，但據紅外圖像，殘存筆畫較繁密，與“者”字近似。“倀”、“者”二字間距很近，不容再有一“子”字。

〔76〕幽子者不吉，李家浩（2000，100 頁）：秦簡《日書》甲種楚除秀日占辭作“弟凶”。“幽”“幼”二字音近古通。戰國中山王大鼎銘文“寡人學童未甬（通）智”，“學”即“幼”，從“子”從“幽”聲。簡文“幽子”當讀爲“幼子”。黃儒宣（2003，71 頁）：郭店楚簡亦有“學”字，《成之聞之》簡 34 “君子簭笘（席）之上嚻（讓）而受（授）學（幼）”之“學”讀爲“幼”，因此本簡“幽子”可讀爲“幼子”。

今按：據李文所引中山王大鼎銘文和黃文所引郭店簡文，“幼”均作“學”，從“幽”從“子”，簡文“幽子”也有可能本是一字，即“學（幼）”字，“幽”“子”二旁占二字位置，疑是抄寫者誤寫所致。若此説不誤，則“幼者”正可與前面“長者”相對。本簡所記内容前後多有疑點，如前已云“利以冠”，後又云“帶劍，冠，吉”，“冠”字前後重出。再如“長者吉，幼子者不吉”，這句話與前後文句不相銜接，從文義上看，似當置於“以生，吉”這句話之後，這樣才能與秦簡《日書》甲種楚除秀日占辭之“生子，吉，弟凶”相對應。而且將“長者吉，幼子者不吉”這句話抽出後，簡文“利以冠，□車馬，折（製）衣□、表紌，帶鐱（劍），冠，吉”亦語句完整，文義連貫。若此説不誤，則上注〔75〕李家浩（2000，99 頁）所説“‘倀子吉’，秦簡《日書》甲種楚除秀日占辭‘倀’作‘生’”恐亦不確，因秦簡之“生子”應和本簡之“以生”相對應。

〔77〕李家浩（1995，508 頁；2000，47 頁）“冠”字前用頓號。今按：“冠”字前應用逗號，參看上《建除》篇注〔29〕引張富海説。

〔78〕李家浩（2000，100 頁）：秦簡《日書》中的“生”，大多指生子，例如乙種《生》篇中的“生”（《睡虎地秦墓竹簡》二五一至二五四頁）。秦簡《日書》乙種八五壹云：“以生，喜鬭（鬬）。”本簡“以生”與秦簡“以生”用語相同，“生”也應當指生子。

〔79〕李家浩（2000，100 頁）：“繡鐱、冠，吉。以生，吉”，秦簡《日書》甲種楚除秀日占辭無此語；乙種楚除復、秀之日占辭位於“裻（製）衣常（裳）”之上有“帶劍”二字。

# 四　成日、吉日和不吉日宜忌

　　本篇簡包括 37 號至 40 號四簡上欄的文字和 41 號、42 號二簡的文字。37 號至 40 號四簡上下欄文字之間，以粗短橫符號隔開。除 37 號、38 號二簡上端殘缺和 37 號上端一殘片因出土後收縮外，其他簡都保存完好。此四簡上欄的文字講春夏秋冬四季不吉日、吉日和成日所在日干。41 號、42 號二簡的文字講成日、吉日和不吉日的宜忌。原簡無篇題，陳偉擬爲《四時十干宜忌》，李家浩擬爲《成日、吉日和不吉日宜忌》，黃儒宣擬爲《不吉、吉與成日宜忌》，劉樂賢和李零將本篇跟下篇合爲一篇，分別擬爲《吉日、不吉日等簡》、《四時吉凶》。此從李家浩擬名。

【凡春三月】，[1]甲、乙、丙、[2]丁不吉，[3]壬、癸吉，庚、辛城（成）日。[4] **37** 壹
【凡夏三月】，丙、丁、庚、辛不吉，甲、乙吉，壬、癸城（成）日。**38** 壹
凡秋三月，庚、辛、壬、癸不吉，丙、丁吉，甲、乙城（成）日。**39** 壹
凡冬三月，[5]壬、癸、甲、乙不吉，庚、辛吉，丙、丁城（成）日。[6] **40** 壹
凡城（成）日，利以取（娶）妻、豪（嫁）女、冠，利以城（成）事，[7]利以内（入）邦审（中），利以内（納）室，利以内（納）田邑，利以内（入）人民，利。凡吉日，利以祭祀、禱祠。[8]凡不吉日，**41** 利以見公王與貴人，[9]利以取貨於人之所，毋以舍人貨於外。[10] **42**

---

[1]　本簡和下簡簡首殘缺，李家浩（2000，100 頁）據簡 39 上、40 上文例補出缺文。今從之。

[2]　丙，本墓竹簡均作“丂”。

[3]　李家浩（2000，100 頁）：本號殘簡是由三殘片拼接而成的，第一殘片現已乾裂收縮，文字無法辨認。李家浩（2000，100 頁）還將清理竹簡時所摹寫的摹本揭示於注側。今按：在紅外圖像中，“甲乙丙丁不”五字大致可見。

[4]　李零（1999）：“成”原作“城”，是成遂其願的意思。包山楚簡的占卜簡，其簡 202 反和簡 215 中的“城”字就是這種用法，他們都是表示神祖可以滿足占卜者的要求。今按：李零説非是。《協紀辨方書·義例二·建除十二神》引《選擇宗鏡》曰：“成爲三合，吉……平、成、開、危最吉。”從簡文下文“成日”占辭來看，本篇“成日”也是吉日，其義當與秦漢以來建除“成日”相同。《協紀辨方書·義例二·建除十二神》編寫者按語在解釋“危”“成”時説：“救破以危。既破而心知危。《孟子》曰：‘危故達夫心。’能危者，事乃成矣，不必待其成而後知爲達也……繼危者成。何以成？建三合備也。”於此可見，本篇“成日”之“成”與下文“利以成事”和下篇“不可以作大事，不成必毁”之“成”同義。按照李零對“成日”之“成”的解釋，這兩句話中的“成”將無法解釋。

[5]　本簡和下 78 號、84 號簡的“冬”，原文作“各”。李家浩（2000，100 頁）：“各”即《説文》古文“冬”，從“日”從《説文》古文“終”聲。

[6]　李零（1999）：本篇十天干配時是以“甲乙”爲春、“丙丁”爲夏、“庚辛”爲秋、“壬癸”爲冬（“戊己”

不配時），原釋一字一斷則失此義，應改兩字一斷。李家浩（2000，100 頁）：以上所記四季的不吉日、吉日和成日天干，排列得很有規律。每種日的天干順序都是相連的。不吉日占四個天干，吉日和成日各占兩個天干，共八個天干，無 "戊己" 二天干。這可能跟當時的五行思想有關。爲了便於説明，現列表於下：

| 五行 | 木 | 火 | 土 | 金 | 水 |
|---|---|---|---|---|---|
| 五方 | 东 | 南 | 中 | 西 | 北 |
| 天干 | 甲乙 | 丙丁 | 戊已 | 庚辛 | 壬癸 |
| 四季 | 春 | 夏 | | 秋 | 冬 |

從此表以四季配五行、五方和十天干的情況可以看出，因中央土不名時，所以無 "戊己"。不吉日、吉日和成日的天干確定，是以當季所配的天干和第二季所配的天干爲不吉日，第三季所配的天干爲成日，第四季所配的天干爲吉日。

今按：一字一斷文義很清楚，以 "凡秋三月，庚、辛、壬、癸不吉" 爲例，此句的意思是説：凡是秋季三個月的庚日、辛日、壬日和癸日，都是不吉日。於此可見，李零改作兩字一斷，反而使文義晦澀。《文物》2003 年第 1 期刊載了湖南省文物考古研究所單位編寫的《沅陵虎溪山一號漢墓發掘簡報》，其中有竹簡《閻氏五勝》一篇，劉樂賢（2003B）、晏昌貴（2003，210～213 頁）和吳振武（2006，35 頁）都有相關論述，現據吳振武校改後的釋文節錄如下：

> 五勝：金勝木，木勝土，土勝水，水勝火，火勝金……舉事能謹順春秋冬夏之時，舉木水金火之興而周還之，萬物皆興，歲乃大育，年雠益□，民不疾役（疫），强國可以廣地，弱國可以柳（抑）强敵。故常以良日支干相宜而順四時舉事，其國日益。所謂順四時者，用春甲乙，夏丙丁，秋庚辛，冬壬癸。常以困、罰日舉事，其國日耗（耗）。所謂罰日者，干不勝其支者也。所謂困日者，春戊己、夏庚辛壬癸、秋甲乙、冬丙丁。是故舉事，日加喜數而福大矣，日加憂數而禍大矣。禍福之來也，遲亟無常，故民莫之能察也。故殘國亡家常好用困、罰日舉事，故身死國亡，諸侯必加之兵。

這段文字亦是以五行、四季和天干相配。但以 "春甲乙，夏丙丁，秋庚辛，冬壬癸" 爲良日，以 "干不勝其支者" 爲罰日，以 "春戊己、夏庚辛壬癸、秋甲乙、冬丙丁" 爲困日，與本簡不同。

〔7〕 李家浩（2000，101 頁）："成事"，把事情辦成。《史記·平原君傳》："毛遂左手持槃血，而右手招十九人曰：'公相與歃此血於堂下。公等録録，所謂因人成事者也。'" 黃儒宣（2003，89 頁）：《管子·四時》"是故上見成事而貴功，則民事接勞而不謀" 與《淮南子·説山》"是故不同於和而可以成事者，天下無之矣" 之 "成事"，皆可與本簡參看。

〔8〕 祠，原文作 "禩"。李家浩（2000，101 頁）："禩" 從 "示" 從 "飤" 聲，當是 "祠" 字的異體。"飤" 或作 "飼"，從 "司" 聲，故從 "司" 聲的 "祠" 可以寫作從 "飤" 聲的 "禩"。

〔9〕 公王，陳偉（1998）："公" "王" 二字間應點斷。將該句録寫作 "利以見公、王與貴人"。李家浩（2000，101 頁）：古書中屢見 "王公" 之語，疑簡文 "公王" 即 "王公" 之倒文。楚人稱縣令爲公（參看《七國考訂補》七七、七八頁）。簡文把 "王公" 寫作 "公王"，大概是爲了避免有人把 "王公" 之 "公" 誤認爲縣公的緣故。簡文 "公王" 指國君。晏昌貴（2002）：《老子》第十六章："知常容，容乃公，公乃王，王乃天，天乃道，道乃久。" 蔣錫昌《老子校詁》："此文 '公' '王'，即四十二章之 '王公'。或先言 '公'，或先言 '王'，其實一也。" 第四十二章："而王公以爲稱。" 傅奕本作 "而王侯以自稱也。" 范應元本作 "而王侯以自謂也。" 敦煌己本作 "王侯以自名。""公" 均作 "侯"。朱謙之《老子校釋》引魏稼孫曰："御注 '王公' 字倒。"《史記·天官書》："敦牂歲：歲陰在午，星居西。以五月與胃、昴、畢晨出，曰開明。炎炎有光。偃兵；唯利公王，不利治兵。" 又："三星若合，其宿地國外内有兵與喪，改立公王。"《文子·上德》："公王居上，以明道德。" 是古書中有 "公王" 之例。黃儒宣（2003，90 頁）：典籍中也有 "公王" 之稱，如《文子·上德》："日出於地，萬物蓄息，公王居民上，以明道德，日入於地，萬物休息，小人居民上，萬物逃匿。" 今按：古代複音詞往往存在同素異序的情況。李家浩認爲 "公王" 是 "王公" 的倒文，指國君，是

可取的；但是説簡文把"王公"寫作"公王"，是爲了避免有人把"王公"之"公"誤認爲是縣公之"公"，則不一定對，正如晏昌貴、黄儒宣所指出的，古書中有"公王"的説法。晏、黄二氏所引《史記·天官書》、《文子·上德》中的"公王"，也指國君，與簡文同。不過晏氏引蔣錫昌《老子校詁》謂《老子》第十二章的"公""王"即第四十二章的"王公"，則有問題，因爲它們的意思并不一樣。陳偉將簡文"公""王"點開，也有問題。簡文"公王"與"貴人"對言，"貴人"指公卿大夫（見下文），"公王"只能是複合詞，理解爲國君，不能認爲是并列關係，理解爲天子和諸侯（《國語·周語》"王公立飫"，韋昭注："王，天子；公，諸侯"）。

貴人，李家浩（2000，101頁）："貴人"，卿大夫。《禮記·内則》"貴人則爲衣服"，鄭玄注："貴人，大夫以上也。"黄儒宣（2003，90頁）：《春秋穀梁傳》襄公二十九年"貴人非所刑也"，疏："謂刑不上大夫。"可參。

〔10〕　李家浩（2000，102頁）："舍"，讀爲給予之"予"。參看孫詒讓《古籀拾遺》卷下二一頁。黄儒宣（2003，90頁）："舍"書紐魚部，"予"喻紐魚部，二者韵部相同，或可通用。

## 五　五子、五卯和五亥日禁忌

　　本篇簡爲 37 號至 40 號四簡下欄的文字，内容記的是五子日、五卯日和五亥日的禁忌。原簡無篇題，陳偉擬爲《六甲宜忌》，李家浩擬爲《五子、五卯和五亥日禁忌》，黄儒宣擬爲《子卯亥日宜忌》。此從李家浩擬名。

　　凡五子，[1]不可以作大事，不城（成），必毁，其身又（有）大咎；[2]非 37 貳其身，[3]倀（長）子受其咎。[4]凡五卯，不可以作大事；帝以命 38 貳嗌（益）淒（齋）墅（禹）之火，[5]午不可以樹木。[6]凡五亥，不可以畜六牲 39 貳腜（擾），[7]帝之所以翏（戮）六腜（擾）之日。[8] 40 貳

---

[1]　李家浩（2000，102 頁）：十天干與十二地支相配，組成甲子、乙丑等所謂的六十花甲，用來記日。每個地支在六十花甲中共出現五次。此組簡所説的"五子"、"五卯"和"五亥"，分別是指甲子、丙子、戊子、庚子、壬子、乙卯、丁卯、己卯、辛卯、癸卯和乙亥、丁亥、己亥、辛亥、癸亥。

[2]　身，原文作"ㄠ"。李家浩（1995，508 頁）釋爲"壬"，李家浩（2000，50 頁、102 頁）讀爲"庭"，陳松長（1997）讀爲"廷"，劉樂賢（1996）、李守奎（1997）、陳偉（1998）等釋爲"身"。今按：釋爲"身"是。

[3]　非，原文有所殘泐。李家浩（1995，508 頁；2000，50 頁）作爲不可辨識之字而缺釋，陳偉（1998）和張富海（2004，358 頁）釋爲"非"，李零（1999）釋爲"殃"。今按：從圖版照片上看，釋"非"可信。

[4]　"不成"至"長子受其咎"一段文字，因各家釋法不同，故標點也不同。李家浩（1995，508 頁；2000，50 頁）釋文標點作"……不成，必毁其壬，有大咎□其身，長子受其咎"。陳偉（1998）釋文標點作"……不成，必毁其身，有大咎，非其身，長子受其咎"。李零（1999）釋文標點作"……不成必毁，其身有大咎，殃其身，長子受其咎"。張富海（2004，358 頁）釋文標點作"……不成，必毁，其身有大咎；非其身，長子受其咎"，説：這段話的意思是：凡五子之日不能做大事，（如果做了），不會成功，（如果成了），必定會毁壞所成，其自身有大咎；不是其自身（有大咎），則其長子代受其咎。今按：張富海標點可從。

[5]　李家浩（1995，508 頁）將"嗌"釋作"塩"。饒宗頤（1997）從之，説：簡文中禹、益與武塩諸人名，其字皆從土作繁形。益即伯益，益烈山澤而焚之。此處淒字用爲動詞，讀爲虀，借作齋，《説文》："齋，持遺也。"謂伯益虀（持）禹之火。《墨子·尚賢》下："禹舉益于陰方之中。"劉樂賢（1998）：益烈山澤而焚之之事，見《孟子·滕文公上》。頗疑簡文"帝以命益淒禹之火"，與《孟子》所説的益"掌火"有關。在《尚書》中，帝堯亦省爲"帝"。簡文的"帝以命益淒禹之火"，是否可以理解爲帝舜命益接替禹"掌火"？不過，從下文"凡五亥，不可以畜六牲擾，帝之所以戮六擾之日"看，簡文的"帝"似不大可能是指帝舜。這句簡文的意思，尚有待於進一步考證。李零（1999）："濟"從水從妻，應即"水火即濟"之"濟"。李家浩（2000，102 頁）："嗌"字原文作灷，即《説文》籀文"嗌"。"淒"字所從"妻"旁，原文作古文"妻"。"墅"字見於齊叔弓鎛，從"土"從"禹"聲，鎛銘用爲夏禹之"禹"。疑簡文"墅"跟鎛銘一樣，也用爲夏禹之"禹"。據《史記·夏本紀》等記載，帝舜命禹治水，命益佐之。"嗌"從"益"聲。那麼簡文"嗌"應該讀爲"益"。《孟子·滕文公上》："當堯之時，天下猶未平，洪水橫流，氾濫於天下，草木暢茂，禽獸繁殖，五穀不登，禽獸偪（逼）人，獸蹄鳥迹之道交於中國。堯獨憂之，舉舜敷治焉。舜使益掌

火，益烈山澤而焚之，禽獸逃匿。禹疏九河，瀹濟漯而注諸海，決汝漢，排淮泗而注之江，然後中國可得而食也。"簡文"帝以命益淒禹之火"似與此歷史傳說有關。"淒"疑讀爲"齎"。《廣雅·釋詁》："齎，送也。"簡文此句的意思似是説：卯日，帝舜命益送給禹之火，以焚燒森林。雲夢秦簡《日書》裏，常見以傳説中的歷史事件發生之日及其內容，來占那日的宜忌。就拿秦簡《日書》甲種二號簡簡背壹所記跟禹有關的文字爲例："癸丑、戊午、己未，禹以取（娶）桧（塗）山之女日也，不棄，必以子死。"本簡"凡五卯，……帝以命益齎禹之火……"當與此同類。今按：關於"命"下之字，從紅外圖像看，李家浩（2000，102 頁）所摹字形是準確可信的，其中部左右內側兩斜畫交叉在一起，似是從"土"，而實非從"土"。當從李家浩（2000，102 頁）釋法，將此字徑寫作"嗌"，在此假借爲"益"。關於"淒"字，李零讀作"濟"，顯然與文義不符。饒宗頤和李家浩（2000，102 頁）均讀爲"齎"，應該是可信的，但饒訓"持遺也"不如李訓爲"送也"妥貼。

[6]　樹木，原文作合文"橿˰"。劉樂賢（1998）：睡虎地秦簡日書："未不可以澍（樹）木，木長，澍（樹）者死。"樹木，即種樹的意思。九店簡的"不可以樹木"，也可能就是一般意義中的"不可以種樹"。陳偉（1998）："午不可以樹木"與睡虎地日書甲種簡一五二正叁"未不可以樹木"類似。李家浩（2000，103 頁）："橿"字右下側兩點，表示此字是作爲"橿木"二字來用的。"橿"字應當分析爲從"木"從"豎"聲。"豎"字常見於戰國文字，即"豎"字的省寫。"豎"、"樹"音近古通。"橿"當是"樹"字的異體。"樹木"，植樹。

劉樂賢（1998）："帝以命益淒禹之火"應是前面"不可以作大事"的原因。而且，簡中的"午"如果視爲地支，按照擇日文的體例，午日的宜忌絕不會與卯日的文字有什麼關係。故"午不可以樹木"不見得與前面的簡文有關。基於這樣的考慮，所以這段簡文宜標點爲"凡五卯，不可呂（以）俵（作）大事；帝呂（以）命嗌（益）淒墅（禹）之火。午，不可呂（以）樹木"。李家浩（2000，103 頁）："午不可以樹木"是屬於"五卯"的禁忌，這裏的"午"顯然是指午時，而不是指午日。秦簡《日書》乙種一五六號簡有以十二辰表示十二時的記載。舊認爲以十二辰表示十二時出現較晚，是不可信的（參看于豪亮《秦簡〈日書〉記時記日諸問題》，《雲夢秦簡研究》351 至 354 頁）。午於五行屬火。以"帝以命益齎禹之火"之日和屬火之時植樹，其後樹木必爲火所焚，所以在這樣的日、時"不可以樹木"。今按：李家浩（1995，508 頁）對"帝以命益齎禹之火，午不可以樹木"的標點與李家浩（2000，103 頁）同。"午不可以樹木"之"午"字，李家浩（2000，103 頁）已作出合理的解釋，無需重新斷句。"帝以命益齎禹之火"句前，李家浩（1995，508 頁；2000，50 頁）用逗號，劉樂賢用分號，此從劉氏標點。

[7]　朏，字亦見於下《相宅》篇46 號簡"宜人民、六朏"。李家浩（1995，508 頁）將"朏"讀爲"擾"。劉樂賢（1996）、陳松長（1997）、陳偉（1998）、李家浩（2000，103 頁）都説本句的"朏"和下句的"朏"是"脜"字的異體，也應該讀爲"擾"。"六牲擾""六擾"即"六牲"，據《周禮·夏官·職方氏》鄭玄注等，指馬、牛、羊、豕、犬、雞。李家浩（2000，103 頁）還説"牲擾"是同義複詞。

[8]　翏，劉樂賢（1996）、李家浩（2000，104 頁）讀爲"戮"。李家浩（2000，104 頁）還説：簡文"凡五亥，不可以畜六牲擾，帝之所以戮六擾之日"的意思是：凡亥日不可以畜養六牲，因爲亥日是帝所殺戮六牲的日子。此處的"帝"跟上文"帝以命益齎禹之火"的"帝"一樣，也是指帝舜。上考釋 [一五七]（今按：即上注 [5] 所引李家浩 2000，102 頁內容）引《孟子·滕文公上》説："舜使益掌火，益烈山澤而焚之，禽獸逃匿。"簡文"帝之所以戮六擾之日"與此大概是同一件事的不同傳説。

# 六　告武夷

本篇共有兩枚簡（43號、44號），簡首各殘缺一字。内容大概是巫祝爲病人祭禱某神之子武夷，以祈求病人靈魂歸來，飲食如故。原簡無篇題，劉樂賢擬爲《祝語》，李零擬爲《禱武夷君祝辭》，李家浩擬爲《告武夷》，此從李家浩擬名。

【皋！】敢告□緰之子武𡏶（夷）：[1]“尔居復山之𨛭，[2]不周之野，[3]帝胃（謂）尔無事，命尔司兵死者。[4]含（今）日某䣝（將）欲飤（食），[5]某敢以亓（其）妻□妻女（汝），[6]**43**【某之𦉢】㳄芳糧以譴䢼（犢）某於武𡏶（夷）之所：[7]君向（饗）受某之𦉢㳄芳糧，[8]囟（使）某逨（來）歸飤（食）故。”[9]**44**

---

〔1〕“敢告”上缺文，李零（1999）：可補“某”字。周鳳五（2001）據睡虎地秦簡《日書》甲乙種《夢》和《出邦門》等的祝禱之辭，説：上古祭祀祝禱之辭往往以“皋！敢告”開端，簡首的缺文是“皋”字。李家浩（2000，104頁）：簡首缺文可能是巫祝字或“某”字。若是“某”字，此處的“某”與下文的“某”指代不同，前者似是指代巫祝，後者似是指代病人。黄儒宣（2003，101、114頁）贊同周鳳五的説法，説：周家臺秦簡《已齲方》等病方“敢告”之前都是“皋”字。今按：從祝禱詞的文例考慮，“敢告”上缺文周鳳五補爲“皋”字，可從。

“敢告”下二字，李零（1999）：第一字下從木，疑是“桑”字，第二字左邊從糸，右邊下半從舟，疑是“滕”字。李家浩（1999D；2000，50頁）釋文將第一字作爲不可辨識之字而缺釋，第二字認爲是“緰”。周鳳五（2001）引曹錦炎説：《列仙傳》“籛鏗（彭祖）隱於此山，二子曰武曰夷”。緰、鏗二字古音相近正可破讀，本簡缺字很可能爲“籛”字（或其通假字）。當然，此句讀爲“敢告【爾】緰（鏗）之子武夷”的可能性也是有的。今按：從殘存字形看，第一字應從李零釋爲“桑”，周鳳五認爲是“籛”或“爾”，似均不確。第二字應從李家浩釋爲“緰”。我們曾懷疑“桑緰”應讀爲“桑林”。程少軒（2018）也有相同意見，詳見該文“附記”。

武𡏶，李家浩（1993；1999D；2000，104頁）：“𡏶”應該分析爲從“土”從“弓”或“尸”從“夷”聲，在這裏讀爲“夷”。《史記·封禪書》記漢武帝時人上書所説的神祇中有“武夷君”，東漢鎮墓瓶到宋朝買地券所記神祇中有“武夷王”，馬王堆漢墓帛書《太一避兵圖》所記神祇中有“武弟子”。“弟”“夷”二字古通，簡文的“武夷”跟“武夷君”“武夷王”和“武弟子”，是同一個神。饒宗頤（1997）贊同李家浩的説法，説：據九店簡所述，武夷君乃天帝命之司兵死者。武即取威武、武事之義。南朝地券多以武夷王爲地主神，如劉宋元嘉十九年（442年）地券面與底云：“丞墓伯，地下二千石，安都丞、武夷王。”一作“安都丞、武義（夷）王”。晚至宋嘉祐二年陳氏地券稱“于地主武夷王”。至是武夷王演變而爲地主神。今按：“武夷”除見於上引饒宗頤和李家浩提到的資料外，還見於劉昭瑞（1996；2002）提到的南朝宋元嘉十九年孏女地券和東漢陳叔敬朱書陶瓶鎮墓文等資料。此外，《易緯稽覽圖》有“其祠武夷”之語（黄奭輯《易緯》卷六，頁四一），亦可參看。

〔2〕復山，饒宗頤（1997）：復山合文見於殷卜辭“于复山，武”（《甲編》1947）。巴國東境之魚復，即是復山

所在。武夷益弓旁作彊，演化爲後來板楯蠻之與白虎復夷。夏德安（1998）：“复山”是“不周”的“別名”，“不周”實際上是“复”的“語音切分”。李家浩（1999D）：《山海經·大荒西經》“西北海之外，大荒之隅，有山而不合，名曰不周負子，有兩黄獸守之”。既然《山海經》説“有山而不合”，説明這座山應該有兩個峰。在《山海經》裏，有兩座以上的山名連言的情況。例如〈大荒西經〉“西有王母之山、壑山、海山”；〈大荒北經〉“有山名齊州之山、君山、鬵山、鮮野山、魚山”；〈海内經〉“流沙之東，黑水之間，有山名不死之山、華山”。我懷疑“不周負子”應該讀爲“不周、負子”，指“有山而不合”的兩個峰。上古音“負”屬并母之部，“復”屬并母覺部，二字聲母相同，之、覺二部字音有關，可以通用。頗疑簡文的“復山”就是《山海經》的“負子”。“復”可能讀爲“複”。因“有山而不合”，“缺壞不周匝”（郭璞注語），故將其中的一峰名爲“不周”；另一峰對不周山來説，是重複的山峰，故將其名爲“復（複）山”。後來人們把這座不合山的兩峰，統名爲不周山，復（複）山的名字遂逐漸被人們遺忘。劉昭瑞（2002）：古代有大復山，爲淮水所出，見《漢書·地理志》《説文》《水經注》等，譚其驤先生《中國歷史地圖集》定大復山在今桐柏縣城與平氏鎮之間，戰國時則屬楚方城。因此，若以九店楚簡中的復山，當上述的大復山，恐怕更合理一些。黃儒宣（2003，104 頁）：關於“武夷”住所的傳説，還是當從《山海經》來考慮。《山海經·大荒西經》所説的“不周負子”其實不需理解爲二個山峰，簡文“尔居逗（復）山之岯，不周之埜（野）”所指的“復山”與“不周”應指同一個區域。今按：夏德安的説法缺乏依據，不足憑信。

岯，饒宗頤（1997）：岯字可看作岯，從臣與從止不分，芷陽（《漢書·夏侯嬰傳》）亦作茝陽（《史記》）。則此猶沚或阯也。李零（1999）：“岯”讀阯。李家浩（1999D；2000，105 頁）：林義光《文源》指出“岯”字所從“‘臣’‘巳’皆聲”。“臣”與“其”“止”古音相近，可以通用。疑簡文“岯”應該讀爲“基”或“阯（址）”。“復山之基”，即復山之山腳的意思。

〔3〕　饒宗頤（1997）、李家浩（2000，105 頁）都認爲簡文“不周”即見於《山海經·大荒西經》等的不周之山。饒文并指出“不周之山”亦見於《山海經·西次三經》“長沙之山又西北三百七十里曰不周之山……東望泑澤，河水所潛也”。夏德安（1998）：在漢代人的宇宙觀念中，不周是位於西北的天門，又是“幽都之門”。可以假設，不周乃是上天與入地的兩個關口。劉昭瑞（2002）：文獻中共工怒觸的不周之山，歷代文獻都以爲在今崑侖山脈。古代文獻中還有爲有娀氏所居的不周，《史記·殷本紀》“有娀氏之女”下索隱引《淮南子》云：“有娀氏在不周之北。”正義引《記》云：“桀敗於有娀之墟。”又云：“有娀當在蒲州也。”唐之蒲州在今山西永濟縣蒲州鎮。蒲州古又名蒲阪，爲舜都。近見有文考共工所觸的不周山即永濟縣境内靠近黄河彎曲處的蒲山。從古音角度分析，“不周”有可能是“蒲”的緩讀，急讀爲“蒲”，則蒲州説似有一定的道理。若據簡文所述，武夷所居的復山與不周之野應該在不大的地理範圍之内才對，但就現在已知的材料而言，包括上舉對復山及不周山地理位置的不同理解，還不足以解決這一問題。也許武夷神話的創造者的想象并不一定受時間和空間的限制，如果這樣的話，反而更加符合神話創作的一般模式。黃儒宣（2003，104 頁）：“不周”作爲山名亦見於下面兩種文獻：《楚辭·離騷》“路不周以左轉兮，指西海以爲期”。王逸注：“不周，山名，在崑崙西北。”《淮南子·天文》“昔者共工與顓頊争爲帝，怒而觸不周之山”。注：“不周山在西北。”今按：夏德安的説法缺乏依據，不足憑信。

〔4〕　原文“命尔”與“司兵死者”之間有一横，比一般寫法的“一”要短一些（可與第一篇中的“一”比較），大概是一種符號，其作用有待進一步研究。郟尚白（2018）指出該字存在，是加強語氣的助詞或是專一之意。

兵死者，李家浩（1999D；2000，105 頁）：“兵死者”指死於戰争的人的鬼魂。周鳳五（2001）據《周禮·春官·塚人》和鄭注説：“兵死者”“被視爲戰敗無勇”，是没有資格入葬於公墓之地的。他們不能享受後世子子孫孫祭祀祖先的“血食”，運氣好，遇上秦穆公“封崤尸”，這批在“崤之戰”陣亡的秦國將士可以享受一次祭祀。或者如楚國禱祠陣亡將士，兵死者也可以享受《九歌·國殤》所描述的祭祀。此外，兵死者如同無主孤魂一般，若想接受祭祀，恐怕只能如《包山楚簡》所載，出之以"作祟"一途了。黃儒宣（2003，105 頁）：周家臺秦簡 297 壹～302 壹也有關於"兵死"的記載。據《九歌·國殤》："身既死兮神以靈，子魂魄兮爲鬼雄。"可知"兵死"者的身份爲"鬼雄"，和一般的鬼魂不同，能作祟害人，受人們的敬畏。今按：周鳳五的說法是有問題的。一、"兵死者""不入葬公墓之地"是一種禁忌，"戰敗無勇"不是主要原因。二、"兵死者"并不都是"被視爲戰敗無勇"。例如周氏所說的《九歌·國殤》中的兵死者，"身既死兮神以靈，魂魄毅兮爲鬼雄"。多麼英勇壯烈，無怪乎受到國家的隆重祭祀。三、"兵死者""不能享受後世子子孫孫之祭祀祖先'血食'"的說法與實際情況并不完全相符。例如楚聲王是盜所殺的（《史記·楚世家》），當屬兵死，但是望山一號楚墓竹簡和葛陵村楚墓竹簡都有祭祀聲王的記錄。可見，周氏的說法不一定可信。李家浩（1999D）引到《淮南子·說林》高誘注："兵死之鬼，善行病人。"敦煌文書伯 2856《發病書》"癸亥日病，至戊辰日差（瘥），祟在兵死鬼，解［之吉］"。本篇簡文"某"生病應該就是由兵死之鬼作祟引起的。

〔5〕 某，夏德安（1998）："某"是指死者。并說本篇簡文是"爲兵死者而唱禱的咒語"。陳偉（1998）："某""應即簡書當事人自稱"。又據此墓隨葬弓、劍等兵器，指出墓主應系武士，很可能是一位"兵死者"，也就是本篇中的"某"。李零（1999）："某"是指代"祝者"，還說"祝者以'某'代稱，可以任意替換"。李家浩（1999D）："某"是指病人。簡文既然說"某將欲食"，說明"某"并沒有死。從天星觀楚墓卜筮簡"不欲食"是對病人說的來看，這個"某"應該指病人。不過，簡文的"思某來歸食故"之"某"，跟"今日某將欲食"等之"某"的意思略有不同。在《楚辭》的〈招魂〉、〈大招〉裏，呼喚魂之辭，多說"魂兮來歸""魂乎徠歸"。簡文的"來歸"，跟〈招魂〉、〈大招〉的"來（徠）歸"用語相同，顯然是對病人"某"離散之魂而言的。於此可見，"思某來歸食故"之"某"是指病人之魂。周鳳五（2001）：李家浩認爲"某"應該指病人，但是"思某來歸食如故"的"某"李家浩又有不同的解釋，他比附《楚辭·招魂》的"魂兮歸來"，認爲這裏的"某"應當指"病人之魂"。其實，本篇"某"字共五見，所指稱的對象都是"兵死者"，沒有例外。至於職司禱祠的巫祝，在本篇中并沒有現身。黃儒宣（2003，112～113 頁）：若"某"是病人的魂，"某今日將欲食"顯示當時病人的身體已有好轉，倘若身體好轉，再向武夷祝禱祈求病人的魂魄"遬（來）逗（歸）飤（食）故□"是一件很奇怪的事。此外敦煌懸泉漢簡 268 "其死者，毋持刀刃上冢，死人不敢近也。上冢，不欲哭，哭者，死人不敢食，去。即上冢，欲其□"（V1410：72）。由此可知在古人的觀念裏，既使死去也需飲食，所以不能以"某今日將欲食"而說"某"并沒有死。此外，簡文"諰𦎫（犢）某於经壄（夷）斋=（之所）"一句，也透露出"某"在武夷之所，"某"即是武夷所掌的兵死者。今按：上引諸家對"某"的指稱，有夏德安、周鳳五、黃儒宣等的"兵死者"說、李零的"祝者"說和李家浩的"病人"說三種。"祝者"說顯然不可信，可以不論。相比之下，剩下的"病人"說要比"兵死者"說合理。周氏的文章曾引到睡虎地秦簡《日書》甲種有《夢》篇"禳除惡夢"的祝辭："皋！敢告爾豹犞。某有惡夢，走歸豹犞之所。豹犞强飲强食，賜某大富，不錢則布，不繭乃絮。"周氏說兩篇文章結構相同，是十分正確的。兩相比較，不難看出《告武夷》的"武夷""兵死者"和"某"，分別跟《夢》的"豹犞""惡夢"和"某"相當。也就是說，兩篇的"某"都是受害者，而不是施害者。如像夏德安、周鳳五、黃儒宣所說，《告武夷》的"某"是"兵死者"，則《夢》篇中的"某"就應該是"惡夢"，顯然是不正確的。從這一點來說，"某"爲"病人"說是符合禱辭文例的。如按"某"是"兵死者"說，不僅不符合禱辭文例，而且對簡文後面部分的解釋會存在更多的問題（詳見下面有關注的按語）。至於周氏批評李家浩對"思某來歸食如故"的"某"，"又有不同的解釋，他比附《楚辭·招魂》的'魂兮歸來'，認爲這裏的'某'應當指'病人之魂'"，這是毫無道理的。古人認爲"魂"是人組成的一部分，在不同語境中，"某"既可以指

"病人"，又可以指"病人之魂"，一點也不奇怪。其實，周氏自己就將"思某來歸食如故"這句話翻譯成"希望能讓'某'的鬼魂暫時回家，如往常一般接受祭祀"，也把此句的"某"解釋爲"兵死者的鬼魂"。

〔6〕二"妻"字之間之字，陳松長（1997）：可釋爲"二"字，所謂"妻二"也就是"二妻"之倒裝，古漢語中數詞作定語後置是常見現象。至於古人之多妻，諸如堯以娥皇、女英嫁給舜帝爲妻的事累見不鮮，因此，此句可補爲："某敢吕（以）丌（其）妻二妻女（汝）"。李零（1999）：此缺文類似於"琴""瑟"等字所從。周鳳五（2001）：缺字可能是"某"，用爲其妻之名的不定代稱，也可能是表示恭敬的"謹"或"敬"等字眼。邴尚白（2018）認爲是"三"字。今按：二"妻"字之間之字稍有殘泐，從殘畫看絕非"三"字，陳氏的説法與字形最爲接近，李、周二氏的説法與字形相差太遠。《太平御覽》卷八八二引《風俗通義》："江水有神，歲取童女二人爲婦。"可參。

二"妻"字的用法，李家浩（1999D；2000，106 頁）：第一個"妻"是名詞，第二個"妻"用如動詞，是嫁給的意思。"其"指稱"某"，表示領屬關係，是"他的"的意思。"汝"指稱"武夷"。古代有神祇取妻的習俗。例如：《史記·滑稽列傳》説魏文侯時，鄴人爲河伯取婦；《風俗通》説秦昭王時，蜀中有人爲江神取婦；睡虎地秦墓竹簡《日書》甲種〈詰〉39 背叄説"上神下取（娶）妻"。此簡文"某敢以其妻□妻汝"，即這一風俗的反映。周鳳五（2001）："李家浩把簡文在'某敢以其妻□妻汝'讀斷，解讀爲病人'某'願意把自己的妻子嫁給武夷。""這不但違反人情與倫理，而且於史無徵。"但是李家浩分析這句的語法，"前一個'妻'字是名詞，後一個'妻'字用如動詞，此説基本正確，但第二個'妻'字似可改讀爲'齎'，即致送。另外，《告武夷》這句話，李家浩於'女'字讀斷，解作'某人命其妻送給你'，但如此一來，文義顯得夠不完整。正確的讀法應當與下文連讀：'某敢以其妻□齎汝聶幣、芳糧，以量贖某於武夷之所。'"缺字"不影響簡文的通讀。整句大意是説：'某人命其妻送聶幣、芳糧給你（武夷），爲某人在武夷處贖罪。'"周鳳五（2001）在對全篇語譯時，又將此句文字譯作"'某'恭敬的差遣妻子獻上攝幣、芳糧，爲'某'贖罪"。今按：李家浩的斷句和解讀，確實存在像周鳳五所批評的那樣，"不但違反人情與倫理，而且於史無徵"。不過周氏所説的"違反人情與倫理"，顯然是用後世人的道德眼光來説的，在上古人的道德眼光裏不一定如此。出於某種目的，戰國時期不是有吳起殺妻嗎？後世不是有讓妻、租妻嗎？更何況病人"某"不一定是真正的把妻子嫁給武夷。中國的鬼神是很容易欺騙的，病人"某"達到目的後，用偶人代替就行了。至於説"於史無徵"，更不能成爲反駁的理由，地下出土的資料，不是有很多也"於史無徵"嗎？問題的關鍵是文本是怎麼説的。從簡文此句來看，"以"是介詞，是"把"的意思，"其妻□"是"以"所介紹的內容。古代漢語介詞"以"除有"把"等的意思外，似無"命""差遣"的意思。《史記·匈奴列傳》："中行説曰：匈奴之俗……父子兄弟死，取其妻妻之。"簡文"以其妻□妻汝"與此"取其妻妻之"句型相似，可以參考。因此，此處簡文的斷句和解讀，當以李家浩的意見爲是。周鳳五泥於對"某"的錯誤理解，不得不把介詞"以"解釋爲"命"或"差遣"，把第二個"妻"字讀爲"齎"。即使如此，按照周氏的斷句和解讀，文意應該是第一者"某"命其妻送聶幣、芳糧給第二者"汝"，然後由第二者"汝"爲第一者"某"在第三者"武夷"處贖罪。周氏爲了説明"汝"就是武夷，在全篇語譯時，不得不把"于武夷之所"不譯出來。

〔7〕"氍"上缺文，李家浩（1995，508 頁；2000，50 頁）釋文補爲"翌"。李家浩（1997，555 頁）："翌"從"立"從"耵"聲。此字亦見於天星觀楚簡，用爲弓韣的緣飾。這種用法的"翌"，在曾侯乙墓竹簡裏作"聶"。"耵""聶"二字音近古通。邴尚白（2018）據編繩位置以及上下文例推導指出"翌"字前可能還缺"某之"二字。今按：本釋文從李家浩和邴尚白補入"某之翌"三字。李家浩（1999D；2000，106 頁）也有類似李家浩（1997，555 頁）的説法。李家浩（2000，106 頁）還説曾侯乙墓竹簡的"聶"或作"帶"，指鞇、簠上的緣飾，皆應當讀爲"攝"。《儀禮·既夕》"貳車，白狗攝服"，鄭玄注"攝，猶緣也"（參看裘錫圭、李家浩《曾侯乙墓竹簡釋文與考釋》，《曾侯乙墓》上冊 503 頁〔一五〕）。天星觀楚墓竹簡的"翌"與曾

侯乙墓竹簡的"聶"和"帣"用法相同，也是指裷、帗上的緣飾，顯然也是從"耴"得聲，讀爲"攝"。㠯，原文作從"釆"從"市"。關於此字的考釋，見李家浩（1997，555頁；2000，107頁）、李零（1997，757頁；1999）。

翌㠯，李家浩（1997，555頁；1999D；2000，108頁）："聶㠯"與"芳糧"并列，它們在簡文中都是祭祀武夷的物品。馬王堆一號漢墓遣册所記的隨葬物品中有"聶幣"，指該墓出土的337號、346號兩件竹笥內盛的成串的絲織的碎塊。九店楚簡的"聶㠯"當是馬王堆漢墓竹簡的"聶幣"。古代用"幣"祭祀鬼神，見《周禮·天官·大宰》《漢書·文帝紀》等。簡文用"聶幣"祭祀於"武夷之所"，與之是一致的。夏德安（1998）："聶幣"在傳世文獻中没有記載，但是馬王堆漢墓遣策中有"聶幣"，指墓内出土的兩個竹笥所盛放的絲織品碎塊。周世榮對馬王堆一號墓的聶幣作過研究，推斷這種碎塊的帛片是楚國貨幣的一種早期形式。九店楚簡説明在給神靈供奉食品的同時，也奉送錢帛。李零（1997，757頁；1999）贊同夏德安（1998）的説法，説："芳糧"上二字應釋"聶幣"。周鳳五（2001）：簡文"聶"從耴從立作翌，曾侯乙墓竹簡另有從"市"的帣字，裘錫圭、李家浩釋"聶"，讀爲"攝"，即緣飾。參照曾侯乙墓竹簡的字形，則《告武夷》此字也可以讀爲"攝"，所從"立"即"位"，取"攝位""攝代"之意。考慮"緣飾"與"幣"的語意無關，則《告武夷》與馬王堆一號漢墓的"攝幣"之"攝"似當取"攝位""攝代"之意。"攝幣"就是"代幣"，也就是"代帛"。今按：周鳳五的説法不可信。上古音"耴"屬端母葉部，"聶"屬泥母葉部，"立"屬來母緝部。端、泥、來三母都是舌頭音，緝、葉二部字音關係密切，常見通用的例子。因此，簡文"翌"當是兩聲字，即所從"耴""立"二旁皆聲，跟"攝位""攝代"毫無關係。周氏説"攝幣"就是"代幣"，也就是"代帛"，顯然不能成立。

芳糧，周鳳五（2001）："芳糧"應該就是屈原《離騷》："巫咸將夕降兮，懷椒糈而要之"的"椒糈"。王逸《章句》："椒，香物，所以降神；糈，精米，所以享神。言巫咸將夕從天上來下，願懷椒糈要之，使占兹吉凶也。"《告武夷》的"芳糧"，顧名思義，就是以香料調製用以召請或祭祀鬼神的芬芳米糧。黄儒宣（2003，108頁）：香港中文大學文物館所藏竹簡40號"而後者食壇下，君皆飯芳糜食肥，留飲指（旨）酒，使某"，此"芳糜"與本簡"芳糧"都應是"椒糈"。今按：先秦時期的"糧"多指"行道"的干糧（參看段玉裁《説文解字注》、桂馥《説文解字義證》等），而祭祀多用"粱"。例如：睡虎地秦簡《馬禖》篇"今日良日，肥豚青酒美白粱，到主君所。主君筍屏襡馬，驅其央，去其不羊"（簡157背～158背）。《禮記·曲禮下》"凡祭宗廟之禮：……粱曰薌（香）萁"，孔穎達疏："粱，謂白粱、黄粱也。""糧""粱"音近可通。簡文"糧"也有可能讀爲"粱"。因粱的氣息芳香，故又名爲"薌（香）萁"，當然也可以名爲"芳粱"。《北堂書鈔》卷一四二引桓彦林《七設》："芬糜异粮。"黄儒宣所引香港中文大學文物館藏竹簡"芳糜（糜）"與"芬糜"同義。

諻犢，李家浩（1999D；2000，108頁）："諻犢"二字不太好懂，根據文義，"諻犢"似是祭名。從"諻"從"言"來看，"諻犢"二字應跟語言有關。其義可能跟《周禮·春官·大祝》所説的"六祈"之一的"説"相近。《廣雅·釋詁》："揚、讀、道，説也。"疑"諻犢"應該讀爲"揚讀"，訓爲"説"。簡文"揚讀"跟下引文字中的"告"所處語法位置相同：《禮記·曾子問》："天子諸侯將出，必以幣、帛、皮、圭告于祖禰，遂奉以出，載於齊車而行。"《大戴禮記·諸侯遷廟》："祝聲三曰：孝嗣侯某，敢以嘉幣告于皇考某侯，成廟將徙，敢告。"簡文"聶幣芳糧以揚讀某於武夷之所"，與此"以幣帛皮圭告于祖禰""以嘉幣告于皇考某侯"的句形相似，主要不同之處是，簡文把介詞"以"置於賓語"聶幣芳糧"之後。此也可證明把"諻犢"讀爲"揚讀"，訓爲"説"是合理的。周鳳五（2001）：考慮從古文字學與《告武夷》上下文的語言情境，簡文比較可能的解釋應當是"量贖"。"量"是衡量輕重的意思。至於"贖"，《尚書·舜典》："金作贖刑"，僞孔《傳》云："金，黄金。誤而入刑，出金以贖罪。"《正義》："'誤而入罪，出金以贖'，即《律》'過失殺、傷人，各依其狀以贖論’是也。”所謂“各依其狀”，即“衡量輕重”之意，亦即簡文“量贖”的“量”；簡文“量贖”，換成《正義》所引《唐律》的說法，就是“各依其狀以贖論”。關於先秦時代以金錢贖罪的“金作贖刑”，睡虎地秦簡也有大量的資料，如：《金布律》云：“有債於公及貲、贖者居它縣，輒移居縣責之。”《司空》云：“有罪以貲贖及有債於公，以其令日問之，其弗能入及償，以令日居之，日八錢。”其他還有“贖遷”“贖黥”“贖刑”等法律條文。可見戰國時代以金錢贖罪是相當普遍的現象。綜合先秦文獻與出土簡牘，《告武夷》的“量贖”，應當就是衡量犯罪情節輕重，由犯人交付等值的金錢以免除罪責。黃儒宣（2003，109 頁）：周世榮指出江陵鳳凰山 167 號漢墓木簡中書有“繒筍，合中繒直（值）二千萬。”可見戰國秦漢以來，繒帛可作爲價值尺度，或充當貨幣使用（今按：原注周世榮《馬王堆漢墓聶幣與江陵馬山一號楚墓帛幣考》，《古文字研究》第 21 輯，北京：中華書局，2001 年 10 月）。也就是說，“聶幣”是可以用來計算的，所以本簡的“諨”當讀爲“量”，《漢書·食貨志》有“量資幣”之語，可參。今按：周鳳五把“諨犢”讀爲“量贖”，解釋爲“量刑贖罪”，是有問題的。一、“量贖”之“量”與語言無關，簡文爲什麼要作從“言”？周氏未作說明。二、按照周氏的解釋，“量贖”是兩個并列動詞，但它們分別缺少“刑”“罪”之類字眼的賓語，從周氏所作的解釋“量刑贖罪”和所舉的例子“贖遷”“贖黥”“贖刑”等可以證明這一點。三、“兵死者”犯了什麼罪，需要“量刑贖罪”“於武夷之所”？簡文未作交代，周氏也未作說明。如果這位“兵死者”像《九歌·國殤》的“兵死者”，何罪之有？《禮記·曲禮下》：“死寇曰兵。”孫希旦《集解》引呂氏大臨曰：“兵者，死於寇難之稱。有兵死而可葆者，如童汪踦能執干戈以衛社稷，勇於死難者也。有兵死而可貶者，如《冢人》‘凡死於兵者，不入兆域’是也。”可見，前人早已注意到這一點。與周氏相比，李家浩的說法顯然合理得多，所引《禮記·曾子問》《大戴禮記·諸侯遷廟》的兩段文字頗具說服力。2005 年上海古籍出版社出版的《上海博物館藏戰國楚竹書（五）》中，《競建內之》篇記鮑叔牙與隰朋曰，引殷高宗與祖己論自然界災異現象而祭祀鬼神時，有“含（今）此，祭之得福者也。青（請）量之以衰（？）溠。既祭之後，安（焉）攸（修）先王之灋”和“高宗命仸（傅）鳶（說）量之以祭，既祭，安（焉）命行先王之灋”等語（4、3 號簡的綴聯和個別字的釋讀，從陳劍 2006 說）。陳劍（2006）說此語中的二“量”字“似當與九店 M56 所謂‘告武夷簡’中簡 44‘（某敢以）聶幣芳糧以諨辜（犢）某于武彊之所’之‘諨’義同”。其說甚是。從文義看，“量”當是祭名。按照李家浩的說法，“諨辜（犢）”是同義複詞，所以可以單說成“量”。此進一步證明了李家浩的說法是可取的。

之所，原文作合文。

[8]　向，原文作“旨”。李家浩（1999D；2000，109、139 頁）：該字當是“昔”的省寫，讀爲“夕”。周鳳五（2001）、冀小軍（2002）、黃儒宣（2003，111 頁）和陳斯鵬（2003）都認爲此字與郭店楚墓竹簡中被釋爲“向”的字是同一個字。但冀氏說：此字應當釋爲“皿”，在《告武夷》簡中也許可以讀爲“饗”。《潛夫論·巫列》：“由是觀之，得義無違，鬼神乃享；鬼神受享，福祚乃隆。”冀氏說“受享”可能應讀爲“受饗”，本簡的“皿（饗）受”，大概跟《潛夫論·巫列》的“受享（饗）”相當。周、黃二氏主張釋爲“向”，在此處讀爲“曩（曩）”。周氏說指不久以前，引申爲“昔日”之意；黃氏說指不久以前的“剛才”。陳氏亦主張釋爲“向”，但認爲在此處讀爲“饗”，義爲歆饗、受食。今按：冀小軍等認爲此字與郭店楚墓竹簡中被釋爲“向”的那個字是同一個字，甚是。但是，冀小軍釋爲“皿”恐不確。戰國文字“皿”旁習見，未見與此字形同或形近的。冀氏說簡文的“向（享）受”與《潛夫論·巫列》的“享受”相當，應該是可信的。《後漢書·班梁列傳論》：“班超、梁慬奮西域之略，卒能成功名，享受爵位。”簡文“享受”與此“享受”語序相同，更可證明這一點。此句的“聶幣芳糧”即上句“聶幣芳糧”。周鳳五把“向”讀爲過去時“曩”，解釋爲“昔日”，則此句的“聶幣芳糧”非上句的“聶幣芳糧”，顯然與文義不合。黃儒宣似乎看出了這一點，故解釋爲“不久以前的‘剛才’”。但這一解釋也有問題，即本禱文原本是禱告武夷，禱文至此尚未完

結，武夷已於“剛才”享受完了“瞪幣芳糧”，在時間上顯然是欠妥當的。上注〔7〕引周鳳五把簡文“讘犢”讀爲“量贖”。眾所周知，贖罪的財物是入國家府庫的，個人不能私自“享受”。從本句“君向（享）受某之瞪幣芳糧”來看，也可以證明把“讘犢”讀爲“量贖”是有問題的。

〔9〕　囟，李零（1999）釋爲“甶”，讀爲“思”。李家浩（1999D；2000，109 頁）：“囟”字原文字形跟《說文》訓爲“鬼頭也”的“甶”相同，但并非一字。有人把這個字釋爲“甶”，是錯誤的。“囟”字還見於周原甲骨和包山楚簡等。《說文》說“思”字從“囟”得聲，所以包山楚簡的“囟”或寫作“思”。有學者指出，周原甲骨和包山楚簡的“囟”都應該讀爲“思”，表示希冀。本簡“囟”字的讀法和意思與之相同。陳斯鵬（2003）：“囟”過去多作希望解，實當讀爲“使”。今按：孟蓬生（2003）將上博簡《容成氏》中與本簡類似用法的“思”讀爲“使”，沈培（2005）亦對楚墓竹簡和古書中讀“囟”或“思”爲“使”的用例進行了很好的總結。據陳斯鵬、孟蓬生和沈培所說，本簡的“囟”也應該讀爲“使”。

來歸，原文作“逨遻”。李家浩（2000，110 頁）：《楚辭》的《招魂》、《大招》，在寫招魂歸來時，常用“徠歸”或“來歸”之語。“逨”“徠”爲“來”字的古文。“遻”即“歸”字的異體。

李零（1999）：“故”下應補“人”字。李家浩（1999D）：“故”字之下，原簡有筆畫，似是表示文字完結的符號。“故”與“所”等字押韻，這也可以證明“故”下當無文字。不過在“故”字之上，可能漏寫或省略“如”之類的字。周鳳五（2001）：簡文此句是說“希望能如往常一樣，允許兵死者的鬼魂暫時回家接受祭祀。”李家浩依據韻腳“野”“者”“汝”“所”“故”，以爲“故”上可能漏寫或省略“如”字，可從。其實無論補字與否，“故”字都可以理解爲雙關語，既指兵死者生前，又指其受祭祀的先例。今按：從押韻的角度來看，當如李家浩所說“故”下無文字。至於此句的大意，仍當以李家浩的說法爲確。與之相比，周鳳五的說法很難自圓其說。按照周氏的解釋，說明“兵死者”的鬼魂常常是回家接受祭祀的，這次回家接受祭祀，“兵死者”就沒有必要差遣他的妻子用“芳糧”招請武夷，用“攝幣”爲他贖罪，請求武夷暫時放“兵死者”的鬼魂回家接受祭祀。

# 七　相宅

　　本篇共有十五枚殘簡（45 號至 59 號），從最長的 45、46、47 號三支殘簡看，有兩道編繩，與《建除》《叢辰》等篇簡相同，其原簡長度也應該與之相同。本篇內容講的是修建住宅等的方位對人產生的吉凶，屬於相宅之書。睡虎地秦簡《日書》甲種也有相宅之書（一五號背至二一號背），內容與此相似，個別文字甚至相同，大概也是楚人的作品。本篇簡是目前發現的最早相宅之書，可惜原簡殘損比較嚴重，不能聯綴成篇。原簡無篇題，劉樂賢擬爲《相宅簡》，陳偉擬爲《遇》，劉信芳、李零、李家浩和黃儒宣擬爲《相宅》。此從劉信芳等擬名。

凡相坦、[1]敓邦、[2]作邑之道:[3]盍（蓋）西南之遇（宇），[4]君子尻（居）之，[5]幽悏不出。[6]北方高，三方下，尻（居）之安壽，[7]宜人民，[8]土田聚（驟）得。[9]盍（蓋）東南之遇（宇），[10]君子尻（居）之□夫□□□[11] **45 + 116**

□婆。[12]西方高，三方下，其中不壽，[13]宜人民、六頋（擾）。[14]盍（蓋）西北之遇（宇），芒（亡）倀（長）子。[15]北、南高，二方下，不可尻（居），是胃（謂）□土，[16]聚□見吉。[17]東北又（有）□□□ **46**

東、南高，二方下，是胃（謂）虛井，[18]攻通，安。[19]中坦，[20]中□，[21]又汙（窊）安（窊），[22]尻（居）之不濕（盈）志。[23]西方□□□貧。[24]東、北高，二方下，黃帝□□庶民尻（居）之□[25] **47**

遇（宇），不可以圬（序）。[26]凡宮垎於西南之南，[27]尻（居）之貴。[28]凡□不可以盍（蓋）□之牆，[29]是胃（謂）□□ **48**

☑尻（居）祭室之後。[30]垎於東北之北，安。[31]窮尻（居）南、北，[32]不利人民；尻（居）西北利，[33]不利豕；[34]尻（居）西南□□ **49**

☑垎於西北，不利於子，[35]三增三殂（沮）不相志，[36]無藏貨。[37]西□君□[38]垎於東南，不利於□☑ **50**

☑垎於東北之東□□☑ **51**

☑□□胃（謂）之□。垎於☑ **52**

☑□□弻。[39]堂吉。□□於室東，[40]日出庶（炙）之，[41]必肉飤（食）以飤（食）。[42]篅尻（居）西北，[43]不吉，[44]尻（居）是室☑ **53**

☑□西北貧。夏三月，[45]啓於北得，大吉；[46]宮正方，[47]非正中，不吉。[48]萩（秋）三月，作高尻（居）於西得☑[49] **54**

□土少。盍（蓋）東南之遇（宇），□□尻（居），[50]必又（有）□□出□[51] **55**

☑□不竺（築），東北之遇（宇），[52]西南之☑ **56**

☑水尻（居）之□，婦人正。[53]凡坦南□☑[54] **57**

☑□凥（居）東南多亞（惡）☑〔55〕**58**

☑□之□□□之西，〔56〕凥（居）之福，〔57〕□☑〔58〕**59**

────────────

〔1〕　此簡開頭四字，李家浩（1995；2000）圖版照片中祇殘存左半，李家浩（1995，508 頁；2000，50 頁）釋文
　　　根據竹簡出土清理尚存的右半（摹本見下引李守奎語），將其釋爲"凡栮坦敃"。據周波（2004），此殘簡右
　　　半殘片已找到，其文字確如李家浩（1995，508 頁；2000，50 頁）所釋。
　　　劉信芳（1997）認爲第三字當釋爲"垣"。說：秦簡八七三反："垣，東方高西方之垣，君子不得志。"所謂
　　　"栮垣"謂"植垣"，即築牆。李家浩（2000，110 頁）：《玉篇》木部以"栮"爲"枱"字的异體。《集韻》
　　　卷十麥韵"枱"字下所收异體除"栮"外，還有"穑"等。"穑"從"悥"聲。而"悥""置"二字皆从
　　　"直"得聲。疑簡文"栮"應當讀爲"置"。《廣雅·釋詁四》："置，立也。"《墨子·明鬼下》："且惟昔者
　　　虞夏、商、周三代之聖王，其始建國營都日，必擇國之正壇，置以爲宗廟；必擇木之修茂者，立以爲敊
　　　（叢）位。""坦""墠"二字古音相近，可以通用。疑簡文"坦"應當讀爲"墠"。《說文》土
　　　部："墠，野土也。"段玉裁注："野者，郊外也。野土者，於野治地除草。"劉國勝（2001）
　　　贊同李家浩讀"坦"爲"墠"的說法，說：墠同壇，謂祭祀場地。在此也可能泛指臺基。《左
　　　傳》哀公元年"室不崇壇"，杜預注："平地作室，不起壇也。"李守奎（2002）據郭店楚簡
　　　《窮達以時》管夷吾釋械柙"而爲（者）諸侯相"之"相"字作""，說："凡"下之字當釋
　　　爲"相"，該簡文當斷句爲："凡相：坦、敃邦，作邑之寓……""相"是指相宅之術，"坦"
　　　當用爲動詞。李文還附有如右李家浩當初整理竹簡時該段簡文之摹本記錄。黃儒宣（2003，
　　　117 頁）也贊同李家浩的釋讀，說：圖版雖僅存左半，但簡 57 有"凡坦南"之語，所以此處
　　　有可能是"坦"字。坦，透紐元部；墠從單得聲，禪紐元部，禪紐古讀近定母，聲近韵同，故可通用。簡文
　　　"坦"應釋爲"墠"。《左傳·昭公元年》："傳元年春，楚公子圍聘于鄭且娶於公孫段氏伍舉爲介。將入館，
　　　鄭人惡之，使行人子羽與之言，乃館於外。既聘將以逆，子產患之，使子羽辭曰以敝邑褊小，不足以容，從
　　　者請墠聽命。"注："欲於城外除地爲墠行昏禮。"故知簡文"坦"應釋爲"墠"，意爲野土。周波（2004）
　　　據紅外圖像，仍贊同李家浩將第二字釋爲"栮"。說：我們詳審字形，發現其字右旁"目形"下還有一小垂
　　　筆，該字與"又"形相粘連，但并未重合，從起筆與收筆來看還是很清楚的。所以"又"上形體不是"目"
　　　字，而是"貝"形之省。這是楚文字"得"的常見寫法。（另一種寫法徑省作從"目"從"又"），九店簡的
　　　"得"字均如是作。周氏又說："栮"從木"导"聲，我們懷疑字當讀爲"植"。"植"義又與"置"，下文
　　　"樹"同，皆可訓爲"立"。如《玉篇》木部："植，樹也。"《集韻·志韻》："植，樹立也。"朱駿聲《通訓
　　　定聲》："植，假借爲置。"《書·金縢》："植璧秉珪"，鄭玄注："植，古置字。"可見"植""置"音義并
　　　近。"坦"可讀爲"壇"。"植壇"謂積土爲壇，以祭祖先。今按：據紅外圖像，簡文第二字作""，右旁
　　　上部所從確是"目"。同簡"土田聚（驟）得"之"得"作""，上部所從與""字右上所從不同，故
　　　李守奎將第二字釋爲"相"的看法是正確的。此種寫法的"相"字還見於望山一號楚墓竹簡 7 號簡和包山楚
　　　墓竹簡 149 號簡，袁國華（2003）有詳細論證，可以參看。劉信芳說"坦"當是"垣"字，從字形上看，顯
　　　然是錯誤的。簡文"相坦、敃邦、作邑"三者并列，都是動賓結構，李守奎在"相坦"之間加冒號隔開，是
　　　有問題的。"相坦"可以有兩種解釋。一種是"相"讀如本字。《書·召誥》"惟太保先周公相宅"，《史記·
　　　魯周公世家》"相宅"作"相土"。"坦"從李家浩讀爲"墠"。《說文》"墠，野土也。""相墠"猶言"相
　　　土"，指選擇地基。一種是"相"讀作"創"。上古音"相"爲心母陽部字，"創"爲初母陽部字，兩字聲母

同爲齒音，韵部相同。古音十分接近，可以相通。《爾雅·釋天》："七月爲相"之"相"，長沙楚帛書作
"倉"。《詩·小雅·楚茨》"我倉既盈"，《太平禦覽》卷三五引"倉"作"箱"。"創"從"倉"得聲。此是
"相""創"可以通用的例子。"創"古有造義。《國語·周語中》"更姓改物，以創制天下"，韋昭注"創，
造也。"《戰國策·秦策三》"大夫種爲越王墾草創邑"，高誘注："創，造也。"《漢書·敘傳下》"禮儀是
創"，顔師古注："創，始造之也。"若此，簡文"坦"當從劉國勝讀爲"壇"。"創坦"即造壇。《宋書·禮
志》："又南出道狹，未議開闢，遂於東南巳地創立丘壇。"《梁書·傅歧傳》："是時改創北郊壇，初起歧監
知繕築，事畢，除如新令。"《晉書·温嶠傳》："嶠於是創建行廟，廣設壇場。"可参。從"相坦"位於"敱
（樹）邦（封）、作邑"之前來看，似以第一種釋讀更符合簡文原義。

[2]　劉信芳（1997）："敱邦"即樹邦。劉國勝（2001）：劉信芳讀"敱"爲"樹"可從。"邦"，疆界，此似作城
郭講，九店《日書》簡四一云"入邦中"，即言入城中。李家浩（2000，111 頁）：《玉篇》支部："敱，爲
也。"簡文"敱"字即用此義。晏昌貴等（2002）："邦"前一字，或釋作"爲"，或讀作"樹"。"爲邦"
"樹邦"，其意相近。《說文》邑部："邦，國也。"口部："國，邦也。"狹義的"邦"指國都，廣義的"邦"
指四境之內。"邦"亦有疆界之義，《玉篇》邑部："邦，界也。"《周禮·小司徒》："乃分地域而辨其守"，
鄭玄注："故書'域'爲'邦'。"段玉裁《說文解字注》邑部"邦"字條亦曰："《周禮》故書'乃分地邦
而辨其守'，'地邦'謂地界。"黃儒宣（2003，117 頁）："敱"字還見於包山楚簡99 號，"敱邦"應即爲邦。
今按：劉信芳將簡文"敱"讀爲"樹"是可取的。"敱"從"豆"得聲。甲骨文有一字作"林"，王獻唐
（1979，17～25 頁）釋爲"尌"之初文，認爲"尌"所從之"豆"乃後加之聲符。裘錫圭（2002）贊同其
說，并作過進一步補充論證。郭店楚簡《語叢三》簡 46 有"尌"字作"栽"，裘錫圭將其讀爲"樹"。右旁
亦從"攴"表義。於此可證"敱"可以讀爲"樹"。"樹邦"之"邦"，劉國勝認爲作城郭講，陳偉認爲指大
城邑（見下注），似均不可從。晏昌貴等認爲指國都、四境之內或疆界，亦不十分確切。"邦""封"古通
（參看高亨《古字通假會典》，齊魯書社，1989 年版，26 頁），疑簡文"邦"應該讀爲"封"。"封"的本義
指堆土植樹爲界，引申爲疆界、田界。《周禮·地官·封人》"封人掌詔王之社壇，爲畿封而樹之。凡封國，
設其社稷之壇，封其四疆。造都邑之封域者亦如之"，鄭玄注："畿上有封，若今時界矣。"《吕氏春秋·孟
春》"命田舍東郊，皆修封疆"，高誘注："封，界也。"簡文之"封"是"樹"的賓語，當是指疆界。"樹
封"是樹立域界的意思。《淮南子·本經》"設樹險阻"，高誘注："樹，立也。"

[3]　作邑，劉國勝（2001）："作邑"見於《詩·大雅·文王有聲》"作邑於豐"，可能是辟地營邑的意思。陳偉
（1998）：從"邦""邑"等字看，所述似包含大小城邑，與秦簡祇講家宅不同。晏昌貴等（2002）："作邑"
屢見於《詩》《書》，《詩·大雅·文王有聲》："文王受命，有此武功，既伐於崇，作邑於豐。"《尚書·康
浩》："周公初基，作新大邑於東國洛，四方民大和會。"《多士》："今朕作大邑於兹洛，予惟四方罔攸賓。"
"作邑"是指營國。今按："作邑"亦屢見於甲骨卜辭，如《合集》14206 正："壬子卜爭貞，我其玤（作）
邑，帝弗左若，三月"；"癸丑卜爭貞亏玤（作）邑，帝若"，指建築城邑。

　　道，李家浩（1995，508 頁；2000，50 頁）釋爲"遇"，讀爲"寓"。劉國勝（2001）：該字似從"辵"，從
"頁"，應釋爲"道"。古文"道"字，從首，又有作從頁，并見郭店楚簡。道，謂術也。簡文"置壇""樹
邦""作邑"并爲土工之事，言其"道"，謂其治之術也。今按："道"字原文有所殘泐，但從殘存筆畫來
看，的確似"道"不似"遇"。從上下文義上看，釋"道"亦較釋"遇（寓）"爲優。故本釋文從劉說釋爲
"道"。古代"相宅"包括建築城邑在内。《周禮·夏官·土方氏》："以土地相宅，而建邦國都鄙"，鄭玄注：
"土地，猶度地。知東西南北之深，而相其可居者。宅，居也。"孫詒讓《正義》："《釋名·釋宮室》云：
'宅，擇也，擇吉處而營之也。'凡邦國都鄙，并擇吉處而居，故通謂之宅也。"從簡文此句來看，相宅實際
上分爲"相坦、敱（樹）邦（封）、作邑"先後三道工序。

〔4〕 盇，李家浩（1995，508 頁；2000，50 頁）讀爲"蓋"。陳偉（1998）亦讀爲"蓋"，説：蓋、掩音近義通，可通假。《説文》："掩，斂也。小上曰掩。""盇"某某方位"之遇"，也許是指在某某方位高而狹小的地形。晏昌貴等（2002）：盇（蓋）、掩古通用。《説文》："掩，斂也。小上曰掩。""盇"指高下而言，與下文"坿"指四方相對成文。今按："盇（蓋）"當是搭蓋之義。睡虎地秦簡《日書》甲種《稷辰》篇"秀"之占辭："不可復（覆）室、蓋屋。"又乙種《秦》篇"敫"之占辭："利以穿井、蓋屋。"漢王褒《僮約》："治舍蓋屋。"即其例。

遇，李家浩（1995，508 頁；2000，50 頁）讀爲"寓"。劉樂賢（1996）：睡虎地日書稱住宅爲"宇"，楚日書則稱爲"遇（寓）"。宇和寓在古書中都有住處的義項，所指實爲宅。劉信芳（1997）："遇"字原報告（今按：指李家浩1995 釋文）釋"寓"，秦簡作"宇"，應以秦簡爲正。《楚辭·招魂》"高堂邃宇"，王逸注："宇，屋也。"《離騷》："爾何懷乎故宇?"注："宇，居也。"知稱居室爲宇，爲當時人習慣語。陳偉（1998）：《説文》："宇，屋邊也。"段注："引申之凡邊皆曰宇。"睡虎地日書中的"宇"，大概指建築群四至所及的整個空間。"宇"屬魚部，"遇"屬侯部，或可旁轉通假。本篇"遇"似應讀爲"宇"，也是指建築群的基址。李家浩（2000，111 頁）：本組簡皆以"遇"爲"寓"。"遇""寓"二字都从"禺"得聲，故可通用。雲夢秦簡《日書》乙種一七號簡説："窨、羅之日……而遇（寓）人，人必奪其室。"此假"遇"爲"寓"，與本組簡相同。不過本組簡的"寓"是名詞，指人居住的屋舍。《國語·周語中》"國有郊、牧，疆有寓、望"，韋昭注："疆，境也。境界之上，有寄寓之舍、侯望之人也。"《古璽彙編》303 頁著録的三二三六號官印："宮寓壴（府）守。"此是管理"宮寓"的"府守"所用的印。"宮寓"猶言宮室。《風俗通義·祀典》："平帝時，天下六宗已下及諸小神凡千七百所，今營寓夷泯，宰器闕亡。""營寓"指神祠房屋（參看吳樹平《風俗通義校釋》294 頁注〔十八〕，天津人民出版社，1980 年）。秦簡《日書》甲種相宅之書"寓"作"宇"。黃儒宣（2003，118 頁）：在先秦典籍中"寓"多爲"寄"之意，《孟子·離婁下》："無寓人於我室。"簡文"遇"爲名詞，當如劉信芳、陳偉所説，從睡虎地秦簡《日書》釋爲"宇"。今按：據《説文》，"宇"的本義是"屋邊也"，即屋檐，引伸爲屋宅。秦簡《日書》甲種相宅之書的"宇"，用的就是引伸義。"寓"的古義指"寄寓之舍"，而非一般意義的舍。由此看來，劉信芳和陳偉據秦簡將本篇的"遇"讀爲"宇"是可取的。這是從文義來説的。從字音來説，上古音"遇"屬疑母侯部，"宇"屬匣母魚部，疑、匣二母都是喉音。在楚人的作品中有魚、侯二部字合韵的情況，説明魚、侯二部字音在楚方言音系裏關係密切（參看趙彤《戰國楚方言音系》，中國戲曲出版社，2006 年版，94 ~ 95 頁）。九店楚簡以"遇"爲"宇"，正是這一語音特點的反映。從字形上來説，不論是古文字還是今文字，"禺""禹"二字字形都十分相似，容易互訛。例如《詩·唐風·杕杜》"獨行踽踽"，阜陽漢簡《詩經》與"踽"相當的字右旁作"禹"，左旁殘缺。阜陽漢簡整理者説："古籍中從禹得聲之字與從禺得聲之字亦有相混用者，如'寓'亦作'㝢'（見《辭通》卷十三·七麌），或因形音相近而混（胡平生、韓自強：《阜陽漢簡詩經研究》，上海古籍出版社，1988 年版，77 ~ 78 頁）。"因此，本篇"遇"字也有可能是"遄"字的訛體。"遄"不見於字書，但見於遄斷（《金文編》108 頁）。此字當從"禹"得聲。《説文》"宇"字的籀文"㝢"亦從"禹"得聲。故"遄"可讀爲"宇"。總之，簡文"遇"應該從秦簡讀爲"宇"。

〔5〕 君子，原文作合文"𢆶"。李家浩（1995，508 頁）作爲不可辨識之字而缺釋。徐在國（1997）、李守奎（1997）、李家浩（2000，111 頁）和黃儒宣（2003，118 頁）都認爲此爲"君子"合文。陳松長（1997）則認爲此字似作"𢆶"形，説：與第41 簡中的"宄（冠）"字形體基本相近，故似可補爲"宄（冠）"字，"冠居之幽恔不出"，猶言端居之幽恔不出。李家浩（2000，111 頁）：此字右下側兩點表示此字是"君子"合文的符號，"子"字之頭兼充"君"字之"口"。這種寫法的"君子"合文還見於戰國璽印文字：𢆶（《古璽彙編》302 頁、三二一九），唯右下側無合文符號而已（參看王輝《古璽釋文二則》，《人文雜誌》1986 年

2 期 105 頁)。《禮記·鄉飲酒義》鄭玄注："君子，謂卿、大夫、士也。"今按：陳松長説非是。古璽之"君子"合文，吳振武（1989；2000）亦已釋出。

尻，李家浩（1995，508 頁；2000，50、112 頁）讀爲"居"。劉樂賢（1996）：此字舊皆依《説文》釋爲居的本字，但包山楚簡第 32 號證明它不是居字，當爲處即處字。劉信芳（1997）："尻"字原報告（今按：指李家浩 1995 釋文）釋"居"，未妥，應是"處"的古文。李零（1999）從劉樂賢説亦認爲"尻"應釋爲"處"。李家浩（2000，112 頁）："尻"字常見於楚國文字。例如：鄂君啓節"王尻於栽郢之遊宮"，包山楚墓竹簡一三二號"秦競夫人之人緣慶坦尻鄰郲之東竄之里"。《説文》几部："尻，處也。从尸得几而止。《孝經》曰：'仲尼尻。'尻，謂閒尻如此。"段玉裁注："引申之爲凡尻處（處）之字。既又以蹲居之字代'尻'，別製'踞'爲蹲居字，乃致'居'行而'尻'廢矣。"上引楚國文字二例中的"尻"，用的正是它的本義。不過有人把鄂君啓節的"尻"釋爲"處"（《金文編》922 頁）。"處"即《説文》"處"字的正篆。包山楚墓竹簡三二號説："辛巳之日不吕（以）所死於亓（其）州者居尻名族至（致）命，阩門又（有）敗。"古書常以"居處"連言。此簡文以"居尻"連言，正好支持把"尻"釋爲"處"的説法（參看林澐《讀包山楚簡劄記七則》，《江漢考古》1992 年 4 期 83 頁）。按本組簡多次出現"尻"，其用法有兩種。一、動詞，當居住講。例如本號簡"君子尻之，幽愇不出"；四六號簡"北、南高，二方下，不可尻"。二、名詞，當住宅講。例如五四號簡"秋三月，作高尻於西得"。第一種用法的"尻"可以換成"處"，但第二種用法的"尻"不能換成"處"。於此可見，"尻"應當是居處之"尻"，而不是居處之"處"。從字形來説也是如此。"尻"從"尸"從"几"，"處"從"夂"從"几"，二字寫法截然不同。至於包山楚墓竹簡三二號"居尻"連言的問題，有兩種可能。一、"尻（居）""處（處）"古音都是魚部字，音、義皆近，可以通用（參看高亨《古字通假會典》862、863 頁）。"居尻"之"尻"是作爲"處"字來用的。二、"居尻"連言可能是楚國方言的説法，其義跟"居處"相同。總之，根據本組簡文，"尻"仍然應當从《説文》所説，釋爲居處之"尻"。黃儒宣（2003，119 頁）釋爲"處"，説：郭店《性自命出》簡 54"蜀（獨）處而樂"，上博簡《性情論》簡 23 作"竊（獨）居而樂"；郭店《性自命出》簡 60～61"蜀（獨）處則習父兄之所樂"（今按：原文引作"蜀（獨）處而樂"，蓋涉上文而誤引），上博簡《性情論》簡 30～31 作"竊（獨）居則習【父】兄之所樂"。可知戰國楚簡中"處"、"居"二字可以通用。簡文"孚=（君子）尻之，幽愇不出"之"尻"，當指居住之"居"。今按：本篇用作動詞的"尻"，如簡 49"□尻祭室之後""窮尻南、北"和簡 53"筲尻西北"等，秦簡《日書》甲篇相宅之書作"居"，如"屏居宇後"（14 背陸）、"廡居東方"（21 背肆）等。"尻"字亦見於上博簡《周易》18、25、54、55 等號，除 54 號一例帛書作"階"、傳世本作"機"外，其他幾例帛書本、傳世本皆作"居"。於此可證，李家浩（2000，112 頁）的分析是合理的。上博簡《性情論》簡 28 亦見有"居尻"一詞，用法同包山簡。

〔6〕李零（1999）讀"幽愇"爲"猶疑"。李家浩（2000，112 頁）："幽愇"疑當讀爲"幽思"。《史記·屈原傳》："屈平疾王聽之不聰也，讒諂之蔽明也，邪曲之害公也，方正之不容也，故憂愁幽思而作《離騷》。"劉國勝（2000）："愇"應讀爲"疑"。指出郭店簡《緇衣》"則君不疑其臣，臣不惑於君"之"疑"正作此形。"幽"訓深。《莊子·讓王》"幽憂之病"意爲深猶之病。"幽疑"猶言"深疑"。黃儒宣（2003，120 頁）：楚簡中"愇"字的讀法有四種：其一，讀爲"矣"，如郭店楚簡《成之聞之》簡 3"民弗從之愇（矣）"；其二，爲發語詞，如郭店楚簡《魯穆公問子思》簡 4"愇（噫）！善才（哉）！"其三，讀爲"疑"，如郭店楚簡《緇衣》簡 4"則君不愇（疑）其臣"；其四，讀爲"俟"或"竢"，顏世鉉曾指出郭店楚簡《成之聞之》簡 21"愇"字可能讀爲"俟"或"竢"，《説文》"竢，待也。""竢"和"俟"爲古今字（今按：原注顏世鉉《簡帛書籍的校勘與考釋——以郭店楚簡爲主》，"中研院"歷史語言研究所九十年度第十七次講論會，2001 年 12 月 24 日，33 頁）。因此疑本簡"愇"字當讀爲"俟"，《禮記·中庸》："君子居易以俟命。"疏："言君

子以道自處，恒居平安之中，以聽待天命也。"簡文"幽愫不出"即用此義。今按："幽""幼"音近古通（參看上《叢辰》篇注〔76〕所引李家浩和黄儒宣的説法）。"愫"在郭店楚墓竹簡中用爲"疑"，除劉國勝和黄儒宣提到的《緇衣》（簡4、5、43）篇外，還見於《語叢四》（簡15）。據此，頗疑本簡"幽愫"應讀爲"怮懬"，是憂恐的意思。《説文》心部："怮，憂貌。"又："懬……一曰惶也。"

〔7〕 李零（1999）："安"原文無"宀"旁，楚簡用爲"焉"。李家浩（2000，113頁）：此號簡和下四七號、四九號等簡的"安"字，原文作⿱形。此字與越者汈鍾的⿰和曾侯乙墓竹簡的⿰，當是一字，即"安"字的省寫。參看郭沫若《〈者汈鍾〉銘考釋》（《文史論集》325頁），裘錫圭、李家浩《曾侯乙墓竹簡釋文與考釋》（《曾侯乙墓》上册325頁）。"居之安壽"，越者汈鍾銘文："女（汝）安乃壽。"黄儒宣（2003，121頁）：戰國楚簡文字中"安"字省"宀"者多見，此處當讀如字。"安壽"即"平安壽考"之意。今按：應從李家浩和黄儒宣的説法，"安"當讀如本字。

〔8〕 晏昌貴等（2002）："人民"可有兩解，《周禮·質人》："掌成市之貨賄、人民、牛馬、兵器、珍異。"鄭玄注："人民，奴婢也。"《周禮·朝士》："凡得獲貨賄人民六畜者。"鄭注："人民謂刑人、奴隸、逃亡者。"孫詒讓《正義》："即司屬所掌男入罪隸、女入舂稿者也。"又《周禮·内宰》："分其人民以居之。"鄭注："人民，吏子弟。"《大司徒》："掌攀建邦之土地之圖與其人民之數。"《小司徒》："乃均土地以稽其人民。"《縣師》："掌邦國都鄙稍甸郊里之地域，而辨其夫家、人民、田萊之數。"《遂人》："以歲時稽其人民。"則均非奴婢可比。《日書》"人民"凡二見，此處"人民"與"土田"相連爲文，下文"宜人民、六擾""六擾"即六畜，則"人民"似爲奴婢。

〔9〕 李家浩（2000，113頁）："驟得"是多次得到的意思。《楚辭·九歌·湘夫人》"時不可兮驟得"，王逸注："驟，數。"晏昌貴等（2002）："驟得"亦可理解爲快速得到。"驟"有迅疾之義，段玉裁《説文解字注》馬部"驟"字條："《左傳》言驟，《詩》《書》言屢，《論語》言屢，亦言亟，其意一也。亟之本義，敏疾也。""驟"又引申爲凡迫促之意。又，"數"亦有"速"義，二者可通假，《禮記·曾子問》："不知其已之遲數。"鄭玄注："數讀爲速。"

〔10〕 李家浩（1995；2000）圖版照片中"南"字殘片漏照，此二書的釋文是整理者根據竹簡清理時的記録補出的。晏昌貴等（2002）：後文有"盍（蓋）東南之遇（寓）"，此處"東"後所缺之字應爲"北"。今按：周波（2004）找到書有"南"字的殘片。原簡於"遇"字中間折斷，其下殘片李家浩（2000）編爲116號，此從劉國勝（2001）意見綴合。

〔11〕 君子尻之，李家浩（2000）未釋，此從劉國勝（2001）所釋。"君子"原文作合文。
夫，李家浩（2000，56頁）釋爲"大"，周波（2004）釋爲"夫"。今按：細審圖版照片，周釋可信。

〔12〕 嫠，李家浩（1995，508頁；2000，51頁）釋爲"嫠"。劉信芳（1997）釋爲"要"，説：原報告（今按：指李家浩1995釋文）釋"嫠"誤。睡虎地簡八七四反："宇有要，不窮必刑。"整理小組釋"要"爲"腰"，亦誤。"要"讀如"標"，《淮南子·本經》："標林欚櫨。"高誘注："標林，柱類。"古代樹木以祭，包山楚簡稱"漸（建）木"，而祠神之建木必植於野外，故秦簡皆以宇有標爲不吉。睡虎地簡八七四反："祠木臨宇，不吉。"是爲内證。晏昌貴等（2002）從李家浩釋法，讀爲"爽"。説：此字後有斷句符號，對照上下文，當是吉凶判斷語。《左傳·昭公三年》："請更諸爽塏者。"杜預注："爽，明；塏，燥。"《文選》卷二十八陸機《齊謳行》："營丘負海曲，沃野爽且平。"簡文或即此意。黄儒宣（2003，122頁）：此字字形模糊，其下又爲句逗符號，因此未詳其義。今按：該字有所殘泐，從殘存筆畫來看，李家浩的隸定可信，故暫從之。其義待考。

〔13〕 中，原文從"宀"。

〔14〕 劉信芳（1997）："六擾"即六畜，秦簡《日書》祇見"六畜"而不見"六擾"。《周禮·秋官·職方氏》：

"其畜宜六擾。"鄭玄注："六擾，馬牛羊豕犬雞。""六擾"與《爾雅》之"六畜"、《周禮》之"六牲"同，是"六畜"乃通名，作爲犧牲稱"六牲"，爲人所馴養稱"六擾"。李家浩（2000，113 頁）："六順"應讀爲"六擾"，指馬、牛、羊、豕、犬、雞。今按：關於"六擾"的解釋，參看上《五子、五卯和五亥日禁忌》篇注〔7〕。

〔15〕芒，原文作"艹"。李家浩（1995，508 頁；2000，51 頁）釋爲"芒"，讀爲"亡"。李零（1999）：隸定作"芒"可商，此字乃"喪"字省去雙口，上面并不是草字頭。李家浩（2000，113 頁）：此字原文作艹，從"中"從"屮"。按古文字"艸"旁可以省寫作"中"，艹字所從"中"旁當是"艸"的省寫。"屮"旁可以有"乇"、"亡"兩種釋法。按照前一種釋法，艹是"茬"字的省寫，在此疑讀爲"筡"。《玉篇》竹部："筡，迫也，壂（壓）也。"按照後一種釋法，艹實際上是"芒"字省寫，在此讀爲"亡"。從簡文文義來看，後一種意見可能是對的，所以釋文逕把此字釋爲"芒"。黃儒宣（2003，123 頁）贊同李家浩的釋讀。今按："芒"於郭店楚墓竹簡凡三見（《緇衣》9 號、《語叢》3、6 號），皆省寫作艹，假借作"亡"。古文字"喪"（喪史寅瓶）作艹，上海博物館藏戰國竹簡《周易》省寫作艹（44、53 號）。戰國竹簡《周易》還有艹（32 號）、艹（38 號）二字，與郭店楚墓竹簡"芒"字省寫相同。但是《周易》竹簡整理者把它們與艹看作是同一個字，也認爲是"喪"字的省寫。李零曾參加過上海博物館藏戰國竹簡整理工作，他説本簡艹，"乃'喪'字省去雙口，上面并不是草字頭"的根據，顯然就是上引戰國竹簡《周易》之字。其實戰國竹簡《周易》艹、艹二字不一定是"喪"。32 號簡艹字原文右下側有兩點作，馬王堆漢墓帛書本和傳世本與之相當的字，分別作"亡亡"和"亡喪"。據帛書本，艹下兩點表示此是"芒芒"二字，假借爲"亡亡"。據傳世本，艹下兩點表示此是"亡喪"二字。38 號簡艹，馬王堆漢墓帛書本和傳世本與之相當之字，皆作"牽"。32 號簡説："悔馬毋逐。"38 號簡説："艹羊。"古代有"亡馬""亡羊"的説法。例如：《後漢書·卓茂傳》："卓茂……時嘗出行，有人認其馬。茂問曰：'子亡馬幾何時？'"《戰國策·楚策四》："亡羊而補牢，未爲遲也。"於此可見，把 32 號簡艹和 38 號簡艹都釋爲"芒"，讀爲"亡"，於文義也是十分合適的。"喪"字的省寫艹和"芒"字省寫形近，即使 32 號簡艹和 38 號簡艹是作爲"喪"字來用的，也只能看作是訛誤之體。本簡"偎子"上之字與上引郭店楚墓竹簡等"芒"字省寫相同，李家浩將其釋爲"芒"，讀爲"亡"，不論是從字形來説，還是從文義來説，都是可取的。

〔16〕"土"上一字，原文殘泐。李家浩（1995，508 頁；2000，51 頁）作爲不可辨識之字而缺釋，李零（1999）釋爲"起"，晏昌貴等（2002）疑爲"離"字。今按：該字殘泐嚴重，筆畫不太清晰，但從殘存筆畫看，似非"起"或"離"字。

"土"前有一橫，爲斷句符號。今按：據紅外圖像，"土"字前未見一橫。晏昌貴等所説之"一橫"，疑爲竹節連接處在照片中形成的陰影，也可能是繩所留下來的痕迹。

李家浩（1995，508 頁；2000，51 頁）"土"字下未斷句。"是謂□土"與下簡 47"是謂虛井"文例相同，故本釋文於"土"字下斷句。

〔17〕"聚"下第一字，晏昌貴等（2002）疑爲"喪"或"亡"字。今按：該字殘損嚴重，不可辨認。

"聚"下第二字，原文下部殘斷，李家浩（1995，508 頁）作爲不可辨識之字而缺釋。陳松長（1997）釋爲"得"。李家浩（2000，51 頁）釋爲"見"。今按：從該字殘存上部作"目"字形看，似是"見"之殘文，而與"得"字上部所從不類。

本簡於"聚"下第二字中間折斷，李家浩（1995，508 頁；2000，51 頁）將本簡與"☑吉東北又（有）□□☑"殘簡編聯在一起，同爲 46 號簡。晏昌貴等（2002）：殘簡"☑吉東北又（有）□□☑"與上下文

"盍……之遇"的文例不一致，編聯恐有誤。經過仔細觀察，原簡"見"字與"吉"字的契口并不相合。所釋之"見"字實爲"目"字殘形，它與 56 號簡（今按："56"爲李家浩 1995 簡號，李家浩 2000 簡號爲"55"，下同）頂端殘存"寸"字，正好合爲一"得"字，二者的契口也相合，加在一起相當於一支整簡的長度。陳松長先生雖未能正確編聯此二殘簡，但他所釋之"得"字，無疑是正確的。換言之，46 號簡上半與 56 號殘簡本爲一簡所析，經重新編聯後，意思更爲清楚。整句簡文的意思是：建在西北方的房屋，當地勢北、南二方高亢，東、西二方低下時，不可居住，這叫做"離"——土地很容易喪失，而得到的土地很少。黃儒宣（2003，124 頁）也説簡 46 上半的缺口與簡 55 缺口密合，二簡加在一起的長度也未超過整簡的長度爲 46.6 厘米至 48.2 厘米，而且從句式來看，簡 55 與簡 45、46 都是講"盍（蓋）某某（方位）之遇（宇）"，文義相類。今按：晏昌貴等人關於 46 號上段殘簡與 55 號殘簡拼接的看法缺乏依據。説 46 號上段末尾殘存字是"得"的上半，55 號頂端殘存字是"得"的下半，拼接後字形和茌口密合的説法是有問題的。46 號末尾殘存的字是"目"，而不是省寫的"貝"，55 號頂端殘存的字也不是"寸"，祇要跟 29、42 號簡的"見"和 45、54 號簡的"得"比較一下就可以知道。袁國華（2003）對楚簡文字中的"目"旁和"得"字頭的寫法有很好的辨析，可以參看。

〔18〕陳偉（1998）：虛、井皆有聚落之意。晏昌貴等（2002）：本句似應從"虛"字斷句，"是謂虛"與上文"是謂離"正好相對。"虛"訓爲"空"，《廣雅·釋沽三》："虛，空也。"《淮南子·泛論訓》："若循虛而出入，則亦無能履也。"黃儒宣（2003，123 頁）：香港中文大學文物館所藏竹簡 39 號有"室燕不來者，井虗也。取於□□使男女各一，置井中"語，劉樂賢指出從照片上看，"井"後面的字確與"虗"相近，但釋"虗"在文例上無法講通。懷疑可能是"虛"字，或者説是"虛"字的訛寫（今按：原注劉樂賢《讀香港中文大學文物館藏簡牘》，《江漢考古》2001 年第 4 期，60-61 頁）。若是，則香港中文大學文物館所藏竹簡 39 號"井虗（虛）"可與本簡"虛井"參看。今按：簡文的"虛井"是指"東南高，二方下"的地形，當非"聚落之意"。《説文》丘部："虛，大丘也。崑崙丘謂之崑崙虛。古者九夫爲井，四井爲邑，四邑爲丘。丘謂之虛。從丘虍聲。"據此，"虛""丘"二字義通。疑簡文"虛井"即"丘井"，指空井、廢井。馬王堆漢墓帛書《五十二病方》104 行治疣方："以月晦日之丘井有水者，以敝帚騷（掃）尤（疣）二七。"晏昌貴等認爲本句似應從"虛"字斷句，將"井"字下讀，非是。從文義上看，香港中文大學文物館所藏竹簡之"井虗"似與本簡之"虛井"無關。

〔19〕劉信芳（1997）："攻"通"杠"，《爾雅·釋宮》："石杠謂之徛。"石杠即石橋。後世"彩虹"一詞猶用其引申義。"安"字讀如"焉"，包山簡例多見。陳偉（1998）："攻"疑讀爲"空"，"空通"指通達無阻，與 45 號簡"不出"相反。李零（1999）："是胃（謂）虛井"下應爲句號；後面幾句應讀"攻通焉，中垣中□。有汙焉，處之不盈志"。晏昌貴等（2002）："攻"訓治、鑿，《書·召誥》："太保乃以庶殷攻位於洛納"。僞孔傳："治都邑之位。"孫星衍《尚書今古文注疏》："攻者，詩傳云作也。"《漢書·貢禹傳》："攻山取銅鐵，一歲功十萬人已上。""井攻"猶言"鑿井"。此類倒文古書亦有之，如《易·訟·九四》："復即命渝"，王弼注："變前之命"，孔疏："渝，變也。但倒經（文）渝字在命上，故云變前之命。"井攻而通，古書亦有成例，《易·雜卦傳》云："井，通。"房屋建築"空虛"或有阻隔，利用井或別的建築物加以改進，這在後世風水書也是常提到的。黃儒宣（2003，125 頁）："攻通"疑與"虹洞"聲近義通。"攻""虹"皆見紐東部，古音相同；"通"透紐東部，"洞"定紐東部，聲近韻同。《後漢書·馬融傳》："天地虹洞。"注："相連也。"《文選》卷三十四枚叔《七發》："虹洞兮滄天。"注"相連兒也。""安"字當讀爲"焉"。"攻通安"當指地勢相連之貌。今按："攻通"是挖通的意思，猶"攻掘"是挖掘的意思。《魏書·李預傳》："〔李預〕每羡古人餐玉之法，乃採訪藍田，躬往攻掘。""安"當讀如本字，是將"東、南高，二方下，是謂虛井"的地形"攻通"後的結果，與下 49 號簡"坅於東北之北，安"的"安"同義。劉信

芳、李零將此“安”字讀爲“焉”，非是。晏昌貴等的説法缺乏依據，不確。根據文義，李零的標點顯然也不確。

〔20〕 “中”下之字，李家浩（1995，508 頁；2000，51 頁）釋爲“坦”。劉信芳（1997）和李零（1999）釋爲“垣”。今按：該字在圖版照片中很清晰，從字形上看，李家浩釋“坦”可信。

〔21〕 “中”下之字，晏昌貴等（2002）認爲似是“至”，讀爲“室”。今按：該字殘泐，難以確定。

〔22〕 又汙安，劉信芳（1997）和李零（1999）讀爲“有汙焉”。李家浩（2000，114 頁）：“汙安”當讀爲“穿洝”。“穿”從“汙”得聲，“洝”從“安”得聲，故可通假。“穿洝”，低下潮濕貌。《文選》卷一八馬融《長笛賦》“運裏穿洝，岡連嶺屬”，李善注：“穿洝，卑曲不平也。”呂向注：“穿洝，潤濕貌也。”黃儒宣（2003，125 頁）：“汙”當讀如字，《説文·水部》：“汙，薉也，一曰小池爲汙。”《荀子·王制》：“汙池、淵沼、川澤。”注：“停水之處。”簡文“又（有）汙安（焉）”指積水之貌。今按：從上下文義看，李家浩的讀法更準確。

〔23〕 李家浩（2000，114 頁）：“湼”字不見於字書，應當分析爲從“皿”從“淫”聲。據上（三）組二六號簡“乃淫其志”語，雲夢秦墓竹簡《日書》作“乃盈志”，“湼”可能是“盈”字的異體。戰國璽印中有“呈志”箴言印（《古璽彙編》412·四五一七至413·四五二四）。本簡的“湼志”和璽印的“呈志”，疑皆應當從秦簡讀爲“盈志”。或説本簡的“湼志”、璽印的“呈志”和秦簡的“盈志”，皆應當讀爲“逞志”。《楚辭·大招》：“逞志究欲，心意安只。”今按：從當時的用字習慣上看，“湼志”當讀爲“盈志”。參看上《叢辰》篇注〔17〕。

〔24〕 “西方”下一字，李家浩（2000，114 頁）：似是“又”之殘文。

〔25〕 陳偉（1998）：本簡“黃帝”是否連讀，是否指五帝之一的黃帝，尚難斷定。38、40 號以及43 號簡皆單言“帝”；長沙子彈庫楚帛書“帝”二見，“炎帝”“帝俊”各一見，也沒有談到黃帝。“黃”字也許讀爲“潢”，指積水之地。李家浩（2000，114 頁）：“黃帝”下一字殘存下半“凵”旁。“黃帝”是傳説中的歷史人物，那麼其下之字也可能是傳説中的歷史人物。“禹”字下半從“凵”。頗疑簡文此字是夏禹之“禹”的殘文。劉國勝（2001）：“黃帝□□庶民”或可斷作一句，類似睡虎地《日書》甲種“行”篇簡一二八正“赤帝恒以開臨下民”的句式。晏昌貴等（2002）：香港中文大學文物館藏漢簡《日書》有“黃神”，陳松長以爲即“黃帝之神”（今按：原注陳松長《香港中文大學文物館藏簡牘》，香港中文大學文物館，2001年，第18 頁）。是《日書》中亦有黃帝。黃儒宣（2003，126 頁）：香港中文大學文物館藏漢簡《日書》之“黃神”與本簡的相關程度還有待進一步研究。今按：陳偉的説法似不可據。

〔26〕 李家浩（2000，114 頁）將“圬”釋寫作“坥”，説：“坥”的左半是“土”，右半似是“邑”之殘文。“坥”字見於雲夢秦墓竹簡《日書》甲種《𡧡》篇一〇〇正：“凡爲室日，不可以筑（築）室。筑（築）大内，大人死。筑（築）右坥，長子婦死。筑（築）左坥，中子婦死。筑（築）外垣，孫子死。筑（築）北垣，牛羊死。”整理小組注：“坥，《集韻》音土，在此疑以音近讀爲宅。”按秦簡“不可以築室”是統下而言的，“大内”“坥”“垣”屬於“室”的不同部分。“室”指房屋，顯然“坥”不能讀爲“宅”。古文字“邑”“予”二字形近。疑本墓竹簡的“圬”和秦簡的“坥”，都應當釋爲“圬”。“圬”字見於《集韻》卷五語韻，是“序”字的異體。古人稱堂的東西牆爲東序、西序，多以左爲東、右爲西。秦簡“右坥”“左坥”，即西序、東序。本墓竹簡“不可以圬”，大概是不可以築序的意思。今按：李家浩的説法可信，故本釋文徑將此字釋寫作“圬”。施謝捷（1998）亦將秦簡“坥”釋爲“圬”。

〔27〕 劉信芳（1997）：“㙊”字秦簡作“多”。《爾雅·釋宮》：“連謂之㢑。”注：“堂樓閣邊小屋。”此類小屋今江陵農村稱爲“偏屋”或“拖”，搭設於正屋兩側或後側，向外坡水。秦簡八八六反：“宇多於西南之西，富。”其説同於楚簡。陳偉（1998）：秦簡“多”本篇作“㙊”，疑皆讀爲“侈”，指廣大超常。李零

（1999）："圬"見於《説文解字》卷十三下，在簡文中似讀"侈"。李家浩（2000，115頁）：《玉篇》土部："圬，充是切，治土地名。"秦簡《日書》甲種相宅之書借"多"爲"圬"。晏昌貴等（2002）：雲夢睡虎地秦簡《日書·相宅篇》"圬"均寫作"多"，讀爲"侈"，蓋指房屋地形的四至八到而言，與前文"盍（蓋）"指高下而言形成對照。黄儒宣（2003，127頁）：《説文·土部》："圬，恃也。"段注："《廣韵》曰：'圬，恃土地也。'疑所見是完本。恃土地者，自多其土地，故字从多土。""圬"是增建之意。《淮南子·人間》："魯哀公欲西益宅，史爭之，以爲西益宅不祥。"《論衡·四諱》俗有大諱四："一曰諱西益宅。西益宅謂之不祥，不祥必有死亡。相懼以此，故世莫敢西益宅。"《太平御覽》卷一百八十居處部八宅引《孔子家語》曰："魯哀公問於孔子曰：'寡人聞東益宅不祥，信有之乎?'孔子曰：'不祥有五，而益宅不與焉。'"簡文益宅吉凶的原則依據方位是可以確定的，但并非單以"西"或"東"爲凶，這也許是文獻記載不一的原因之一。今按：就睡虎地秦簡相宅篇中有關"宇"的内容來看，"宇多於西南之西""宇多於西北之北"等之"多"明顯是作動詞來用的，故劉信芳讀作"移"不可信。其他各家的説法亦存在較大差异，待考。

〔28〕 李家浩（2000，115頁）：秦簡《日書》甲種相宅之書有"宇多（圬）於西南之西〈南〉，富"之語（一六背貳）。據秦簡此句下文"宇多（圬）於西北之北""宇多（圬）於東北之北"等文例，"西南之西"當是"西南之南"之誤。本簡"凡宫多（圬）於西南之南，居之貴"，與上引秦簡文字義近。黄儒宣（2003，128頁）不同意李家浩的説法，説：九店楚簡《日書》與睡虎地秦簡《日書》字句上多有出入，不獨此處爲然。今按：就本簡與秦簡《日書》的對照情況看，李家浩認爲秦簡"西南之西"爲"西南之南"之誤，亦不無可能，但就本篇既有"圬於東北之北"（簡49），又有"圬於東北之東"（簡55）的文例情況看，秦簡"西南之西"之"西"字也許不誤。

〔29〕 "凡"下一字，原文殘泐。李家浩（2000，115頁）認爲似是"室"字。
　　　"盍"下之字，右下側有兩點。李家浩（2000，115頁）懷疑是"右卿"的合文，讀爲"右嚮"。董珊認爲是"左向（嚮）"合文，其中"左"字在下，"向（嚮）"字在上。今按：細審原簡圖版照片，董説似可信。"牆"字有所殘泐，但從殘存筆畫看，似作"牂"。李家浩（1995，509頁）作爲不可辨識之字而缺釋，李家浩（2000，51頁）將此字左旁釋作"爿"，右旁缺釋；李零（1999）釋爲"郭"；劉國勝（2001）、李守奎（2002）據郭店簡《語叢四》等"牆"字的寫法將其釋爲"牆"，黄儒宣（2003，128頁）從之。今按：劉國勝、李守奎釋爲"牆"，甚是；李零釋爲"郭"，非是。

〔30〕 尻，原文殘存下半。李家浩（2000，116頁）：此字僅殘存下半，與四五號、四六號等簡"盍"字所從"皿"旁相似，疑是"盍"字的殘文。據文義，此句似可補爲"【凡室不可㠯（以）】盍（蓋）祭室之後"。秦簡《日書》甲種相宅之書有"當祠室、依道爲小内，不宜子"之語（一八背伍、一九背伍），也是居室不宜修在廟宇之後，可以參看。周波（2004）：該殘字圖版作, 與簡46"盍"有別："盍"下所從的"皿"有最後一橫，而簡49首字無。該字有可能是"尻"字。同簡接下來的三個"尻"字均與形近。左殘留的斜筆應當是"尻"所從之"尸"旁之殘；右部所殘留的部分則是楚文字"几"字（今按：原文中古文字字形以阿拉伯數字代替，爲徵引方便，現將數字改回古文字原形）。今按：周釋"尻"可信。

〔31〕 劉信芳（1997）、陳偉（1998）、李家浩（2000，116頁）和晏昌貴等（2002）都認爲本簡"多（圬）於東北之北，安"與秦簡《日書》甲種相宅之書一八背貳"宇多（圬）於東北之北，安"語同義。晏昌貴等（2002）還説"安"是安定、安逸的意思。

〔32〕 窌，原文作"". 李家浩（1995，509頁；2000，51頁）釋爲"窨"。劉信芳（1997）：簡文"窨"應與"祭室"有關，字讀如"坎"，《説文》："窨，坎中小坎也。"《左傳》僖公二十五年："坎血加書。"杜預注："掘地爲坎，以埋盟之餘血，加盟書其上。"《左傳》昭公十三年："坎用牲加書。"古代盟誓於神靈之前，神位附近必有用牲之坎，知簡文"窨"應是祭祀之坎。陳偉（1998）："窨"可能相當於秦簡的"井"，但本

篇有關説明與秦簡不同。李零（1999）：“窞”應讀爲“陷”。李家浩（2000，116 頁）：“窞”指深坑。《説文》穴部：“窞，坎中小坎也。”《周易·坎》初六“習坎，入於坎，窞，凶”，《象傳》“‘習坎入坎’，失道‘凶’也”，李鼎祚《周易集解》引干寶曰：“窞，坎之深者也。”引虞翻曰：“坎中小穴稱窞。”晏昌貴等（2002）：“窞”“閻”并從“臽”得聲，可以通假。《説文》：“閻，里中門也。從門臽聲。”段注：“爲里外門也。”睡簡《日書》甲種16～20 號簡背：“門欲當宇隋，吉。門出衡，不吉。小宫大門，貧。大宫小門，女子喜宫門。人里門之右，不吉。”所記爲“門”的方位吉凶，本簡或與之相同。黄儒宣（2003，129 頁）：本簡“祭室之逡（後）”“垗於東北之北安”之後，皆有句讀符號，所以此處“窞”，應與“祭室”無關，也與睡虎地秦簡的“井”不同。“窞”有可能如晏昌貴等所説，讀爲“閻”，睡虎地秦簡《日書》甲種20 背陸也有“入里門之右，不吉”之語，所以簡文“窞”在此處有可能讀爲“里門”。周波（2004）據紅外圖像隸定作“穿”，説：楚文字“窮”或省作從“宀”從“身”，“穿”也可能是“窮”之省形，其字義待考。今按：馮勝君亦認爲該字當分析作從“穴”從“身”，可釋爲“窮”。細審原簡照片，此字下部所從之“身”與簡 37 下“其身有大咎”之“身”形體十分接近。李家浩（1987）曾專門論述過“躬”字古有“身”音。郭店楚簡中“窮”字很常見，亦往往寫作從“身”聲，可證周、馮二氏所説不誤。簡文“窮尻（居）南、北，不利人民；尻（居）西北利，不利豕”與睡虎地秦簡《日書》甲種《相宅》簡20 背伍之“圂居西北匹（陋），利豬，不利人”可以相參，則“窮”似是與圂有關的建築。古代“窮”有“身”音，如郭店楚簡《性自命出》49 號從“身”聲的“悬”，上博楚簡《性情論》39 號作“竉”，從“竆（窮）”聲可証。上古音“身”屬書母真部，“圂”屬匣母文部，古代書匣二聲和真文二部字音有關（參看王志平、孟蓬生、張潔《出土文獻與先秦兩漢方言地理》第 72、80 頁，中國社會科學出版社，2014 年），疑本簡“穿”當從秦簡讀爲“圂”。

〔33〕晏昌貴等（2002）：疑“居西北利”之“利”字是衍文。今按：睡虎地《日書》甲種相宅之書簡二〇背伍有“圂居西北匹，利豬，不利人”之語。據此，也可能此句因承上文“不利人民”而於句末省略了“人民”二字或者漏寫了“人民”二字。

〔34〕豕，李家浩（1995，509 頁；2000，51 頁）作爲不可辨識之字而缺釋。劉國勝（2001）釋爲“豕”，説：睡虎地《日書》甲種“相宅”篇簡二〇背伍云：“圂居西北匹，利豬，不利人。”今按：細審原簡照片，釋“豕”可信。

〔35〕陳偉（1998）、李家浩（2000，116 頁）都説本簡“垗於西北，不利於子”與秦簡《日書》甲種相宅之書一七背貳“宇多（垗）於西北，絶後”語義相近。

〔36〕殊，原文作“殊”。李家浩（1995，509 頁；2000，116 頁）隸定作“殊”，讀作“沮”。李零（1999）：此字從歹從世從木，應是“世”字的異體。李家浩（2000，116 頁）：包山楚墓一三二號簡背和《古璽彙編》三五〇一號印的“作”字作“倈”，所從聲旁“柞”作上下重疊結構，與本簡“殊”字所從右旁相同。“殊”當從“歹”從“柞”聲，即“殕”字的異體。簡文“殕”與“增”對言，應當讀爲“沮”，義爲崩塌。《山海經·海外北經》：“禹殺相柳，其血腥，不可以樹五穀種。禹厥之，三仞三沮，乃以爲衆帝之臺。”郭璞注：“厥，掘也，音撅。掘塞之，而土三沮陷，言其血膏浸潤壞也。”禹殺相柳之事，又見於《大荒北經》：“禹湮洪水，殺相繇，其血腥臭，不可生穀；其地多水，不可居也。禹湮之，三仞三沮，乃以爲池，群帝因是以爲臺。”郭璞注：“言禹以土塞之，地陷壞也。”袁珂《山海經校注》429 頁引王念孫説：“仞讀爲牣。牣，滿也。《史記·司馬相如傳》云‘充牣其中’，仞、牣古通用。”簡文“三增三沮”與《山海經》“三仞三沮”用語相似，義亦相近，可以參看。今按：李零説未確，應以李家浩的説法爲是。

相志，李零（1999）：疑讀爲“爽志”。李家浩（2000，116 頁）：疑讀爲“相持”。劉信芳（2003A）讀爲“將志”，説：九店簡“不相志”即“不將志”，猶不大志，不得志也。簡文意思是説，築室蓋屋，如果

"［宇］垮於西北"，會多次崩塌，蓋屋之志不得大，不得行也。今按：應以李家浩的説法爲是。

〔37〕藏貨，李家浩（1995，509 頁）作爲不可辨識之字而缺釋。李家浩（2000，117 頁）：第一字上部從"宀"，中部從"戓"，下部不知所從。"戓"可能是"哉"的殘文。疑此字從"哉"得聲，讀爲"烖"。《説文》以"烖"爲"災"字的正篆。第二字似是"貨"的殘文。"貨""禍"古音相近，可以通用。疑簡文"貨"應當讀爲"禍"。《漢書·五行志中之下》："如靈王覺寤，匡其失政，懼以承戒，則災禍除矣。"若此，簡文"三增三沮不相持，無烖禍"，意思是説：築牆垣之類，雖增高多次，崩塌多次，相持不下，但對人不會帶來災害。劉國勝（2001）："無"下一字似從宀，從臧，從貝，疑讀爲"藏"。睡虎地《日書》甲種"相宅"篇簡一七背三云："水竇北出，無藏貨。"黃儒宣（2003，131 頁）贊同李家浩的説法，説："貨"曉紐歌部，"禍"匣紐歌部，二者聲近韵同，故可通用。今按：應以劉國勝的説法爲是。從殘畫看，"無"下第一字確是"從宀，從臧，從貝"，有可能就是"收藏"之"藏"之專字。"無"下第二字"貨"當讀如本字。

〔38〕"西"下一字，李家浩（1995，509 頁）釋爲"行"，李家浩（2000，51 頁）作爲不可辨識之字而缺釋。劉國勝（2001）：此字似從水從蟲省聲，疑當釋爲"流"。該字字形與郭店《成之聞之》簡一一"非從末流者之貴"之"流"近似。"流"，或可讀爲"遊"。今按：此字右旁似從二虫相疊之形，與楚簡"流"字所從相同，但其左旁殘泐，難以確釋。

"君"下一字，李家浩（2000，117 頁）：此字左半殘泐，從殘存筆畫看，上部右半從"次"，下部從"虫"。楚國文字中有一個"螆"字，作螆形（《金文編》875 頁），疑簡文此字即"螆"之殘文。"螆"從"次"得聲（參看《朱德熙古文字論集》13 頁）。疑簡文"螆"應當讀爲"濟"或"懠"。《方言》卷一："濟、螆、懟、涅、桓，憂也。……陳、楚或曰涅，或曰濟。"《廣雅·釋詁四》："懠，愁也。"王念孫《廣雅疏證》説："濟與懠聲近而義同。"據此，簡文此句應當釋讀爲"西□，君螆（懠）"。黃儒宣（2003，131 頁）贊同李家浩的説法，指出：上博簡《孔子詩論》簡 28"牆有茨"之"茨"作"薺"，因此本簡"螆"可能讀爲"懠"，愁也。

〔39〕"弼"上二字，第一字李家浩（1995，509 頁；2000，51 頁）未釋。第二字李家浩（1995，509 頁）釋爲"佘"，李家浩（2000，51 頁）未釋，李家浩（2000，117 頁）認爲可能是"佘"字。李零（1999）：此兩字是"利於"。黃儒宣（2003，132 頁）：從殘劃看，第二字可能是"佘"字。今按：此二字殘損嚴重，難以確釋。

弼，原文殘泐。李家浩（2000，117 頁）釋爲"弼"，説：此字與包山楚墓竹簡三五號等"弼"字形近。李守奎（2002）隸定作"傻"，説：此字乃楚簡中"傻"字之異寫，在簡文中讀爲"宿"。黃儒宣（2003，132 頁）：此字右半所從與"弼"和"傻"均有些差距，故當存疑。今按：細審原簡圖版照片，該字下未見"夕"旁，李家浩釋作"弼"，似可信。

〔40〕"於"上二字，李家浩（1995，509 頁）釋爲"□脣"，第一字作爲不可辨識之字而缺釋。劉信芳（1997）："脣"讀如"宸"。《國語·越語上》："爲弊邑宸宇。"韋昭注："宸，屋雷也。"即屋簷也。"脣"上一字已無法辨識，疑是"廡"字。陳偉（1998）亦説"脣"或讀爲"宸"，并説這句話與秦簡二一背貳至二二背貳類似。李零（1999）：從照片看，第二字似從辰從前，疑讀爲"圈"（參看睡簡《日書》甲種簡 19 背叁~23 背叁）。李家浩（2000，118 頁）：從殘畫看，似是"幽脣"二字。"脣"所從"辰"旁的寫法與金文"辰"相似（《金文編》992、994 頁），而與本墓竹簡"唇"所從"辰"旁有別；"肉"旁右下側似乎還有筆畫。此字到底是不是"脣"，疑莫能定。秦簡《日書》甲種相宅之書二一背肆、二二背肆説："廡居東方，鄉（嚮）井，日出炙其韓（韓），其後必肉食。"本簡此句至"必肉食以食"，與之文義相近，可以參看。黃儒宣（2003，132~133 頁）：第一字從殘劃來看確似"幽"字。第二字從字形來看，可能從"辰"從"前"，但應從"辰"聲，讀爲"宸"。今按：此二字難以確定，待考。

〔41〕 劉信芳（1997）、李零（1999）、李家浩（2000，118 頁）都說“庶”應讀爲“炙”。李家浩（2000，118頁）還說“日出炙之”之“炙”是照曬的意思。

〔42〕 必肉飢以飢，李家浩（1995，509 頁）釋第二、四兩字分別爲“月”“日”。劉信芳（1997）從之，說：秦簡八七五反：“廡居東方，鄉井。日出炙其韓，其後必肉食。”所謂“月食日食”，《國語·楚語下》：“日祭月享。”韋昭注：“日祭於祖考，月薦於曾高。”古代事死如事生，則古代於祖考曾高例有依時奉食之禮，簡文“日食月食”謂年老時將享受肉食，與秦簡“其後必肉食”義同。李家浩（2000，118 頁）釋第二、四兩字爲“肉”“以”，說：“必肉食以食”之“以”義同“而”。先秦時期，貴族和七十歲以上的老人，每餐必食肉，所以古人以“肉食”指代有位有祿的人。《左傳》莊公十年“公將戰，曹劌請見。其鄉人曰：肉食者謀之，又何間焉”，杜預注：“肉食，在位者。”劉國勝（2000）：該句當釋寫作“必月飲日食”。今按：此句五字雖有不同程度的殘泐，但從殘存筆畫以及秦簡與之相當的文字作“其後必肉食”來看，李家浩（2000，118 頁）的釋讀較可信。

〔43〕 李家浩（2000，118 頁）：“簹”字所從“亩”旁，與包山楚墓竹簡一五〇號“苢（薈）”字所從“亩”旁寫法相近。“簹”從“亩”得聲，當讀爲倉廩之“廩”。李守奎（2002）將“簹”字摹作“𥰆”，說：郭店楚簡《老子》甲簡 30 之“彌”作“𥹥”，故“𥰆”字下從“爾”，當釋爲“籋”。并將該字與上句連讀，說：頗疑“飢（食）籋”就是曾侯乙墓出土的“食𥏪”。“食籋”或“食𥏪”是夾取食物之器，非往口中送食之器，“食以食籋”，當非吉祥之事。譚生力（2016）認同李家浩釋爲“簹”的釋法，但認爲當讀作“遷”，訓爲轉居或徙居。今按：上引李家浩提到的包山楚墓竹簡的“苢”字，還見於天星觀楚墓竹簡（《楚系簡帛文字編》58 頁）和葛陵村楚墓竹簡甲一 12、乙一·26＋2（《新蔡》圖版七〇、一二九）。以葛陵村竹簡甲一 12 號爲例，原文作𥰆，其所從“𥹥”旁確實是“亩”，可與鄂君啓節舟節“𥹥”字所從“𥹥”旁比較。葛陵村竹簡有“爾”字，原文作𥏪（乙四 30、32），與𥹥旁有別，可證𥰆絕非“爾”字。至於郭店楚墓竹簡《老子》甲組 30 號“爾（彌）”作𥰆，有兩種可能。一種是因𥰆這種寫法的“爾”與“亩”形近，而訛誤作“亩”。一種是因“亩”字上部從“尔”字形，而异讀爲“尔（爾）”。或者這兩種因素都有。總之，此句第一字是“簹”字，讀爲“廩”。譚生力的讀法和解釋均不可取，簡文辭例“簹尻（居）西北”可與睡虎地秦簡《日書》甲種《相宅》篇中之“井居西南匜（陬）”“廡居東方”“囷居正北”等相參，據此“簹”亦當是一種人工建築。

〔44〕 劉信芳（1997）、陳偉（1998）、李家浩（2000，118 頁）都說本簡“廩居西北，不吉”與秦簡《日書》甲種相宅之書“囷居宇西北匜（陬），不利”（一四背肆）義近。

〔45〕 李家浩（2000，118 頁）：“三月”上一字殘存右半，據下文“秋三月”語，此字當是“顓”。但從殘存筆畫看，卻跟常見的楚國文字“顓”寫法不同，比較特別。

〔46〕 陳偉（1998）：“啓”常用作朝、夕屬性的描述。這裏可能使用于描述夏三月的屬性。李家浩（2000，118 頁）：“啓於北”，把門開在北邊，也就是指北嚮的房子。秦簡《日書》甲種《啻》篇九七正貳九九正貳說：“夏三月，毋起南鄉（嚮）室。……有以者大凶，必有死者。”本簡“夏三月，啓於北得，大吉”，與秦簡說法雖不同，但意思卻有相通之處。今按：李家浩的說法更爲確切。

〔47〕 “正方”上一字，李家浩（1995，509 頁；2000，51 頁）作爲不可辨識之字而缺釋。陳松長（1997）釋爲“高”。李零（1999）釋爲“宮”。周波（2004）據紅外照片釋爲“宮”。今按：該字雖有些漫漶，但從殘存筆畫看，周波釋“宮”可信。

正方，陳偉（1998）：“正”指正中。“方”有方正、方位等意。“正方”或指方正，或指中央。視簡書下文，後一種可能性較大。

〔48〕 陳偉（1998）：“非正中，不吉”，是說祇有位於正中才是吉利的。黃儒宣（2003，135 頁）：“□正方，非正

中，不吉”，可能是説僅方正是不夠的，還要位於中央，不然仍是不吉。

〔49〕　陳偉（1998）：《禮記‧月令》仲夏之月“可以居高明，可以遠眺望，可以升山陵，可以處臺榭”，“作高居”的含義或相類似。黃儒宣（2003，135 頁）：“㑎（作）高尻（居）於西导（得）”是指秋三月，陳偉卻引《禮記‧月令》“仲夏”條“可以居高明”來説明，恐不確。

　　　　劉信芳（1997）和陳偉（1998）都主張將本支簡單獨列爲一篇。劉氏定其篇題名稱爲《毀棄》，説：該簡内容與秦簡《日書‧毀棄》有聯繫。《毀棄》簡八四一：“援夕、刑屍作事南方，紡月、夏夕、八月作事西方，九月、十月、爨月作事北方，獻馬、中夕、屈夕作事東方，皆吉。”楚曆之九月、十月、爨月當夏曆之六月、七月、八月，是夏曆三月作事於北方爲吉，與九店簡“夏三月啓於北得，大吉”相合。陳氏定其篇題名稱爲《四時方位宜忌》，説：本篇内容不見於睡虎地日書，大致是講四時方位宜忌。由殘簡推測，“西北貧”當在春三月之下。隨後還應該有冬三月的内容。今按：該簡文句雖與睡虎地秦簡《相宅》篇有相合之處，但并不十分密合，而且簡中講到“宮”的方位與“高居”的方位，與相宅有關，故李家浩（2000）將該簡置於本篇，是有其合理的因素的。

〔50〕　“尻”上二字，原文殘泐。李家浩（1995，509 頁；2000，51 頁）釋爲“日以”。李零（1999）釋爲“日爲”。劉國勝（2001）釋爲“以爲”。今按：從殘畫看，劉説似可信。

〔51〕　“必有”下二字和“出”下一字，劉國勝（2001）分別釋爲“男則”和“室”，説“男則”應讀爲“男賊”。“必有男賊出室”，猶言居家必出男賊。今按：此三字均殘泐嚴重，難以確釋。

〔52〕　李零（1999）：“不竺（築）”下有句讀符號，應斷句。李家浩（2000，119 頁）：原文於“不竺”下有句讀符號，但從文義看不應該有，疑是抄寫者誤識。黃儒宣（2003，135 頁）：“不竺（築）”前文殘泐，不知爲何，所以還應依原簡所標句讀符斷句。

〔53〕　“水”下之字，李家浩（1995，509 頁；2000，51 頁）作爲不可辨識之字而缺釋。劉國勝（2001）釋爲“尻”。晏昌貴等（2002）釋爲“濆”，説睡簡《日書》甲種 14 至 18 號簡有“水竇”，讀作“水濆”。

　　　　“之”下之字，李家浩（1995，509 頁；2000，51 頁）作爲不可辨識之字而缺釋。李零（1999）隸定作“家”。劉國勝（2001）釋爲“富”。李守奎（2002）釋爲“聚”。黃儒宣（2003，135 頁）從李守奎釋讀。

　　　　“人”上之字，李家浩（1995，509 頁；2000，51 頁）作爲不可辨識之字而缺釋。劉國勝（2001）釋爲“婦”。李守奎（2002）釋爲“傹（宿）”。晏昌貴等（2002）從劉國勝釋法，并説其後有斷句符。黃儒宣（2003，136 頁）從李守奎釋讀。

　　　　劉國勝（2001）將以上文字釋寫爲“尻之，富，婦人正”，説：睡虎地《日書》甲種“相宅”篇簡二〇背貳云：“宇多於東南，富，女子爲正。”“女子爲正”與簡文“婦人正”義同。李守奎（2002）將以上文字釋寫爲“☐水舍（？）之聚（？），傹（宿）人，正”，説：簡的大意是在位於水陰的村落裏投宿住人，吉善無憂。晏昌貴等（2002）：睡簡《日書》甲種 20、21 號簡背有“女子爲正”，87 號簡有“生子爲正”。“爲正”當即“爲政”，亦即“爲吏”，指參預政事。古代把婦女參政視爲不吉利。《尚書‧牧誓》：“古人有言曰：‘牝雞無晨。牝雞之晨，惟家之索。’”僞孔《傳》：“喻婦人知外事，”“婦奪夫政，則國亡。”《穀梁傳‧僖公九年》：“毋使婦人與國事”，范寧注：“女正位於内。”或曰：“婦人正”意指婦女守婦道。《孟子‧滕文公下》：“以順爲正者，妾婦之道也。”趙岐注：“女子則當婉順從人耳。”《管子‧權修》：“凡牧民者，欲民之正也，欲民之正，則微邪不可不禁也。”《戰國策‧秦三》：“夫信婦貞，家之福也。”“婦貞”即婦正。今按：“水”下之字和“人”上之字，從殘畫看，劉國勝釋“尻”和“婦”可能是對的。至於“之”下之字，因原文殘損嚴重，尚難確定。李守奎所釋之字及所述簡文之大意，恐均不可從。又，“水尻之☐”和“婦人正”之下，原文分別有句讀符號。

〔54〕　坦，李家浩（1995，509 頁；2000，51、119 頁）釋爲“坦”。陳偉（1998）釋爲“垣”，説：本簡之“垣”

見於秦簡二三背貳。李家浩（2000，119 頁）：《説文》説“亶”從“旦”聲，所以古代“亶”字或從
“亶”得聲之字，可以跟從“旦”得聲之字通用，字例見高亨《古字通假會典》201、202 頁。疑簡文“坦
南”應當讀爲“壇南”。“壇”是古代祭祀用的土臺。黄儒宣（2003，136 頁）：簡文“坦南”之“坦”與
簡 45 之“坦”相同，讀爲“墠”，意爲野土。今按：從原簡照片看，該字釋“坦”可信。從用法上看，本
簡之“坦”與簡 45 之“坦”的用法不一定相同，李家浩讀作“壇”，義指古代祭祀用的土臺要較黄儒宣的
説法合理。

〔55〕 亞，李家浩（1995，509 頁；2000，51 頁）釋爲“至（基）”。李守奎（1997）、陳偉（1998）釋爲“亞”。
李氏説：“多亞”當讀爲“多惡”，簡文之意是説居住在東南則多有不利，包山 213 號簡：“少又（有）亞於
王事”，“亞”字用法相同。“尻（居）東南多亞”與 59 號簡之“尻（居）之福”正反相對。陳氏説：“多
亞（惡）☐”與秦簡二三背伍“多惡言”大致類似。

〔56〕 “之西”上一字，李零（1999）釋爲“處”。今按：黄儒宣（2003，136 頁）指出此字殘泐嚴重，無法確定
爲何字。

〔57〕 陳偉（1998）：“居之福”與秦簡一六背貳、二零背貳、一五背叁、一八背肆的“富”，大致屬於類似語句。

〔58〕 “福”下之字，李零（1999）釋爲“處”。今按：黄儒宣（2003，136 頁）指出此字殘泐嚴重，無法確定爲
何字。

# 八　占出入盜疾

　　本篇竹簡殘損比較嚴重，無一完簡，經原整理者拼接綴聯後，共有十七個編號（60號至76號）。從殘文看，其内容是占出入盜疾，與睡虎地秦簡《日書》乙種一五八號至一六九號簡的内容基本相同，主要區別是秦簡每條占辭"死生在某（十二地支之字）"之後的文字，爲本篇所無。秦簡占出入盜疾的簡共十二條占辭，以十二地支爲序。本篇60號至71號十二支簡的順序和綴聯，都是原整理者參考秦簡編排的。72號至76號這五支殘簡在篇中的位置難以確定，故原整理者將其附在篇末。結合秦簡來看，每條占辭的格式基本相同。開頭占出，中間占盜，末尾占入疾。以本組簡末之占辭爲例。"【未】以東吉，有得，北凶，西【南吉】"，這是占未日出的吉凶。"【未，朝】啓夕閉。凡五未，朝盜不得，晝得，夕得"，這是占未日盜得不得。"以入，吉。以有疾，子少瘳，卯大瘳，死生在寅"，這是占未日入疾的吉凶。王家臺秦墓竹簡《日書》和馬王堆漢墓帛書《出行占》也有類似的内容，可惜這些資料多未全部發表。本篇簡原無篇題，劉樂賢擬爲《十二支占卜簡》，劉信芳擬爲《有疾》，陳偉擬爲《十二支宜忌》，李零擬爲《朝夕啓閉》，李家浩擬爲《占出入盜疾》，黄儒宣擬爲《十二支占出入盜疾》，此從李家浩擬名。

　□【子，朝】閣（閉）夕啓。[1]凡五子，[2]朝逃（盜）得，[3]晝不得，夕不得。[4]以内（入），見疾。[5]以又（有）疾□[6]**60**
　□西亡行，[7]北【吉】，[8]南又（有）得。丑，朝啓夕閣（閉）。[9]凡五【丑】□[10]**61**
　□北吉，[11]西亡行，[12]南又（有）得。[13]寅，【朝】閣（閉）夕啓。凡五寅，朝【逃（盜）】得，晝得，夕不得。[14]【以内（入），吉。以又（有）】疾，[15]午少瘳（瘳），[16]申大瘳（瘳），死生才（在）□。[17]**62**
　□北見疾，[18]西吉，南又（有）得。[19]卯，[20]【朝閣（閉）夕】啓。凡五【卯，[21]朝逃（盜）得，夕不得】。[22]以内（入），必又（有）大死。[23]以又（有）【疾】，未少瘳（瘳），申大瘳（瘳），死生才（在）丑。[24]**63**
　□□又（有）□。[25]辰，朝啓夕閣（閉）。凡五辰，朝【逃（盜）不】得，[26]晝得，夕得。[27]以内（入），吉。以又（有）疾，栖（西）少瘳（瘳），戌大瘳（瘳），死生才（在）子。**64**
　□又（有）得，[28]西兇（凶），【南見】疾。[29]【巳】，[30]朝閣（閉）夕啓。凡【五巳】，朝逃（盜）得，夕不得。[31]□瘳（瘳），[32]死生才（在）寅。[33]**65**
　□北得，[34]西聞言，[35]南【兇（凶）。午，朝閣（閉）夕啓。凡五】午，[36]朝逃（盜）得，夕不得。[37]以又（有）疾，[38]戌少瘳（瘳），【辰大瘳（瘳）】，[39]死生才（在）寅。**66**
　【未】以東吉，又（有）得，[40]北兇（凶），西、【南吉。[41]未，朝】啓夕閣（閉）。[42]凡五未，[43]朝逃（盜）不得，晝得，夕得。[44]以内（入），吉。以又（有）疾，子少瘳（瘳），卯大翏（瘳），死生才（在）寅。**67**

☑【申，朝】閎（閉）夕啓。凡五申，朝逃（盜）【得】☑〔45〕**68**

☑栖（酉），朝啓【夕】閎（閉）。凡五栖（酉）☑ **69**

戌以東吉☑〔46〕【凡】五戌，朝☑，〔47〕辰大翏（瘳），死生才（在）栖（酉）。**70**

☑以內（入），又（有）得，非盇乃引。〔48〕亥，朝閎（閉）夕啓。〔49〕凡五亥，朝逃（盜）得，晝得，夕不得。〔50〕以又（有）疾，卯少翏（瘳），巳大翏（瘳），死生才（在）申。〔51〕**71**

☑吉，南又（有）☑ **72**

☑得，西、北見☑☑☑〔52〕**73**

☑☑☑☑內（入），〔53〕吉。以又（有）【疾】☑〔54〕**74**

☑大翏（瘳），死生才（在）子。**75**

☑翏（瘳），死生才（在）☑〔55〕**76**

---

〔1〕 李家浩（2000，119 頁）："【朝】閎夕啓"，秦簡《日書》乙種子之占辭作"朝啓夕閉"，其上缺文作"子以東吉，北得，西聞言兇（凶）"。按本組簡屢言"朝閎夕啓"或"朝啓夕閎"，秦簡"閎"皆作"閉"。"閎""閉"音近古通（參看高亨《古字通假會典》五九一頁）。簡文"閎"與"啓"對言，當據秦簡讀爲"閉"。又按本組簡"朝閎夕啓"或"朝啓夕閎"之上的十二地支之字，爲秦簡所無。今按：王家臺秦簡《日書》和馬王堆帛書《出行占》有跟本篇占出類似的文字。王家臺秦簡《日書》和敦煌《發病書》還有跟本篇占疾類似的文字。後者的內容不在這裏援引，請看王明欽（2004）所引簡文編號七一至七五和劉樂賢（1994，372～375 頁）。王家臺秦簡《日書》393 號與此句相當的文字作"五子，旦閉夕啓"（王明欽 2004，44 頁）。"旦""朝"義同。王家臺秦簡《日書》的占辭皆位於"五子，旦閉夕啓"之類文字之下，其子出的占辭作"北得，東吉，南凶，西□☑"。馬王堆帛書《出行占》作"子，東吉，南凶，西聞言，北有得"（劉樂賢 2003A，122 頁）。本釋文從李家浩（2000，52 頁）補出缺文"子朝"二字。

〔2〕 李家浩（2000，119 頁）：本組簡在"朝閉夕啓"或"朝啓夕閉"之後，皆有"凡五子"之類的字樣，爲秦簡《日書》乙種所無。

〔3〕 逃，睡虎地秦簡《日書》乙種皆作"兆"。劉樂賢（1994，370～382 頁）在討論睡虎地秦簡"兆"字時說：兆讀爲鼂（晁），漢戚伯著碑"京晁府丞"即"京兆府丞"，兆、晁通用。鼂、晁古爲一字，漢晁錯，本傳作"鼂"、《景帝紀》作晁。《文選・上林賦》"晁采琬琰"，《漢書・司馬相如傳》作"鼂采"。晁、鼂都讀爲朝。然則朝兆爲一同義復詞，兆亦朝也。《日書》中的這一類句子大概是以時辰爲占的。陳偉（1998）：本篇"朝逃"的"逃"，秦簡乙種 147～180 號作"兆"。也許本篇的"逃"爲本字，指逃亡。或者讀爲"盜"，指盜竊。"朝逃不得，晝得，夕得"，是指逃亡或盜竊發生在朝"不得"，發生在晝在夕則"得"。睡虎地日書甲種《盜者》也有"旦啓夕閉""凤得暮不得"的文句，"逃"（兆）指盜竊的可能性看來更大一些。李家浩（2000，119～120 頁）："朝逃得"，秦簡《日書》乙種子之占辭作"朝兆不得"。按本組簡凡是上言"朝閉夕啓"，其下則言"朝逃得""夕不得"等；上言"朝啓夕閉"，其下則言"朝逃不得""夕得"等。秦簡《日書》乙種"逃"皆作"兆"。"逃"從"兆"得聲，故"逃""兆"二字可以通用。按本墓竹簡"逃"字有兩種用法。一種用本義，一種假借爲"盜"。"朝逃得""朝逃不得"，"朝"是指時間，"得""不得"是對"逃"而言的。其下的"晝得""晝不得""夕得""夕不得"等，承上文省略了"逃"字。於此可見，本組

簡的"逃"應當假借爲"盜"。若此，秦簡"兆"也應當假借爲"盜"。黃儒宣（2003，145 頁）：在周家臺秦簡二十八宿占中，"逐盜、追亡（逃）人"是主要占問事項之一，所以本簡的"逃"，有可能是"逐盜"，也有可能是"追亡（逃）人"。今按：李家浩（1999C）也有類似李家浩（2000，119～120 頁）的説法，此説可信。

〔4〕　李家浩（2000，120 頁）："晝不得，夕不得"，秦簡《日書》乙種子之占辭作"晝、夕得"。

〔5〕　李家浩（2000，120 頁）："見"是出現的意思。這種用法的"見"，後世作"現"。"以入，見疾"，意思是説這一天如果入門，會出現疾病。《周易·復》有"出入無疾"之語，可以參看。

〔6〕　李家浩（2000，120 頁）：此下缺文，秦簡《日書》乙種子之占辭作"派（辰）少鏊（瘳），午大鏊（瘳），死生在申"。

〔7〕　亡，李家浩（2000，52 頁）釋爲"㠯（以）"。劉樂賢（2003A，129 頁）釋爲"亡"，説：九店楚簡《日書》61、62 號簡被釋爲"以行"之"以"，細察照片，右部筆畫不連且向上挑，似應改釋爲"亡"。今按：細審原簡照片圖版，劉説可從。下六二簡"西亡行"同。

〔8〕　☑西以行，北【吉】，南又得，李家浩（2000，120 頁）：秦簡《日書》乙種丑之占辭作"丑以東吉，西先行，北吉，南得"。今按：王家臺秦簡《日書》388 號作"東、北吉，南得，西毋行"；馬王堆帛書《出行占》作"丑，東吉，南有得，西毋行，北吉"。劉樂賢（2003A，128 頁）：睡虎地秦簡"西先行"之"先"是"无"字之誤。"亡行""无行""毋行"都是同音通假關係。其説可從。本釋文從李家浩（2000，52 頁）補出缺文"吉"字。

〔9〕　此句王家臺秦簡《日書》388 號作"五丑，旦啓夕閉"。

〔10〕　李家浩（2000，120 頁）：秦簡《日書》乙種丑之占辭於"朝啓夕閉"之下的文字作"朝兆不得。以入，小亡。以有疾，巳少鏊（瘳），酉大鏊（瘳），死生在子"。按秦簡子、辰、未、戌之占辭，在"朝兆不得"下皆有"晝夕得"之語，這條占辭在"朝兆不得"下没有此語，大概是漏寫。

〔11〕　李家浩（2000，121 頁）："北"字原文僅殘存左半下部筆畫。"☑北吉"，秦簡《日書》乙種寅之占辭作"寅以東北吉"。今按：據馬王堆帛書《出行占》文字，李家浩所引睡虎地秦簡《日書》乙種寅之占辭應在"東北"之間加頓號，作"寅以東、北吉"。參看下注〔13〕。

〔12〕　亡，李家浩（2000，121 頁）釋爲"㠯"，説：秦簡《日書》乙種寅之占辭"㠯"作"先"。今按："㠯"當釋爲"亡"。睡虎地秦簡《日書》占辭"先"當是"无"之誤。參看上注〔7〕、〔8〕引劉樂賢説。

〔13〕　南又得，李家浩（2000，121 頁）：秦簡《日書》乙種寅之占辭作"南得"。今按：以上占辭，馬王堆帛書《出行占》作"寅，東、西吉，南有喜，北有得"。本簡文字與睡虎地秦簡《日書》接近。

〔14〕　李家浩（2000，121 頁）："得晝得夕不得"殘片，上部"得"字處和下部"不得"處，僅殘存右半，位於此二處的殘文，據簡文文例釋寫。根據本組簡殘存情況和秦簡《日書》乙種同類文字，此"得晝得夕不得"殘片，當屬於寅、卯、申三占辭簡中之一。據本墓竹簡出土後在室内清理時的記録，申之占辭（六八號）"朝逃"下有"得"字。因此此殘片不會屬於申之占辭簡，現暫且將其定爲寅之占辭簡。"晝得，夕不得"，秦簡《日書》乙種寅之占辭作"晝、夕不得"。黃儒宣（2003，146 頁）：此殘簡有可能是丑、寅、卯、酉、戌之中的占辭，并不僅限於寅的占辭。今按：李家浩説得很清楚，根據本組簡殘存情況和睡虎地秦簡《日書》乙種同類文字，此"得晝得夕不得"殘片屬寅、卯二占辭簡中之一，現暫且將其定爲寅之占辭簡。黃儒宣在李家浩所説可能是寅、卯二占辭簡殘片的基礎上，又增加可能是丑、酉、戌三占辭殘片，是缺乏根據的。睡虎地秦簡《日書》乙種丑、酉、戌三占辭與此殘片"朝【逃（盜）】得，晝得，夕不得"相當文字分別作"朝兆（盜）不得""朝兆（盜）不得，晝、夕得""朝兆（盜）不得，晝、夕得"，它們之間的文字出入較大。所以本釋文仍從李家浩釋文將"得晝得夕不得"殘片定爲此簡。

〔15〕李家浩（2000，121 頁）釋文作"【昌（以）内（入）】，吉。昌（以）又（有）疾"，説："疾"上三字原文殘去，此據本組簡文例和秦簡《日書》乙種寅之占辭釋寫。今按：本釋文從李家浩説，據本書體例把補出的"疾"上三缺文放在【　】號内。下面與此同類情況不再一一註明。

〔16〕李家浩（2000，121 頁）：本組簡"髟"字皆省寫作髟，與上四〇號簡下欄的"髟"字寫法相同，在此讀爲"瘳"。《史記·魏其安侯列傳》："【灌】夫身中大創十餘……夫創少瘳，又復請將軍曰：吾益知吳壁中屈折，請復往。"《説文》疒部："瘳，疾瘉也。"

〔17〕李家浩（2000，121 頁）："死生才□"，秦簡《日書》乙種寅之占辭作"死生在子"。按本簡"才"下之字僅存右邊一小半，從殘畫看，不像是"子"字，而像是"亥"字。

〔18〕李家浩（2000，121 頁）："北見疾"上之缺文，秦簡《日書》乙種卯之占辭作"卯以東吉"。

〔19〕西吉，南又得，李家浩（2000，121 頁）：秦簡《日書》乙種卯之占辭作"西南得"。今按：以上簡文馬王堆帛書《出行占》作"卯，東、西吉，南有得"。又李家浩所引睡虎地秦簡《日書》乙種卯之占辭應在"西南"之間加頓號作"西、南得"。

〔20〕李家浩（2000，121 頁）：本墓竹簡"卯"作㸦形，此"卯"字僅殘存右半上端一點筆畫。

〔21〕李家浩（2000，122 頁）：在六〇號至七一號十二支殘簡中，唯此號簡第二殘片"凡五"之下和六五號簡第二殘片"朝閟夕啓"之上的地支之字殘泐。根據竹簡編排的情況，這兩個殘泐的地支之字當是"卯""巳"。秦簡《日書》乙種卯之占辭在"朝閟夕啓"之上的文字是"卯以東吉，北見疾，西南得"；巳之占辭在"朝閟夕啓"之上的文字是"巳以東吉，北得，西兇，南見疾"。六五號簡第二殘片相當此二語末之字作"疾"，與秦巳之占辭相同，故定六五號簡第二殘片爲巳之占辭，六三號簡第二殘片爲卯之占辭。今按：本釋文從李家浩補出"卯"字缺文。

〔22〕李家浩（2000，22 頁 1）：此處缺文秦簡《日書》乙種卯之占辭作"朝兆得，晝、夕不得"。按秦簡"晝、夕不得"，本組簡或作"晝得，夕不得"，如六二號、七一號簡；或作"夕不得"，如六五號、六六號簡。此處缺文，暫且按照六五號、六六號兩簡文例補出"得夕不得"四字。其上殘文當是"朝逃"二字。黃儒宣（2003，147 頁）：李家浩舉七一號簡亥之占辭可商，因睡虎地秦簡《日書》乙種亥之占辭爲"【朝】閟夕啓，朝兆不得。"沒有"晝、夕"的占辭，與此處情況不同。今按：黃儒宣説非是。李家浩所引睡虎地秦簡《日書》亥之占辭文字，是重新拼接後的簡文，作"【朝】閟夕啓，朝兆（盜）得，晝、夕不得"。參看李家浩（2000，190 頁）所附釋文和李家浩（1999C）。所以本釋文仍從李家浩補出"朝逃得夕不得"六缺文。

〔23〕必又大死，李家浩（2000，122 頁）：秦簡《日書》乙種卯之占辭作"必有大亡"。"死""亡"義同。

〔24〕死生在丑，李家浩（2000，122 頁）：秦簡《日書》乙種卯之占辭"丑"作"亥"。按本墓竹簡"丑"作夕，"亥"作夸，二字字形相近，不知是楚人誤書所致，還是秦人誤認所致。

〔25〕陳偉（1998）：九店簡保存完好者每支長約 46～48 厘米。64、67、71 號殘長均爲三十多厘米，上端殘去十多厘米。對照 61、63 號簡，可知在這三簡前面，還應有"北得，西聞言，南……"或"……南有得"一類文字。睡虎地日書乙種 157～180 號簡正好以這一類語句開頭。本篇各簡開頭的句式可據以復原。李家浩（2000，122 頁）："☑□又□"，秦簡《日書》乙種辰之占辭作"辰以東吉，北兇（凶），先行，南得"。根據秦簡，"又"上下二殘文可能是"南""尋（得）"二字。今按：上李家浩所引秦簡《日書》乙種占辭"先行"，睡虎地秦簡整理小組注説"上有脱文"。劉樂賢（2004，128 頁）在"先行"上補一"西"字，并説"先"是"无"之誤（參看上注〔8〕），其説可從。馬王堆帛書《出行占》與本句相當的文字作"辰，東、南有得，西毋行，北凶"。

〔26〕李家浩（2000，122 頁）："得"字原文僅殘存"又"旁。

〔27〕晝得，夕得，李家浩（2000，122 頁）：秦簡《日書》乙種辰之占辭作"夕、晝得"。

〔28〕　☑又得，李家浩（2000，122 頁）：秦簡《日書》乙種巳之占辭作"巳以東吉，北得"。

〔29〕　李家浩（2000，122 頁）："疾"上"南見"二缺文，據秦簡《日書》乙種巳之占辭補。今按：本釋文從李家浩補出"南見"二缺文。以上占辭，馬王堆帛書《出行占》作"東見疾，南、北吉，西毋行"。

〔30〕　此字原文殘泐，李家浩（2000，122 頁）定爲"巳"字（參看上注〔21〕引李家浩的説法），本釋文從之。

〔31〕　夕不得，李家浩（2000，123 頁）：秦簡《日書》乙種巳之占辭"夕"上有"晝"字。

〔32〕　☑翏，李家浩（2000，123 頁）：秦簡《日書》乙種巳之占辭作"以入，吉。以有疾，申少翏（瘳），亥大翏（瘳）"。按楚簡"翏"作𦎫，本簡"翏"字原文僅殘存"羽"下二橫的左半。

〔33〕　李家浩（2000，123 頁）：本號簡末尾之殘片和下六六號簡末尾之殘片，其文字都是"死生才（在）寅"。據秦簡《日書》乙種同類簡，"死生在寅"見於巳、午、未之占辭。本組簡未之占辭已有"死生才（在）寅"之語，故定此二殘片分別屬於巳、午之占辭。

〔34〕　☑北得，李家浩（2000，123 頁）：秦簡《日書》乙種午之占辭作"午以東先行，北得"。

〔35〕　聞，原文作"𦖧"。

〔36〕　"南"與"午"之間的缺文，李家浩（2000，123 頁）據秦簡《日書》乙種午之占辭和本組簡文例補作"兇（凶）。午，朝閟（閉）夕啓。凡五"。今按：本釋文從李家浩補出"南"與"午"之間的缺文。"午，朝閉夕啓"以上占辭，馬王堆帛書《出行占》作"午，東毋行，南、北凶，西聞言"。

〔37〕　夕不得，李家浩（2000，123 頁）：秦簡《日書》乙種午之占辭"夕"上有"晝"字。

〔38〕　以又疾，李家浩（2000，123 頁）：秦簡《日書》乙種午之占辭作"以入，吉。有疾"。

〔39〕　李家浩（2000，123 頁）："戌少翏"下的缺文，秦簡《日書》乙種午之占辭作"子大翏"，釋文據之補。黃儒宣（2003，149 頁）：睡虎地秦簡《日書》乙種午之占辭當作"辰大翏（瘳）"，因此釋文應更正爲"辰大翏（瘳）"。今按：黃儒宣説非是。李家浩所引睡虎地秦簡《日書》子之占辭文字，是重新拼接後的簡文，參看李家浩（2000，189 頁）所附釋文和李家浩（1999C）。所以本釋文仍從李家浩補出"子大翏"缺文。

〔40〕　【未】以東吉，又得，李家浩（2000，123 頁）：秦簡《日書》乙種未之占辭作"未以東得"。

〔41〕　以上占辭，馬王堆帛書《出行占》作"【未】，東有得，西、南吉，北凶"。

〔42〕　"西"與"啓"之間的缺文，李家浩（2000，123 頁）據秦簡《日書》乙種未之占辭和本篇文例補作"南吉。未，朝"。今按：本釋文從李家浩補出"西"與"啓"之間的缺文。

〔43〕　李家浩（2000，123 頁）：1993 年 3 月，湖北江陵王家臺十五號秦墓出土的一批竹簡中，也有《日書》（《江陵王家臺一五號秦墓》，《文物》1995 年 1 期）。荊州地區博物館在報導這批竹簡時，《日書》部分所舉的竹簡例子三四七號説："五未，旦閉夕啓，西南吉，東得，北凶。"此條簡文與本簡"五未"以上的文字意思相同，唯文字次序不同而已。很顯然，王家臺秦簡三四七號也應當屬於本組簡一類的作品。今按：李家浩所引王家臺秦簡《日書》文字應在"西南"之間加頓號作"西、南吉"。

〔44〕　晝得，夕得，李家浩（2000，123 頁）：秦簡《日書》乙種未之占辭作"晝、夕得"。

〔45〕　李家浩（2000，123 頁）：據本墓竹簡出土後在室內清理時的記錄，"朝"下"逃得"二字右半尚存，現在圖版照片"得"已缺去，"逃"僅存上部殘畫。

〔46〕　戌以東吉☑，李家浩（2000，124 頁）：秦簡《日書》乙種戌之占辭作"戌以東得，西見兵，冬之吉，南兇（凶），朝啓夕閉"。本簡"戌"字原文殘泐，從殘存筆畫看，當是戌字。今按："朝啓夕閉"以上占辭，馬王堆帛書《出行占》作"戌，東有得，南凶，西見兵，北吉"。

〔47〕　朝☑□，李家浩（2000，124 頁）：秦簡《日書》乙種戌之占辭作"朝兆不得，晝、夕得。以入，繭（㐱）。以有疾，卯少翏"。

〔48〕　"非"下一字，李家浩（1995，509 頁）作爲不可辨識之字而缺釋。李零（1999）：此字上半從於，下半與

害字相似，從上下文看，似爲疾病名，《説文解字》卷七下："瘀，積血也"，或即"瘀"字。李家浩（2000，124 頁）先釋爲"筌"，後"補正"（李家浩 2000，139 頁）據包山楚墓竹簡和郭店楚墓竹簡"巫"字的寫法，改釋爲"盇"。今按：本釋文從李家浩（2000，139 頁）釋法。上古音"於""巫"都是魚部字。如果李家浩對"盇"字的釋寫不誤，那麼此字所從"於""巫"二旁皆聲。

李零（1999）："引"即"收引"之"引"，《素問》頻見，如《至真要大論》"諸寒收引，皆屬於腎"，王冰注："收謂斂也，引謂急也"，是一種筋脈拘牽之症。劉樂賢先生指出，尹灣漢簡《博局占》的"病筋引"（"筋"字原從竹從角從力）就是這種病，甚確。簡文"非瘀乃引"，意思是説"不得瘀病就得引病"。李家浩（2000，124 頁）："☑以内，又得，非筌乃引"，秦簡《日書》乙種亥之占辭作"亥以東南得，北吉，西禺（遇）□"，與本簡"以内，又得"相當的文字，位於下文"以有疾"之前，字作"以入，得"。秦簡與楚簡文字出入較大。"非筌乃引"是承上文"以入，有得"而言的。"於""與"古音相近，可以通用。疑簡文"筌"應當讀爲"與"，訓爲予。簡文此句的意思是説：得到的東西，不是別人給予的，就是自己拿取的。黄儒宣（2003，151 頁）：與本簡"以内，又得"相當的文字，睡虎地秦簡《日書》乙種亥之占辭作"以入，小亡"。從文例來看，"☑以内，又得，非筌乃引"，其所在的位置似與疾病名無關，其義還有待進一步研究。今按：李家浩（1999C）也有類似李家浩（2000，124 頁）對"非盇乃引"的解釋，李家浩（2000，124 頁；1999C）指出"非盇乃引"是承上文"以入，有得"而言的，應是正確的。而李零的解釋與簡文"以入，有得"難以銜接，故不足據。秦簡日書甲種《夢》"賜某大幅（福），非錢乃布，非繭乃絮"（一四背壹）。乙種作"賜某大畐（福），不錢則布，不繭則絮"（簡一九五壹）。亦有"非……乃……"之句式，并由此可知"非……乃……"與"不……乃……"同。

〔49〕以上占辭，王家臺秦簡《日書》395 號作"五亥，旦莫（暮）不閉，北吉，東凶，□會飲飤（食）百具□"。

〔50〕晝得，夕不得，李家浩（2000，125 頁）：秦簡《日書》乙種亥之占辭作"晝、夕不得"。

〔51〕死生才申，李家浩（2000，125 頁）：秦簡《日書》乙種亥之占辭漏寫"在申"二字。黄儒宣（2003，151 頁）：睡虎地秦簡《日書》乙種亥之占辭作"死生在子"。今按：黄儒宣説非是。李家浩所引睡虎地秦簡《日書》乙種亥之占辭文字，是重新拼接後的簡文，參看李家浩（2000，190 頁）所附釋文和李家浩（1999C）。

〔52〕李家浩（2000，125 頁）：此號殘簡僅殘存右半，從文義看，與上七二號殘簡似爲同一殘片之折。秦簡《日書》乙種亥之占辭開頭説："亥以東南得，北吉，西禺（遇）□。"七二號、七三號二殘簡文字可能是此占辭的異文。

〔53〕李家浩（2000，125 頁）："内"上三字原文殘泐，據本組簡文例，第一字當是"不"或"夕"，二、三兩字當是"得以"。

〔54〕李家浩（2000，125 頁）：據本組簡殘存情況，七四號殘簡當屬丑、申、酉、戌四占辭簡之中的殘片。據秦簡《日書》乙種丑、申、酉、戌四占辭，此殘簡文字與申之占辭相同，有可能屬申之占辭簡的殘片。

〔55〕李家浩（2000，125 頁）：七五號、七六號二殘簡都是簡尾。本組子、丑、申、酉四占辭簡都缺簡尾。據秦簡《日書》乙種丑之占辭是"死生在子"。因此七五號殘簡有可能屬於丑之占辭簡的殘片，七六號殘簡則屬於子、申、酉三占辭簡之一的殘片。黄儒宣（2003，152 頁）：睡虎地秦簡《日書》乙種丑之占辭"死生"下脱二字，因此七五號及七六號殘簡竟究分屬子、丑、申、酉四占辭之何者，待考。今按：黄儒宣説非是。李家浩所引睡虎地秦簡《日書》乙種丑之占辭文字，是重新拼接後的簡文，參看李家浩（2000，189 頁）所附釋文和李家浩（1999C）。

# 九　太歲

　　本篇僅有一支殘簡（77 號），記的是"太歲"一年每月所在的四方位置。睡虎地秦簡《日書》甲種《歲》篇所記"太歲"一年每月所在的四方位置與之相同，唯"太歲"運行的四方的順序有所不同而已。本簡所記"太歲"運行四方的順序是自西而北、而東、而南，秦簡所記"太歲"運行四方的順序是自東而南、而西、而北。清代學者孫星衍在《月太歲旬中太歲考》一文裏指出，古代的太歲有三。一、年太歲，即左行二十八宿，十二年一周天的太歲。二、月太歲，即《淮南子·天文》所説的"月從右行四仲，終而復始"的太歲。三、旬中太歲，即一旬而徙的太歲（見《問字堂集》卷一）。本簡的太歲和秦簡的太歲，即屬於月太歲。秦簡所記太歲每月所在方位之後，皆有占辭，爲本組簡所無。有可能本組簡占辭位於文末，總的説明太歲所在四方位置的吉凶，現在沒有見到占辭簡文，當是殘損所致（李家浩 2000，125 頁）。原簡無篇題，陳偉擬爲《歲》，李零擬爲《三合局》[1]，李家浩擬爲《太歲》，此從李家浩擬名。

大（太）歲:[2] 十月、[3] 屈夽、享月才（在）西,[4] 臭（爨）月、[5] 遠夽、夏夽才（在）北,[6] 獻馬、習尿、八月才（在）東,[7] 冬夽、[8] 夏尿、【九月才（在）南】[9] **77**

---

[1]　李零（1999）將此簡與下 78 號 ~80 號簡、81 號 ~87 號簡、88 號 ~93 號簡合爲一篇，總名爲《歲》，將此簡名爲《三合局》。今按：這四類簡文內容不同，文字書寫風格也不同，合爲一篇，證據不足。

[2]　原簡於"歲"字上殘斷。此簡和下 97 號簡的"歲"，原文皆作"戔"。
　　陳偉（1998）：原釋文（今按：指李家浩 1995 釋文）以爲"歲"前有一字，已殘；這個殘字前還有別的字。僅從圖版觀察，"歲"字前是否有一殘字，尚難肯定。如果有，這個字很可能是修飾"歲"的。假如能辨認出來，將有助於"歲"的理解。此前再有其他字的可能性不大。劉樂賢（1998）：儘管簡文"歲"字之前可能還有別的文字，但此處的"歲"無疑就是睡虎地簡日書"歲篇"的"歲"。睡虎地秦簡日書的"歲"，以前被誤釋爲歲星或太歲，後來胡文輝先生指出，其實應是《淮南子·天文訓》的"大歲"。從此簡的內容可斷定，睡虎地秦簡日書的"歲篇"，應是根據楚日書編寫成的。其後面的"楚秦月名對照表"，大概是爲了方便使用新曆法（即秦曆）的人而附入的。李零（1999）："歲"指"天一""太陰""太歲"等神煞的遊行。這類神煞與歲星有關。其遊行分兩類，一類是行四位或五位（每行四位還於中央），一類是行十二位。前者是"大歲"或"大時"，後者是"小歲"或"小時"。"天一""太陰""太歲"在數術中雖有分工，但肯定是相關概念，并與歲星有關。胡文輝《釋"歲"》（收入《文化與傳播》第四輯，101 ~122 頁，海天出版社，1996 年）以爲簡文"歲"僅指"大歲""小歲"的劃分，而與"太歲""太陰""歲星"無關，可商。李家浩（2000，126 頁）：根據本墓竹簡出土後在室內清理時的記錄，"歲"上一字殘存右下側一斜畫，當是"大"。此簡是簡首，其上似無文字。《淮南子·天文》："斗杓爲小歲，正月建寅，月從左行十二辰。咸池爲太歲，二〈正〉月建卯，月從右行四仲，終而復始。太歲迎者辱，背者強，左者衰，右者昌；小歲東、南則

生，西、北則殺。不可迎也，而可背也，不可左也，而可右也，其此之謂也。大時者，咸池也；小時者，月建也。"［法國］M·卡林諾斯基《馬王堆帛書〈刑德〉試探》指出，《淮南子·天文》所説的"太歲不是以十二年爲週期而運行於十二辰的遊神，它與《漢書》所記載的太歲紀年系統無直接關係"；而與秦簡《日書》甲種《歲》的"歲"有關，它們都"以十二月爲週期運行四方"，"唯一明顯的不同是太歲（《淮南子》）不是右行（東北西南）而是左行（東南西北），造成南北順序的互換"（《華學》第 1 期 88、94 頁，106 頁圖［十二］秦漢四方十二位定局之各種遊神循環週期，中山大學出版社，一九九五年）。胡文輝《釋"歲"——以睡虎地〈日書〉爲中心》更明確指出，秦簡《日書》甲種《歲》的"歲"即《淮南子·天文》的"太歲"（《文化與傳播》第四輯，101～122 頁）。這些説法無疑都是正確的。本簡所説的"大（太）歲"也應當是孫星衍所説的月太歲。秦簡《日書》甲種《歲》篇第一簡簡首有一"歲"字，是篇題，跟本簡簡首的"太歲"性質不同。李守奎（2001）："歲"位於簡首，前無缺文，與後文也不相連屬，是篇題，與雲夢秦簡《歲》篇起首之"歲　刑夷、八月、獻馬，歲在東方"中的"歲"用法相同。今按：當從李家浩説。

［3］　十月，原文作合文。

［4］　享月，原文作合文。
　　　劉樂賢（1998）、陳偉（1998）、李家浩（2000，126 頁）和李守奎（2001）都認爲"享月"下兩字是"才（在）西"。

［5］　"臭月"占一個字的位置，原文殘泐。李家浩（1995，510 頁）缺釋。陳偉（1998）、劉樂賢（1998）、李家浩（2000，127 頁）和李守奎（2001）等從殘畫和文例兩個方面，認爲此殘文是"臭月"的合文。

［6］　"夏""才北"三字原文殘泐。李家浩（1995，510 頁）缺釋。陳偉（1998）、劉樂賢（1998）、李家浩（2000，127 頁）和李守奎（2001）等從殘畫和文例兩個方面，認爲是"夏""才北"。
　　　臭月、遠夅、夏夅才北，李家浩（2000，127 頁）：秦簡《日書》甲種《歲》篇作"七月、爂（爨）月、援夕，歲在北方"。"七月"即楚簡的"夏夅"。

［7］　獻馬、智屎、八月才東，李家浩（2000，127 頁）：在秦簡《日書》甲種《歲》篇作"刑夷、八月、獻馬，歲在東方"。

［8］　"八月在東、冬夅、夏屎"是由兩段殘片拼接而成的，"夅"字上下半分別位於上殘片之尾和下殘片之首。上殘片在李家浩（1995；2000）圖版照片中缺，下殘片李家浩（1995）另編爲 104 號。劉樂賢（1998）、李家浩（2000，53 頁）都認爲這枚下殘片屬於本篇，據文例補出缺文"八月在東、冬"五字，并徑釋殘文"夅"。周波（2004）整理藏簡時，發現了該段殘片，證明劉樂賢、李家浩所補之釋文完全正確。該段殘片之"八月"，原文作合文。

［9］　"九月在南"四字，從劉樂賢（1998）、李家浩（2000，127 頁）和李守奎（2001）所補。
　　　冬夅、夏屎、【九月才南】，李家浩（2000，127 頁）：在秦簡《日書》甲種《歲》篇作"夏夷、九月、中夕，歲在南方"。"中夕"即楚簡的"冬夅"。

# 十　十二月宿位

　　本篇共有三枚殘簡（78 號至 80 號）。78 號殘簡記每月合朔所躔之宿。79 號、80 號二殘簡文字比 78 號殘簡文字要大，當非一篇，因其有二十八宿之名，故暫且把它們附在 78 號殘簡之後。78 號簡的内容與《淮南子・天文》裏標題爲《星》的一節相似："《星》：正月建營室，二月建奎、婁，三月建胃，四月建畢，五月建東井，六月建張，七月建翼，八月建亢，九月建房，十月建尾，十一月建牽牛，十二月建虚。"秦簡《日書》甲種楚除第一簡第一欄，記的是十二月所躔之宿，與其後的楚除十二名所值十二辰相配。78 號簡的文字有可能屬於此種性質。從 78 號簡每月文字所占地位較大，不能與楚除十二名所值十二辰相配的情況來看，恐怕是附在《建除》《叢辰》兩篇簡之後的，以説明建除十二名和叢辰十二名所值十二辰的各月合朔所躔之宿（李家浩 2000，127 頁）。原簡無篇題，陳偉擬爲《朔》，李零擬爲《各月上朔與所當星宿》，李家浩擬爲《十二月宿位》，此從李家浩擬名。

智屍朔於瑩，〔1〕夏屍恚（奎），〔2〕享月胃，〔3〕夏欒罼（畢）。〔4〕八月東井，〔5〕九月遛（柳），〔6〕十月□，〔7〕□□□，〔8〕獻馬房，〔9〕冬欒心□〔10〕78
□□□□之日，〔11〕乙暈（星）□□〔12〕79
□□恚（奎），〔13〕丙□□□才（在）瑩□〔14〕80

---

〔1〕　簡首之字僅殘存下部少許筆畫，武家璧（1996）、劉樂賢（1996）、劉信芳（1997）、陳偉（1998）和李家浩（2000，127 頁）等都認爲是"智"之殘文。劉樂賢、李家浩等還指出"智屍"是夏曆正月，應當是本簡文的開頭，其上似無文字。李零（1999）釋此殘文爲"夏"。今按：李零的説法不確，其他各家的説法可從。
　　瑩，武家璧（1996）："朔於瑩"即"朔於營室"，也就是文獻上所説的"日月俱入於營室"。《淮南子・天文訓》"天一原始，正月建寅，日月俱入於營室。"劉向《洪範・五行傳》"曆記始於顓頊，……朔日己巳立春，七曜俱在營室五度。"《後漢書・律曆志》"甲寅之元，天正正月甲子朔旦冬至，七曜之起，始於牛初；乙卯之元，人正己巳朔旦立春，三光聚天廟（營室）五度。"劉樂賢（1996）、劉信芳（1997）、陳偉（1997）、李家浩（2000，128 頁）、黃儒宣（2003，75 頁）都認爲"瑩"是"營室"合文。李守奎（1997）："瑩"是"熒室"合文。星宿"營室"在曾侯乙墓衣箱漆書中作"西縈"，"東縈"。"熒""縈""營"同是"熒"聲，互爲借用。
　　智屍朔於瑩，陳偉（1997）：荆夷説"朔于營室"，而在隨後各月祇記星宿名，當是承前省略了"朔於"二字。"荆夷朔於營室"，可能是説荆夷之月的月初，太陽處於營室的位置；也可能是説在荆夷之月，太陽開始運行到營室。李家浩（2000，128 頁）：許多學者指出，二十八宿最初是作爲月的躔宿的，并通過月的位置推算出日月合朔的日期。簡文"智屍朔於營室"，大概就是説智屍這個月，日月合朔於營室。"智屍"，即夏曆的正月。秦簡《日書》甲種楚除："正月，營室。"《禮記・月令》："孟春之月，日在營室。"劉樂賢

（2003A，79 頁）：“朔”就是朔日，“正月（引者按，指楚月名𦎫屄）朔于營室”，是説正月朔日在營室。如有些研究者所説，此後各月的月與星名之間都省略了這“朔於”二字。顯然，這條簡文是關於各月朔日爲何宿的明確規定。

〔2〕　𢀜，陳偉（1997；1998）：上部作“土”，可能是“圭”字。“奎”宿之字從“圭”得聲，隨州曾侯乙墓所出二十八宿漆書上的“奎”就寫作“圭”。因而，這裏的“圭”也應是指“奎”宿。李家浩（2000，128 頁）釋此字爲“𢀜”，説：此字原文下部殘泐，從殘畫看，當是“𢀜”字，可與下八〇號簡的“𢀜”字比較。“𢀜”字見於《説文》心部，在此讀爲“奎”。“𢀜”“奎”二字皆从“圭”得聲，故可通用。“奎”，二十八宿西方七宿的第一宿。“夏屄奎”是“夏屄朔於奎”的省略説法，因承上文省去了“朔於”二字。下面各句文例與此相同。“夏屄”，即夏曆二月。秦簡《日書》甲種楚除：“二月，奎。”《禮記·月令》：“仲春之月，日在奎。”今按：從殘存筆畫看，李家浩釋爲“𢀜”是正確的。馬王堆漢墓帛書《式法》所記二十八宿的“奎”作“𨒅”或“𢀜”（馬王堆漢墓帛書整理小組：《馬王堆帛書〈式法〉釋文摘要》，《文物》2000 年 7 期 93～94 頁），後一種寫法與簡文同。

〔3〕　“享月”和下面的“八月”“九月”“十月”原文皆作合文。
　　李家浩（2000，129 頁）：“享月”即夏曆三月。“胃”，二十八宿西方七宿的第三宿。秦簡《日書》甲種楚除：“三月，胃。”《禮記·月令》：“季春之月，日在胃。”

〔4〕　陳偉（1997）：“夏夎”下一字從网，包山楚簡 40、140 號的“畢”字從“网”作“罼”，故此字可能也是“畢”，爲二十八宿用字。李家浩（2000，129 頁）説“夏夎罼”三字原文，都有不同程度的殘泐。“夏”字原文上部從“日”，與上文“夏屄”之“夏”作“頵”者不同。按本簡“夏”字殘文與魏正始石經“夏”字古文（《石刻篆文編》五·二四）寫法相近，故釋文將其徑釋寫作“夏”。本簡“罼”字殘文與包山楚墓竹簡一八二號“罼”字寫法相近，可以比較。“罼”從“网”從“畢”聲，即“畢”字的繁體。“夏夎”，夏曆四月。“畢”，二十八宿西方七宿的第五宿。秦簡《日書》甲種楚除：“四月，畢。”《禮記·月令》：“孟夏之月，日在畢。”今按：陳偉（1998）也有類陳偉（1997）的説法，同時指出，夏夷當夏曆二月，夏夕當夏曆四月，這兩處月份和星宿的搭配，也與秦簡相同。

〔5〕　陳偉（1997）：“八月”下二字的輪廓似乎象“東井”。李家浩（2000，129 頁）：“八月”即夏曆五月。“東井”，二十八宿南方七宿的第一宿。秦簡《日書》甲種楚除：“五月，東。”《禮記·月令》：“仲夏之月，日在東井。”按秦簡“東”是“東井”的省稱。

〔6〕　遛，原文殘泐。李家浩（1995，510 頁）釋“□遟（徙）”，李零（1999）從之。陳偉（1997）：不知道此字是讀尾宿，還是應另作解釋。李家浩（2000，129 頁）：此字原文殘泐，從殘畫看，其下從“止”，其上所從似是包山楚墓一六九號簡的𤼣。《包山楚簡》把𤼣釋爲“留”，甚是。在古文字中，“止”“辵”二旁可以通用（參看高明《中國古文字學通論》157 頁，文物出版社，1987 年）。疑簡文“𨓤”應當是“遛”字的異體。“遛”從“留”聲。古文字“留”“柳”二字皆從“卯”聲。簡文“遛”應當讀爲“柳”。“九月”，夏曆六月。“柳”，二十八宿南方七宿的第三宿。秦簡《日書》甲種楚除：“六月，柳。”《禮記·月令》：“季夏之月，日在柳。”今按：從殘存筆畫看，李家浩的隸定是正確的，讀作“柳”亦可信，故本釋文將此字釋讀作“遛（柳）”。

〔7〕　李家浩（2000，129 頁）：“十月”即夏曆七月。秦簡《日書》甲種楚除：“七月，張。”《禮記·月令》：“孟夏之月，日在翼。”二者所記七月合朔所躔之宿不同。“張”和“翼”分別是二十八宿南方七宿的第五宿和第六宿。本簡“十月”下宿名之字僅殘存頭部左側筆畫，與“張”字所從“弓”旁頭部寫法相合（可以跟上七一號簡“引”字所從“弓”旁比較）。看來此字應當是“張”字，與秦簡所記相同。

〔8〕　李家浩（2000，130 頁）：此三字原文殘泐，據文例，第一、二兩字當是“㱼月”。不過從此二字所在位置的

大小來看，很可能是"㑗月"的合文。第三字當是二十八宿中的某宿名之字。"㑗月"是夏曆八月。秦簡《日書》甲種楚除："八月，角。"《禮記·月令》："仲秋之月，日在角。"據此，簡文第三字應當是"角"字或跟"角"音近的某個假借字。"角"是二十八宿東方七宿的第一宿。

〔9〕 李家浩（2000，130 頁）："獻馬"即夏曆九月。"房"，二十八宿東方七宿的第四宿。秦簡《日書》甲種楚除："九月，氐。"《禮記·月令》："季秋之月，日在房。"本簡所記與《禮記·月令》相同。

〔10〕 李家浩（2000，130 頁）："冬夈"即夏曆十月。"心"，二十八宿東方七宿的第五宿。秦簡《日書》甲種楚除："十月，心。"《禮記·月令》："孟冬之月，日在尾。"本簡所記與秦簡相同。此下缺文當是屈夈、遠夈二月所躔之宿，屈夈、遠夈是夏曆十一月、十二月。秦簡《日書》甲種楚除："十一月，斗。十二月，須。"《禮記·月令》："仲冬之月，日在斗……季冬之月，日在婺女。"按秦簡"須"是"須女"的省稱，《月令》"婺女"是"須女"的異名。

　　 78 號殘簡是由三枚殘片拼接而成的，李家浩（1995）將第一、二兩殘片編爲 96 號，第三殘片編爲 98 號，分置兩處，李零（1999）、李家浩（2000，53～54 頁）等都認爲此兩號殘片應該拼接。

〔11〕 之日，原文作合文。該字也有可能是"時"的殘文。爲了排印方便，本釋文仍從李家浩（2000，130 頁）的釋法。

　　 李家浩（2000，130 頁）："之日"之上三字原文殘泐，從殘畫看，第二、三兩字似是"遠夈"。"遠夈"是夏曆十二月。

〔12〕 李家浩（2000，130 頁）："曑"是《説文》正篆"星"。"乙星"不詳。或説"乙星"即太乙（一）星。

〔13〕 李家浩（2000，130 頁）：七九號和八〇號可能是一簡之折，七九號"星"下之殘文和八〇號"恚"上之殘文，大概是"才"字的上半和下半。綴聯後，簡文應當釋寫作"乙星才（在）恚"。"恚"見於上七八號簡，即二十八宿東方七宿的第一宿奎。

〔14〕 此殘句第一字和第五字，李家浩（2000，131 頁）：是"否"和"瑩"的殘文。"否"即"丙"的異體，見上三九號、四〇號簡。"瑩"見上七八號簡，即二十八宿北方七宿的第六宿營室。從此二殘簡先説在奎、後説在營室來看，乙星運行的方嚮是左行的，與上七八號簡所記日月合朔的方嚮是右行的剛好相反。

# 十一　往亡

　　本篇共有七枚殘簡（81 至 87 號），内容記的是“往亡”。陰陽家認爲往亡日不宜出行、行師，見《論衡·辨祟》等。睡虎地秦簡《日書》甲、乙種各有兩篇“往亡”，它們是甲種的一三三號正，一〇七號背、一〇八號背；乙種的一四九號、一五〇號、一五一號、一五二號。其中以甲種一〇七號背、一〇八號背所記往亡的日期最爲準確，其他所記往亡的日期都有不同程度的錯誤。本篇殘簡所記往亡的日期，除“十月”（夏曆七月）外，其它各月皆與秦簡《日書》甲種一〇七號背、一〇八號背所記相同。饒宗頤、劉樂賢對秦簡的往亡都有論述。饒文見《楚地出土文獻三種》417、418 頁、452～454 頁（中華書局 1993 年），劉文見《睡虎地秦簡〈日書〉中的“往亡”與“歸忌”》（《容庚先生百年誕辰紀念文集》672～681 頁，廣東人民出版社 1998 年），可以參看（李家浩 2000，131 頁）。原簡無篇題，陳偉擬爲《内月》，李零擬爲《往亡歸死》，劉樂賢、李家浩擬爲《往亡》，此從劉樂賢等擬名。

☑一日，[1]夏柰内（入）月八日，[2]八月☑[3]**81**

☑□六日，[4]九月内（入）月□☑[5]**82**

☑内（入）月旬，[6]臭（爨）月内（入）月☑**83**

☑冬柰内（入）☑[7]**84**

☑月旬，[8]屈柰内（入）月二旬，[9]遠柰内（入）☑**85**

☑旬。[10]凡☑[11]**86**

☑往，[12]亡；[13]歸，死。[14]智厡☑[15]**87**

---

[1]　陳偉（1998）、劉樂賢（1998）都據李家浩（1995）釋文和圖版照片，對本篇作過編聯工作。陳氏認爲李家浩（1995）107 號、106 號、105 號、108 號四殘片應編聯，劉氏認爲李家浩（1995）97 號、107 號、106 號、105 號四殘片應編聯，李零（1999）在劉氏編聯的基礎上，增加了 108 號五殘片。李家浩（2000，54 頁）認爲李家浩（1995）107 號、130 號、106 號、131 號下殘片、105 號、108 號、97 號七殘片應編聯。本釋文從李家浩（2000，54 頁）編聯。參看下注[15]。

　　陳偉（1998）：本簡之前當是“享月”，“一日”前殘缺，可能原有“廿”“二十”或“二旬”。李家浩（2000，131 頁）：根據簡文文例，此“☑一日”是“享月”的往亡日。楚曆“享月”是夏曆三月。秦簡《日書》甲種往亡一三三號正作“入三月廿一日”，一〇三號背作“三月廿一日”。

[2]　李家浩（2000，131 頁）：“夏柰内（入）月八日”，是説夏柰之月，進入該月的第八日。下列各句，義與此同。“夏柰”，夏曆四月。秦簡《日書》甲種往亡一三三號正作“入四月八日”。

[3]　八月，原文作合文。

〔4〕　李家浩（2000，132 頁）：八二號殘簡是簡的右半，所以此殘簡的文字左半皆缺。秦簡《日書》所記往亡日帶
　　　　"六"的只有五月。秦簡《日書》甲種往亡一三三號正"入五月十六日"，乙種往亡一四九號"五月旬六
　　　　日"。夏曆五月是楚曆八月。據此，八二號殘簡文字應當與八一號殘簡文字連讀，兩殘簡之間尚缺"内月"
　　　　二字。"六日"上之字，當是"旬"的殘文。

〔5〕　九月，原文作合文。李家浩（2000，60 頁）："九月"即夏曆六月。秦簡《日書》甲種往亡一三三號正"入
　　　　六月廿四日"，乙種往亡一五一號"六月二旬四日"。

〔6〕　陳偉（1998）：此"旬"字上部，與同篇其他"旬"字略有區別，或許實爲"九日"合文。劉樂賢（1998）：
　　　　從照片看，此字釋爲"旬"是可信的。不過，簡文的"旬"字都寫得與"九日"的合文相近，此處視爲
　　　　"九日"的合文，似乎也有可能。另外一個可能，就是原簡把"九"錯抄成了"旬"。李家浩（2000，132
　　　　頁）：根據簡文文例，此"☑内月旬"是"十月"的往亡日。楚曆十月是夏曆七月。秦簡《日書》所記七月
　　　　的往亡日皆作"九日"。例如甲種往亡一三三號正"入七月九日"，乙種往亡一四九號"七月九日"。按本墓
　　　　竹簡"旬"作𠨍，從"日"從"勻"聲；九作九，與"旬"字所從"𠃌（勻）"旁形近。上八二號、七八號
　　　　兩簡"九月"皆合文。疑本簡的"旬"是"九日"合文之誤。

〔7〕　李家浩（2000，132 頁）："柰"上一字原文僅殘存左側少部分筆畫。據本墓竹簡出土後在室内清理時的記錄，
　　　　此殘片上端還有一殘片，文字是"☑八日，獻馬内（入）月☑"。楚曆"獻馬"之後的月名是"各（冬）
　　　　柰"。所以釋文定此殘文爲"各"字。今按："各"即"冬"字古文，本釋文從李家浩所說，逕將此殘文寫作
　　　　"冬"。

〔8〕　李家浩（2000，132 頁）：根據簡文文例，此"☑月旬"是"冬柰"的往亡日。八五號殘簡文字應當與上八
　　　　四號殘簡文字連讀。楚曆冬柰是夏曆十月。秦簡《日書》甲種往亡一三三號正"入十月十日"，乙種往亡一
　　　　四九號"十月旬"。

〔9〕　李家浩（2000，132 頁）："屈柰"即夏曆十一月。秦簡《日書》甲種往亡一三三號正"入十一月廿日"。

〔10〕　陳偉（1998）："□旬"當屬最後一個月份。楚曆遠夕相當於夏曆十二月，"□旬"很可能就是此月日辰。遠
　　　　夕"旬"前一字，可能原作"三"。
　　　　原簡於"旬"字下有一粗橫，李家浩（2000，132 頁）：是表示本組簡所記往亡日期已完了的符號。"☑旬"
　　　　是相當夏曆十二月的"遠柰"的往亡日。八六號殘簡文字應當與上八五號殘簡文字連讀，據秦簡《日書》
　　　　甲種往亡一三三號正"入十二月卅日"之語，兩殘簡之間尚缺"月三"二字。

〔11〕　"旬"下一字，李家浩（1995，510 頁）釋爲"智"。陳偉（1998）、李家浩（2000，54 頁）釋爲"凡"。陳
　　　　偉（1998）："凡"字以下文字，恐怕也與秦簡類似，是說在這些日子不可出行、回歸。99 號簡有"女
　　　　（如）㠯（以）行，必貣□又□"等字樣，可能接在本篇之後。黃儒宣（2003，163 頁）：從簡 99 的"貣"
　　　　字來看，其内容與本篇不類，當屬《陰陽》篇（今按：即本釋文《生、亡日》篇）。今按："旬"下一字，
　　　　從殘畫看，當從陳偉、李家浩釋爲"凡"。"凡"字以下文字，陳偉指出"恐怕也與秦簡類似，是說在這些
　　　　日子不可出行、回歸"，應該是正確的，李家浩將簡 87 緊接其下，簡 87 所記"往，亡；歸，死"正體現了
　　　　這一點。但陳氏認爲 99 號簡"女（如）以行，必貣□又□"可能接在本篇之後，則不確。如黃儒宣所說，
　　　　簡 99 有"貣"字，故李家浩將之置於《生、亡日》篇，應該是正確的。

〔12〕　往，原文作"逞"。李家浩（2000，132 頁）說"逞"即《說文》"往"字的古文。

〔13〕　亡，原文左側殘缺。李家浩（1995，510 頁）釋爲"上"，劉信芳（1997）、劉樂賢（1998）、李家浩
　　　　（2000，54 頁）釋爲"亡"。今按：從此字殘存筆畫看，當釋爲"亡"。

〔14〕　李家浩（2000，133 頁）：在秦簡《日書》甲種往亡一三三號正所記往亡日期的末尾，有這樣的話："凡此
　　　　日以歸，死；行，亡。""行"即"往"。本簡"往，亡；歸，死"，與之用語相似，唯文字次序有所不同而

已。據此，八七號殘簡文字應當與上八六號殘簡文字連讀。兩殘簡之間的缺文，可據秦簡補出"此日以"三字。

〔15〕　李家浩（2000，133 頁）根據以上考釋，將本篇殘簡文字連寫于下，并補出缺文：

【瑕层内（入）月七日，頢（夏）层内（入）月旬四日，享月内（入）月二旬】一日；頢（夏）栾内（入）月八日，爲。（八月）【内（入）月】旬六日，弇。（九月）内（入）月二【旬四日，十月】内（入）月旬〈九日〉，臮（爨）月内（入）月【旬八日，獻馬内（入）月二旬七日】，各（冬）栾内（入）月旬，屈栾内（入）月二旬，遠栾内（入）【月三】旬。凡【此日昌（以）】逴（往），亡；逻（歸），死。瑕层☒

李家浩（2000，133 頁）："末尾'瑕层'殘文，應當是另一内容。秦簡《日書》甲種，位於往亡簡一〇七號背、一〇八號背之後的，是跟其内容有關的'歸忌'簡一〇九號背、一一〇號背。不知本簡的'瑕层☒'會不會是'歸忌'的殘文。"今按：從本篇殘簡的殘存内容與睡虎地秦簡甲種簡一三三正《歸行》篇的對應關係來看，李家浩對本篇簡的編聯以及相關文字的釋寫都是準確可靠的。睡虎地秦簡《歸行》篇簡一三三正的内容如下：

　　入正月七日，入二月四日，入三月廿一日，入四月八日，入五月十九日，入六月廿四日，入七月九日，入八月九日，入九月廿七日，入十月十日，入十一月廿日，入十二月卅日，凡此日以歸，死；行，亡。

除此之外，睡虎地秦簡乙種簡一四九～一五〇《亡日》篇、簡一五一～一五二《亡者》篇所記内容亦可參看。

## 十二　移徙

　　本篇共有六枚殘簡（88 號至 93 號）。88 號至 91 號四簡記的是"徙四方"，92 號、93 號兩簡記的是"行四維"。睡虎地秦簡《日書》甲種的《歸行》（一三一正、一三二正）和《四時纂要》的"出行日"，都記有"行四方""行四維"。秦簡的"行四方"是以四季的歲忌之日，不可去歲所在之方；"行四維"是以四門之日，不可去門日所值之維。《四時纂要》的"行四方"是以四季之時，不可去當季所旺之方；"行四維"是以四季之季月，不可去當月所旺之維。本組簡的"徙四方""行四維"即講此種禁忌。由於本篇簡文殘缺比較嚴重，跟秦簡《歸行》和《四時纂要》"出行日"的"行四方""行四維"究竟是什麼樣的關係，有待進一步研究。本釋文是根據李家浩（2000，54 頁）釋文。李家浩（2000，133 頁）："除因八八號殘簡是簡首外，其他各簡文字之首和全組各簡文字之末，皆加有'☑'號。八八號、八九號等簡缺文，是據文例補出的。"原簡無篇題，劉樂賢擬爲《占出行與遷徙》，李零擬爲《移徙吉凶》，李家浩擬爲《移徙》，此從李家浩擬名。

習尿、夏尿、【享月，春不可以東徙】☑[1]88
☑【夏柰、八月、九月】，□不可以南【徙】☑[2]89
☑【十月】、臭（爨）月、獻馬，[3]秋不可以西徙☑90
☑【冬】柰、屈柰、遠柰，不可以北徙☑[4]91
☑不可以西南行☑92
☑□□以西化〈北〉行☑[5]93

───────────────

[1]　李家浩（2000，134 頁）：據九〇號、九一號二簡所記的月名，本組簡所用的月序是夏曆的月序。八八號簡僅存簡首殘片"習尿、夏尿"二月名。"習尿、夏尿"即夏曆的正月、二月，故定此殘片爲本組簡（今按：即本書的本篇）的第一簡之首。不過八八號簡殘片也有可能屬於另一篇的第一簡之首，而不是本組簡的第一簡之首。若此，本組簡可能跟（一一）組簡爲一篇。（一一）組簡末尾的"習尿☑"是本組簡開頭的文字，而不是"歸忌"的殘文。今按：李家浩所説的（一一）組簡，即《往亡》篇。

[2]　"不可以南"上一字，李家浩（2000，134 頁）：此字原文殘泐，據文例當是"顕（夏）"字。不過九一號簡"不可"上無"冬"字。所以此殘字也可能是"九月"的合文，而不是"顕"字。若此，其前祇缺"夏柰、八月"二月名。

　　李零（1999）將本簡與 92、93、103、111、112、115 號簡以及 61、62 號簡的前半段簡合爲一類，并稱《行》篇。他認爲與睡簡《日書》甲種《歸行》和以十二支占行的簡文（簡 136 正～139 正）有關，此節是講出行宜忌。今按：李零原文所引之簡號是依照李家浩（1995，510 頁）釋文中的簡序，故其所引之簡號爲"87～91、111、125～127"，與上引簡號雖不同，但簡文是相同的。而其中 88 號（相當於本釋文簡號 61 號簡前半段）和 91 號（相當於本簡號 62 號簡前半段）經李家浩（2000）綴合已歸入第八組（即《占出入盜疾》），李零認爲屬於《行》篇的看法顯然有誤。至於 111、125～127（分別相當於本釋文簡號 103、111、112、115）這四支簡則因竹簡殘損過於嚴重，尚難以斷定到底屬於何組，故李家浩（2000）置於第十五組"殘簡"類是可取的。所以，只有 87、89、90（分別相當於本釋文簡號 93、92、89）這三支殘簡屬於本篇。

〔3〕　臾月，原文作合文。李家浩（2000，134 頁）："臾月、獻馬"二月名，原簡僅殘存左半筆畫。

〔4〕　不，原文僅殘存橫畫左側少許筆畫。李家浩（1995，510 頁）漏釋。劉信芳（1997）、李家浩（2000，54 頁）皆將此釋寫爲"不"字。

〔5〕　此殘簡第一、二兩字，原簡僅殘存左半。李家浩（2000，134 頁）：據文例當是"不可"二字。
　　"行"上之字，陳松長（1997）、李家浩（2000，134 頁）都認爲是"北"字的筆誤，左半作"彳"，應該是抄寫者受下文"行"字的影響所致。今按：郭店楚墓竹簡《老子》丙組四號"怎"作"怎"，將"化"所從單人旁寫作雙人旁，誤與此同。

# 十三　裁衣

　　本篇共有兩枚殘簡（94 號、95 號），内容記的是“裁衣”的宜忌。94 號殘簡文字與睡虎地秦簡《日書》甲種二六正貳《衣》相似。《論衡·譏日》：“裁衣有書，書有吉凶。凶日製衣則有禍，吉日則有福。”本篇即屬這種裁衣之書。原簡無篇題，陳偉、黄儒宣擬爲《衣》，李零、李家浩擬爲《裁衣》，此從李零、李家浩擬名。

☒□於人，[1]丁亥又（有）霝（靈），[2]丁巳終其身，[3]亡□☒[4]**94**

☒□□□□申、[5]己未、壬申以折（製），[6]必以内（入）☒[7]**95**

---

[1]　陳偉（1998）、李家浩（2000，134 頁）都指出本簡與睡虎地日書甲種《衣》篇（簡二六正貳）類似。陳氏説：“於人”前一字大概也是“媚”字，後者“媚人”乃是“媚於人”的簡化。李氏説：“☒□於人”，秦簡《日書》甲種《衣》作“裂（製）衣，丁丑媚人”。按秦簡《日書》甲種楚除十二直的“媚”，本墓竹簡（二）組（今按：即《建除》篇）作“敓”。據此，本簡“於人”上之字可能是“敓”的殘文。李零（1999）亦認爲簡首之殘字應爲“敓（媚）”字。

[2]　李家浩（2000，135 頁）：“丁亥又霝”，秦簡《日書》甲種《衣》作“丁亥靈”，整理小組注：“靈，福。《左傳》昭公三十二年：‘今我欲徼福假靈于成王。’哀公二十四年：‘寡君欲徼福於周公，願乞靈於臧氏。’靈與福對舉，是靈與福同義。”按“靈”從“霝”得聲，所以“霝”“靈”二字可以通用。晏昌貴（2002）：“有靈”當即有靈驗。《史記·封禪書》“祠堂下、巫先”，《集解》引應劭曰：“先人所在之國，及有靈施化民人，又貴，悉置祠巫祝，博求神靈之意。”《索隱》：“巫先謂古巫之先有靈者。”《漢書·食貨志》：“工商能采金銀銅連錫登龜取貝者。”顏師古注引如淳曰：“龜有靈，故言登。”《後漢書·楊震傳》：“魂而有靈，儻其歆亨。”古人既相信龜、魂有靈，亦相信衣服有靈。《楚辭·九歌·大司命》：“靈衣兮被被，玉佩兮陸離。”《説文》虫部“衣服、歌謡、艸木之怪謂之妖狘。”《白虎通·災變》：“妖者，何謂也？衣服乍大乍小，言語非。故《尚書大傳》曰：‘時則有服妖’也。”《續漢書·五行志一》引《五行傳》：“貌之不恭，是謂不肅。……時則有服妖。”在古代巫術中，亦有用衣服施法術而顯靈的故事。《史記·刺客列傳》載，豫讓爲智伯報讎，不果，爲趙襄子所擒，乃“願請君之衣而擊之，焉以致報讎之意”（今按：“焉”字似應屬上讀）。襄子許之，於是“豫讓拔劍三躍而擊之”。《索隱》引《戰國策》曰：“衣盡出血。襄子回車，車輪未周而亡。”類似的情景亦見异域之普魯士及伯倫德等地方。在我國古醫書中，不乏用衣服碎片治病而顯靈的記載。所以，《日書》中有關丁亥日製衣“有靈”或“靈”的説法，不妨看作是此類巫術觀念的反映。

[3]　李家浩（2000，135 頁）：“丁巳終其身”，秦簡《日書》甲種《衣》作“丁巳安於身”。“終”“中”古音相近，可以通用（參看高亨《古字通假會典》22 頁）。疑本簡“終”字應當讀爲從“中”得聲的“衷”。《廣雅·釋詁一》：“衷，善也。”王念孫《廣雅疏證》：“衷者，《皋陶謨》‘周寅協恭和衷哉’，傳云：‘衷，善也。’成十三年《左傳》：‘民受天地之中以生。’‘中’與‘衷’通。”古代“其”有“於”義（見《虚詞詁林》317 頁引《經詞衍釋》，320 頁引《古書虚字集釋》），本簡“其”字當據秦簡訓爲“於”。

[4]　陳偉（1998）：“亡”後一字疑爲“咎”，“丁巳終其身亡咎”與後者“丁巳安於身”相當。李家浩（2000，

135 頁）："亡□☑"，秦簡《日書》甲種《衣》作"毋以楚九月己未台（始）被新衣，衣手□必死"。"亡""毋"古通（參看高亨《古字通假會典》317 頁）。秦簡於"毋以楚九月"上還有"癸酉多衣"之語，爲本簡所無。楚曆九月是夏曆六月，所以秦簡《日書》甲種一一五背《衣忌》說："六月己未，不可以裁（製）新衣，必死。"今按：本簡"亡"字下殘，上引二說孰是孰非，尚難確定。

〔5〕　"申"前一字，周波（2004）：有可能是"戌"字。今按：該字殘損嚴重，難以確定爲何字。

〔6〕　申，李家浩（2000，55 頁）釋爲"戌"。周波（2004）釋爲"申"。今按：核對紅外圖像，周釋可信。

〔7〕　李家浩（2000，135 頁）：秦簡《日書》甲種一一六背《衣忌》說："癸丑、寅、申、亥，秋丙、庚、辛材（裁）衣，必入之。"本簡文字與此相似，其内容也應該是講"衣忌日"的。

# 十四　生、亡日

本篇共有四枚殘簡（96 號至 99 號），從殘存文字看，内容似是講生、亡日的宜忌。原簡無篇題，李零擬爲《死生陰陽》，李家浩擬爲《生、亡日》，黄儒宣擬爲《陰陽死生》。此從李家浩擬名。

☑□生酓（陰）昜（陽）允，〔1〕生於丑即，生於寅衰，〔2〕生於卯夬；〔3〕貢（亡）於辰即，〔4〕貢（亡）於巳衰，〔5〕貢（亡）於午【夬】☑〔6〕**96**

☑□□□□□。凡貢（亡）日□辰少日必得，〔7〕日少辰□□，〔8〕歲之後□□其□不死☑ **97**

☑辶貢（亡）□☑ **98**

☑女（如）以行，必貢（亡）□又□。〔9〕**99**

---

〔1〕“生”上一字，李守奎（1997）釋爲“子”，李零（1999）、黄儒宣（2003，173 頁）釋爲“死”。今按：該字左側殘去，僅剩右側“丿”旁，釋爲“子”顯然不確，但是否爲“死”亦難以確定。

允，劉樂賢（1996）、陳松長（1997）和李守奎（1997）皆釋爲“夬”，但未作解釋。李家浩（2000，135 頁）釋爲“允”，説：此字原文作[字形]，上部从“㠯”，下部與鄂君啓節[字形]（顕）、[字形]（見）等字所从“儿”旁相同（《金文編》385、619 頁），故將此字釋爲“允”。《説文》説“允”“从儿，㠯聲”。黄儒宣（2003，174 頁）：從文例來看，十二地支與“夬、即、衰”有依序搭配的規律存在，所以“昜（陽）”後之字當是“夬”。今按：該字是否是“允”直接影響到整段話的斷句問題。從殘存筆道的筆勢來看，釋“允”似可信。參看下注〔6〕。

〔2〕李家浩（2000，136 頁）：簡文“衰”原文作[字形]，即古文“衰”，故徑將此字釋寫作“衰”。

〔3〕李家浩（2000，136 頁）：“夬”字原文作[字形]，與下列古文字“夬”寫法相似：[字形]（曾侯乙墓石磬“䟆”字偏旁，見《曾侯乙墓》上册 559 頁注〔二五〕、580 頁圖二二・6）、[字形]（《包山楚簡》圖版一一三・二六〇）、[字形]（《秦漢魏晉篆隸字形表》195 頁睡虎地秦簡），故釋文暫且將此字釋寫作“夬”。

〔4〕貢，李家浩（1995，511 頁；2000，55、136 頁）釋爲“貣”，劉樂賢（1996）、陳偉武（1997）從之。李守奎（1997）釋爲“貢”，李零（1999）、李家浩（2000，139～140 頁）、黄儒宣（2003，174 頁）從之。不論釋爲“貣”還是釋爲“貢”，除李零和黄儒宣外，其他諸家皆讀爲“亡”，并指出與“生”對言。李零讀爲“旺”，黄儒宣從之。今按：從字形上看，李守奎釋寫作“貢”是正確的；從字義上看，劉樂賢、陳偉武、李守奎、李家浩諸家讀作“亡”，可信。李零和黄儒宣讀作“旺”，未確。

〔5〕貢於，原文有所殘泐，李家浩（1995，511 頁）未釋，陳松長（1997）、劉樂賢（1996）、李守奎（1997）等釋爲“貢於”。

〔6〕此簡文字的標點也有分歧。劉樂賢（1996）、李守奎（1997）、陳松長（1997）標點作：“□生陰陽，夬生於丑，即生於寅，衰生於卯，夬亡於辰，即亡於巳，衰亡於午☑。”李零（1999）、黄儒宣（2003，173 頁）除個别文字釋寫有所不同外，其標點基本上與劉、李、陳三氏相同，唯“衰生於卯”和“衰亡於午”下分别用

分號。李家浩（2000，55頁）不僅"陰陽"下一字的釋寫與諸家不同，而且標點亦與諸家不同，其標點爲"☒□□陰陽允，生於丑即，生於寅衰，生於卯夬；夬於辰即，夬於巳衰，夬於午【夬】☒"。其主要根據是"原簡於'夬'字下有句讀符號，表示所記的'生'於此完結"。今按：李家浩之所以同上引各家在標點斷句上存在很大的差异，大概有兩方面的原因：一方面應是因爲"陰陽"下一字有些殘泐，根據殘存筆畫將其釋爲"允"，屬上讀；另一方面的原因大概是上引李家浩所說的"原簡於'夬'字下有句讀符號，表示所記的'生'於此完結"。這兩個方面的確是不得不考慮的因素，故本釋文暫從李家浩釋寫、標點。

此殘簡下的缺文，李零（1999）根據他對此殘簡文字的釋讀作"死生陰陽：夬生於丑，即生於寅，衰生於卯；夬旺於辰，即旺於巳，衰旺於午"，而補作"夬（？）病（？）於未，即（？）病（？）於申，衰（？）病（？）於酉，夬（？）死（？）於戌，即（？）死（？）於亥，衰（？）死（？）於子……"，指出"生"是初起，"旺"是漸盛，"病"（或"死"？）是衰竭，"死"（或"葬"？）是終結，都是表示消長之義。而"夬"有離義，"即"有就義，"衰"有減義，也是類似安排。他們都是以人的生老病死比喻歲時的陰陽消長。這類術語在睡簡《日書》中尚未發現，但古代數術書或選擇書卻并不少見。如隋蕭吉《五行大義》有《論四時休王》兩節，就提到相似術語，一套是以"受氣""胎""養""生""沐浴""冠帶""臨官""王""衰""病""死""葬"（《協紀辨方書》卷一"受氣"作"絕"，"生"作"長生"，"王"作"帝旺"，"葬"作"墓"，餘同）配合五行十二辰；一套是以"王""相""死""囚""休"配五行、八卦和干支（《協和辨方書》卷一還以"生""旺""墓"排列十二辰和"三合局"）。簡文所缺雖不能確指，但大概意思是可以猜到的。今按：李零所引征的典籍材料之時代距本簡之時代相距過遠，而且亦不能完全密合，故所補及所云均難以令人信服。

〔7〕"辰"上一字，原文殘泐。李家浩（2000，136頁）：似是《説文》古文"多"。并指出此處的"辰"指十二地支，"日"指十天干。

〔8〕"辰"下二字，原文殘泐。李家浩（2000，136頁）：第一字據文義，當是"必"。第二字從殘畫看，似是"亡"。"亡"與"得"對言，當是失去的意思。

〔9〕黃儒宣（2003，175頁）：此簡之"貢"應與前文相同，皆讀爲"旺"。今按：此簡"貢"字是否與前文之"貢"用法相同，尚難確定。前文之"貢"與"生"對言，當讀作"亡"，參看上注〔4〕。

# 十五　殘簡

　　100 號至 146 號簡皆是殘片，116 號已與 45 號綴合，其他諸片未能綴聯、通讀。從殘簡文字看，絕大多數仍屬《日書》，其中有些殘簡可能本屬《建除》至《生、亡日》諸篇，而未能識出。

☑□十月、[1]臬（爨）月丁☑[2]100

☑□□□□䜣已壬。□□不可[3]101

☑□□□□□丙戌、□己，[4]啻□之[5]102

☑□□壬□、丁丑，□丙辰、丁亥。103

☑紀之日辰丁☑[6]104

☑壬丑、丁□☑105

☑□戌、辛☑106

☑□□戌日□☑[7]107

☑□龍日□□☑[8]108

☑□常缺一□□舍□央二□☑[9]109

☑妻，不可以☑110

☑□皆不吉☑111

☑南□□西☑[10]112

☑得北□□□□☑113

☑□得□☑[11]114

☑□西□□□□東☑[12]115

☑□□□□□□爲日。[13]☑[14]117

☑□□□□□☑[15]118

☑□□□□☑[16]119

☑□□□□□□☑120

☑□□□□121

☑□言□☑122

☑□□於□☑123

☑□□□□□☑124

☑□□□□☑125

☑□□□□☑126

☑□□□☑127

☑□□□□☑ **128**

☑□□□☑ **129**

☑□□□☑ **130**

☑□□□☑ **131**

☑□□□☑ **132**

☑□□□☑ **133**

☑□□☑ **134**

☑□□☑ **135**

☑□□☑ **136**

☑□□☑ **137**

☑疆□☑ **138**

☑□□☑ **139**

☑□□☑ **140**

☑□□☑ **141**

☑□☑ **142**

☑□☑〔17〕 **143**

☑□□□☑ **144**

☑□□□□☑ **145**

☑□ **146**

---

〔1〕　十月，原文作合文。

〔2〕　李家浩（2000，137 頁）認爲本號簡和下 102 號簡有可能屬上《往亡》篇簡末尾“臔层☑”之後或《移徙》
　　　篇簡“行四維”的殘文。李零（1999）認爲本號簡和下 102 號簡可能是《裁衣》篇的殘文。

〔3〕　李家浩（2000，137 頁）：“不可”上二字似是“是日”的殘文，其上原有句讀符號。

〔4〕　李零（1999）說“己”字前缺兩字，但未說明理由。

〔5〕　李零（1999）認爲“啻”當釋爲“酉”，并與上一字“己”合爲干支“己酉”。“啻”下之殘文，李零釋爲
　　　“龍”。李家浩（2000，137 頁）：“啻”字原文作𣶒。此字見於望山二號墓四八號、四九號等簡，《望山楚簡》
　　　127 頁考釋〔一一六〕指出，魏三體石經古文“啻”作𩅸（《石刻篆文編》二·一四），與簡文此字形近。
　　　“啻”下殘文似是“龍”字。關於簡文“龍”字之義，看下考釋〔三三八〕（今按：即下注〔8〕所引李家浩
　　　2000，137 頁内容）。今按：從字形上看，李零所釋之“酉”未確，當從李家浩釋爲“啻”。

〔6〕　之日，原文作合文。

〔7〕　李家浩（2000，137 頁）：第二殘文似是“凡”字，原簡於“凡”字上有句讀符號。

〔8〕　李零（1999）：本句應釋寫爲“……凡（？）龍日不可……”。李家浩（2000，137 頁）：雲夢秦簡《日書》甲
　　　種有“取（娶）妻龍日”（一五五正），乙種有“五穀龍日”（六五），“龍日”是忌日的意思。秦簡《日書》

常見以"龍"爲禁忌之義，例如甲種一八正叁"禾忌日，稷龍寅，秫丑"，整理小組注："《淮南子·要略》：'操舍開塞，各有龍忌。'注：'中國以鬼神之日忌，北胡、南越皆謂之請龍。'故龍意即禁忌。"《墨子·貴義》："子墨子北之齊，遇日者。日者曰：'帝以今日殺黑龍於北方，而先生之色黑，不可以北。'子墨子不聽，遂北，至淄水，不遂而反焉。日者曰：'我謂先生不可以北。'子墨子曰：'南之人不得北，北之人不得南，其色有黑者，有白者，何故皆不遂也？且帝以甲乙殺青龍於東方，以丙丁殺赤龍於南方，以庚辛殺白龍於西方，以壬癸殺黑龍於北方，若用子之言，則是禁天下之行者也。是圍（違）心而虛天下也，子之言不可用也。'"學者多認爲此文所説，即所謂的"龍忌"。秦簡《日書》甲種一二六背説："以甲子、寅、辰東徙，死。以丙子、寅、辰南徙，死。以庚子、寅、辰西徙，死。壬子、寅、辰北徙，死。"簡文天干與四方搭配，跟《墨子》大致相同，大概也是屬於"龍忌"。今按：第一、四、五字均殘泐過甚，難以確定它們是什麼字。劉樂賢（2003A，96頁）在對秦簡《日書》中當忌講的"龍"字解釋時説：《日書》的這個字如果讀爲"龍"，實在無法解釋它何以會有禁忌之義。這種用法的"龍"字，可能是"龖"字的省寫，其實應讀爲"龖"聲或看作"龖"省聲。在《日書》中，可能應通假爲"聾"。據《説文解字》，聾是從龖省聲，故可與龖通假。《孔子家語·子路初見》："對曰：未有所得而所亡者三，王事若龍，學焉得習，是學不得明也。"王肅注："龍宜爲聾，前後相因也。"《孔子家語》"龍"讀"聾"的這個例子，恰可與《日書》"龍"讀爲"聾"互相印證。而"聾"字在古書中正好有禁忌一義，《淮南子·氾論訓》："裘不可以藏者，非能具綈綿曼溫暖於身也；世以爲裘者，難得貴賈之物也，而不可傳於後世，無益於死者，而足以養生，故引其資以聾之。"注："資，用也。聾，忌也。"古書"聾"常與"慴"通用，其基本義是"懼怕"，"忌"當是其引申義。由"懼怕"而引申出"禁忌"之義，正符合詞義引申的規律。

〔9〕 紟，趙平安（1997）：應讀爲"帗"，"帗"爲人身所佩，故可置於"常（裳）"後。

"紟"下六字：僅殘存右半。第一、五兩字是"一""二"之殘文，是沒有問題的。第二字，李家浩（2000，137頁）認爲似是"厇"之殘文，説："厇"即"宅"字古文"厇"的異體。第三字，李家浩（2000，138頁）認爲右旁從"鬼"，説：此"鬼"旁的寫法與陳財簋"禔"字作禔（《金文編》653頁）者所從相近。周波（2004）：似從"余"從"口"，有可能是"舍"字。第四字右半，李家浩（2000，138頁）：是"央"。今按：細審圖版照片，第三字右半當從周説是"舍"；第四字右半，李家浩説是"央"不誤。

〔10〕 李家浩（2000，138頁）："南"與"西"之間二字似是"聒言"的殘文。雲夢秦簡《日書》乙種一七五號簡西之占辭有"南聞言，西兇（凶）"之語。據此，本殘片當屬前（八）組（今按：即《占出入盜疾》篇）六九號殘簡。綴聯後，其文字應當釋寫作"☐南聒（聞）言，西【兇（凶）】。栖（西），朝啓【夕】閟（閉）"。

〔11〕 "得"上一字，李家浩（2000，138頁）認爲似是"夕"的殘文。説：前（八）組（今按：即《占出入盜疾》篇）簡有"有得，北凶"和"夕得"等語，一一三號和一一四號殘簡文例分別與之相同，疑屬於該組簡殘片。周波（2004）認爲是"又"字，疑當讀爲"有"。説：九店簡第八組（簡60～76）爲占出入盜疾內容。"有得"辭例凡五見，它處則極爲少見。考慮到第八組簡殘損嚴重，簡114很可能歸屬此組。今按："得"前之字殘損嚴重，難以確釋。

〔12〕 "東"上一字，李家浩（2000，138頁）：似是"於"。

〔13〕 "日"上一字，李家浩（1995，511頁；2000，56頁）作爲不可辨識之字而缺釋，周波（2004）釋爲"爲"。今按：細審圖版照片，周説可從。

〔14〕 原簡於"日"字下有一粗橫"▬"。

〔15〕 原簡於第三、五兩字下各有一粗橫"▬"。

〔16〕 原簡於第二、三兩字下各有一粗橫"▬"。

〔17〕 李家浩（2000，138頁）：此字似是"乙"。

# 六二一號墓竹簡

智寺終□□□求毋□◻〔1〕**1**

自出福是從内自悲□□□□□◻〔2〕**2**

敗其□□□□之廁□□□□◻〔3〕**3**

百□□□□乃亡其訓□□□□◻〔4〕**4**

之□□□□之□□□□□◻ **5**

容如□□□川□□□□◻〔5〕**6**

而少□□□□訓□□之◻〔6〕**7**

購孚□□之司勞訓不◻〔7〕**8**

出□妻□□□□◻ **9**

思以經□天張則◻ **10**

不◻ **11**

◻□□□□□不□□□以◻〔8〕**12**

◻忢（恐）懼□□□□□是爲□□□□◻〔9〕**13**

◻事又器四放不執炍窒齊□◻〔10〕**14**

◻少則□之新炍齊◻〔11〕**15**

◻□飤（食）炍迬孚母□齊◻〔12〕**16**

◻□陳炍方内◻ **17**

◻可缶□□□□炍□□□□◻〔13〕**18**

◻安心□司□鹿腸□□□□□◻〔14〕**19**

◻□□□□心□□□□□◻〔15〕**20**

◻□□志多□攵之◻〔16〕**21**

◻□乃多得甬□不□□◻〔17〕**22**

◻生於多□福□◻ **23**

◻□□利則自□◻〔18〕**24**

◻於宗□□不◻ **25**

◻甬必以□爲◻〔19〕**26**

◻夫鄰逃◻〔20〕**27**

◻□□之◻〔21〕**28**

◻石□□◻ **29**

◻新百◻ **30**

◻張□◻ **31**

◻以◻ **32**

◻以□□◻ **33**

◻事〻（事事）安訓（順）〔22〕。**34**

◻幽□◻〔23〕**35**

☐是☐〔24〕**36**

☐内□□☐〔25〕**37**

☐凡□☐〔26〕**38**

---

〔1〕　終，李家浩（2000，142 頁）：此字原文作《説文》古文“終”。從原簡情況看，“求母□”之下也可能無文字。

〔2〕　福，李家浩（2000，142 頁）：此字原文作上下重疊結構，與長沙楚帛書乙篇“隹（唯）天乍（作）福”之“福”和九店五六號楚墓竹簡五九號“尻（居）之福”之“福”結構相同。

　　　李家浩（2000，143 頁）又説：此簡文字可能讀作“【□】自出，福是從；内自悲，□□□……”“自出”位於簡首，其前一字當在另一殘缺的簡簡尾。

〔3〕　敗，李家浩（2000，143 頁）：此字原文作《説文》籀文“敗”。

　　　厠，李家浩（2000，143 頁）：此字原文“厂”旁左側筆畫殘去。此“厠”字所從的“則”和下一〇號、二四號簡的“則”，原文皆寫作《説文》“則”的籀文“鶗”。

　　　“厠”下一字：李零（1999）説是“才”。今按：該字殘損，從殘存筆畫看，李釋似可從。

〔4〕　“訂”下一字，李家浩（2000，143 頁）：當是“甘”或“曰”的殘文。

〔5〕　川，彭浩（1995，512 頁）釋爲“水”。李零（1999）和李家浩（2000，141 頁）釋爲“川”。今按：釋“川”可信。

〔6〕　蕭毅（2007）認爲第四字似爲“之”，第七字似爲“誘”。今按：第四字殘損，從殘存筆畫看，釋“之”似可從。第七字釋“誘”則不確，該字左旁從言，右旁筆畫漫漶不清，難以確釋。

〔7〕　購，彭浩（1995，512 頁）隸定作“賵”。李零（1999）説該字從貝從萬。李家浩（2000，143 頁）釋作“購”，説：其所從“萬”旁與長沙楚帛書甲篇“爲禹爲萬”之“萬”和“瀧汨凼潢（瀸）”之“潢”所從“萬”寫法相同。今按：釋“購”可信。

　　　孚，李零（1999）：此字從亓從子，相當“娩”字。李家浩（2000，146 頁）：“孚”字原文作孚。有人寫文章説，“孚”相當“娩”字，但没有説出理由。郭店楚墓竹簡《緇衣》也有“孚”字（《郭店楚墓竹簡》18 頁二四號），可以證明此字相當“娩”字的説法可從。郭店楚墓竹簡《緇衣》二三、二四號説：“子曰：長（長）民者……耆（教）之弖（以）正（政），齊之弖（以）型（刑），則民又（有）孚心。”今本“孚心”作“遯心”。朱彬《禮集訓纂》説，“民有遯心”即“孔子所謂‘免而無恥’者也。”按朱彬所引孔子語，見於《論語・爲政》：“道之以政，齊之以刑，民免而無恥。”劉寶楠《論語正義》在引《緇衣》鄭玄注“遯，逃也”之後説：“彼言‘遯’，此言‘免’，義同，《廣雅・釋詁》：‘免，脱也。’謂民思脱避於罪也。”簡本《緇衣》的“孚（娩）”，當從《論語》讀爲“免”。《説文》篆文“娩”作“㜷”，從“子”從“免”聲，“孚”可能是“㜷”字的異體。本簡“孚”字之下有二字殘漶不清，無法知道“孚”字在此是用“㜷”的本義，還是用其假借義。黄儒宣（2003，197 頁）：慈利楚簡和上博簡《容成氏》簡 14 的“孚”字，亦讀作“免”。

　　　購孚，李零（1999）疑讀“勵勉”。

　　　勞，原文作“袈”。李家浩（2000，143 頁）：“袈”字見於叔弓鎛、齊叔鎛等，胡石查、吳大澂、楊樹達等認爲“袈”是古文“勞”字（參看《金文詁林》第十册 5234、5236、5237 頁引），可從。黄儒宣（2003，197 頁）：郭店楚簡和上博簡《從政》乙篇簡 1、《容成氏》簡 35 的“袈”字，皆讀爲“勞”，可參。

不，彭浩（1995，512 頁）、李家浩（2000，141 頁）作爲不可辨識之字而缺釋。蕭毅（2007）釋爲"不"。今按：細審原簡圖版照片，釋"不"可信。

〔8〕　"不"下一字，彭浩（1995，512 頁）、李家浩（2000，141 頁）作爲不可辨識之字而缺釋。蕭毅（2007）釋爲"能"。今按：該字殘損，從殘存筆畫看，似是"若"字。

　　　　"以"上二字，李家浩（2000，143 頁）説似是"於堇"的殘文。蕭毅（2007）釋爲"代堇"。今按：此二字均殘泐，從殘存筆畫看，第二字釋"堇"似可信，第一字似爲"伐"字。

〔9〕　忎懼，李家浩（2000，143 頁）："忎"即《説文》古文"恐"，從"心""工"聲。"懼"字原文把"心"旁寫在"瞿"旁所從"朋"之下，與"隹"并列。

　　　　"是"上一字：李家浩（2000，144 頁）説似是"勛（則）"之殘文。

〔10〕　四，原文殘泐。彭浩（1995，512 頁）作爲不可辨識之字而未釋，李零（1999）釋爲"四"。李家浩（2000，142 頁）："器四"二字原文皆有殘損。第一字僅殘存三"口"，從其下之字是"四"來看，這個字應當是"器"，"四"即指"器"之數。楚國文字"四"或作𮗲、𠕎，第二字當是這種寫法的"四"之殘文。"器四"上之"又"可能讀爲"有"。

　　　　"四"下一字，彭浩（1995，512 頁）釋爲"故"，李零（1999）、李家浩（2000，141 頁）均釋爲"放"。黃儒宣（2003，198 頁）隸定作"放"，説：此字與郭店楚簡《緇衣》簡 3 𢼸似是一字，其右半似是"力"的訛誤。今按：細審原簡圖版照片，釋"放"可信。

　　　　乾，李家浩（2000，144 頁）：疑當讀爲乾燥之"乾"。

　　　　炰，李家浩（2000，144 頁）："炰"字亦見於下一五號至一八號簡。按此字不見於字書，應該分析爲從"火""句"聲。《説文》説"煦"從"火""昫"聲，"昫"從"日""句"聲。疑簡文"炰"即"煦"字的異體。簡文"炰"似是一種烹飪方法。據《方言》卷七、《説文》火部，"煦"有"熱""乾""蒸"等義。黃儒宣（2003，199 頁）："炰"字從火句聲，下一六號簡有"歓（食）炰"之語，疑"炰"爲名詞，讀爲"胊"，《説文》："胊，脯挺也。"《禮記·士虞禮》："設俎于薦東，胊在南。"鄭玄注："胊脯及乾肉之屈也。"

　　　　窒，李家浩（2000，144 頁）："窒"見於楚王酓忎鼎等。鼎銘説："楚王酓忎戰隻（獲）兵銅，正月吉日窒鑄喬貞（鼎），㠯（以）共（供）歲祟（嘗）。"朱德熙先生和裘錫圭先生認爲，鼎銘的"窒"字從"銍"得聲，當讀爲"煎"；"煎鑄"意謂銷熔兵器，改鑄爲鼎等。説見《戰國文字研究（六種）·遱駔考》（《考古學報》1972 年 1 期 88、89 頁）。從簡文"窒"跟"炰"連言來看，大概也應當讀爲"煎"。《淮南子·本經》："煎熬焚（燔）炙，調齊（劑）和之適，以窮荊、吳甘酸之變。"《説文》火部："煎，熬也。"《方言》卷七："煎、熬、鞏，火乾也。……凡有汁而乾謂之煎。"

　　　　齊，李家浩（2000，144 頁）：此字原文筆畫稍有殘泐，與下一五號、一六號兩簡的"齊"比較，當是"齊"字。《周禮·天官·亨人》"掌共鼎鑊以給水火之齊"，鄭玄注："齊，多少之量。"《呂氏春秋·本味》"湯得伊尹，……説湯以至味。……凡味之本，水最爲始。五味三材，九沸九變，火爲之紀。……調和之事，必以甘酸苦辛鹹，先後多少，其齊甚微，皆有自起"，高誘注："齊，和分也。"疑簡文"齊"與上引《周禮》《呂氏春秋》的"齊"同義。此種用法的"齊"，後世作"劑"。

　　　　"齊"下一字，李家浩（2000，145 頁）：當是"甘"或"曰"的殘文。

〔11〕　李家浩（2000，145 頁）："新"疑應該讀爲"薪"，指炊爨的木材。《禮記·月令》"季冬之月……乃命四監收秩薪柴，以共郊廟及百祀之薪燎"，鄭玄注："大者可析謂之薪，小者合束謂之柴。薪施炊爨，柴以給燎。"

〔12〕　㪉，原文右側殘泐。李家浩（2000，145 頁）：從"孝"得聲的字有"教""鴬"。從"㪉"的"孝"旁佔據

的位置較大來看，當是"教"字。

〔13〕 缶，彭浩（1995，512 頁）、蕭毅（2007）釋爲"古"。李家浩（2000，141 頁）釋爲"缶"。今按：細審原簡圖版照片，釋"缶"可從。

〔14〕 安，彭浩（1995，512 頁）釋爲"宦"，李家浩（2000，142、145 頁）釋爲"序"。蕭毅（2007）釋爲"安"。今按：細審原簡圖版照片，釋"安"可信。

"司"下一字，蕭毅（2007）認爲似爲"之"字。今按：該字殘損嚴重，難以確釋。

〔15〕 蕭毅（2007）認爲第一字或爲"蓳"，或爲從"蓳"之字。今按：該字殘損嚴重，難以確釋。

"心"下一字，蕭毅（2007）認爲從"我"。今按：該字殘損嚴重，難以確釋。

〔16〕 李家浩（2000，145 頁）：本簡的"多"字和下二二號、二三號兩簡的"多"字，原文二"夕"旁皆作左右并列結構，與《説文》古文"多"寫法相同。

"之"上一字：周波（2004）認爲似從"巳"從"攴"，疑爲"改"字。今按：該字左旁殘損嚴重，難以確釋。

〔17〕 "乃"上一字，李家浩（2000，145 頁）説似是"逃"之殘文。蕭毅（2007）釋爲"欲"。今按：該字殘損嚴重，難以確釋。

〔18〕 "利"上一字，周波（2004）説是"又"字，疑讀爲"有"。今按：該字殘損嚴重，難以確釋。

"自"下一字，蕭毅（2007）釋爲"生"。今按：該字與旁邊23號簡"生"字寫法不同，且下部殘損，難以確釋。

〔19〕 "甬"下一字，彭浩（1995，512 頁）釋爲"朮"，李零（1999）、李家浩（2000，142 頁）均釋爲"必"。今按：釋"必"可信。

"爲"上一字，周波（2004）、蕭毅（2007）認爲左從"火"。今按：該字殘泐嚴重，左旁亦難確釋。

〔20〕 夫，彭浩（1995，512 頁）釋爲"方"，李家浩（2000，142 頁）釋爲"夫"。今按：釋"夫"可信。

鄩，李家浩（2000，145 頁）：此字原文作𰀀，從"邑"從"𰀀"。按金文中有一個𰀀字（《文物》一九八四年一期一二頁圖四），據魏正始石經"殷"字古文（《石刻篆文編》三・二四），此字應該從"邑"（今按："邑"當是"尹"之誤）從古文"殷"。簡文"𰀀"旁與金文"𰀀"旁形近，大概也是古文"殷"。如此，"鄩"應該是一個從古文"殷"得聲的字。蕭毅（2007）引袁國華 2006 年 6 月在武漢"新出楚簡國際學術研討會"上的發言認爲該字右上從"束"從"＝"，當是"棗"簡體，從"木"是其繁文，并將該字隸定爲"鄩"。今按：蕭氏隸定作"鄩"，可從，但該字左下并非從"木"。細審原簡圖版照片，該字本作"𰀀"。郭店簡《語叢四》有"早"字作𰀀（簡12）、𰀀（簡13），從日棗聲。所從棗旁可參照。

逃，彭浩（1995，512 頁）作爲不可辨識之字而未釋，李零（1999）説該字從辵，李家浩（2000，142 頁）釋爲"逃"。今按：釋"逃"可信。

〔21〕 "之"上二字，彭浩（1995，512 頁）、李家浩（2000，142 頁）作爲不可辨識之字而缺釋。蕭毅（2007）認爲可能是"申炉"。今按：此二字殘損嚴重，難以確釋。

〔22〕 事，彭浩（1995，512 頁）、李家浩（2000，142 頁）釋爲"季"。李家浩（2000，142 頁）認爲"季＿"爲"季子"合文。蕭毅（2007）釋爲"事"，認爲"事＿"是"事事"重文。今按：細審原簡圖版照片，釋"事"可從。

安，李家浩（2000，142 頁）釋爲"女"。蕭毅（2007）："女"形外還有筆畫，可能是"安"字。今按：細審原簡圖版照片，釋"安"可從。

訓，原文殘泐。李家浩（2000，145 頁）：從殘畫看，似是"訓"字。"女訓"下無文字。按古書篇題往往寫在一篇文字的末尾，"季子女訓"頗似簡尾篇題。據古書記載，東漢有蔡邕《女訓》一篇（見《後漢書・

蔡邕傳》），梁有《女訓》十六篇（見《隋書·經籍志·集部三》）。簡文"女訓"大概是"季子"作的，故稱"季子女訓"。《莊子·則陽》和《戰國策·魏策一》有人名"季子"，錢穆認爲即戰國時期道家學派的季真（《先秦諸子繫年》244、245 頁，中華書局，1985 年）。此外，稱"季子"的還有季札、郤至、蘇秦等（參看梁玉繩《人表考》卷二、五、六）。簡文"季子"與這些"季子"大概無關。蕭毅（2007）：以"季子女訓"爲篇名有較大疑問。今按：依蕭毅釋，以上諸字似當讀作"事事安順"，可能并非篇題。

〔23〕 幽，彭浩（1995，512 頁）、李家浩（2000，142 頁）作爲不可辨識之字而缺釋。周波（2004）：該字右部從"幺"從"山"，當是"幽"字。今按：細審原簡圖版照片，釋"幽"似可信。

本簡和下 36、37、38 號簡，李家浩（2000）分別編號爲四七、七〇、七八、八六，今因此四簡上均有可辨識之字而重新編號。

〔24〕 是，彭浩（1995，512 頁）、李家浩（2000，142 頁）作爲不可辨識之字而缺釋。蕭毅（2007）釋爲"是"。今按：細審原簡圖版照片，釋"是"可信。

〔25〕 內，彭浩（1995，512 頁）、李家浩（2000，142 頁）作爲不可辨識之字而缺釋。周波（2004）釋爲"內"。今按：細審原簡圖版照片，釋"內"可信。

〔26〕 凡，彭浩（1995，512 頁）、李家浩（2000，142 頁）作爲不可辨識之字而缺釋。周波（2004）釋爲"凡"。今按：細審原簡圖版照片，釋"凡"可信。

# 主要參考文獻

**B**

白於藍《包山楚簡零拾》,《簡帛研究》第二輯,法律出版社 1996 年 9 月。(白於藍 1996)

白於藍《包山楚簡補釋》,《中國文字》新二十七期,(臺北)藝文印書館 2001 年 12 月。(白於藍 2001)

邴尚白《九店五十六號楚墓一至十二簡試探》,《中國文學研究》第十六期,臺灣大學中國文學研究所 2002 年 6 月。(邴尚白 2002)

邴尚白《九店楚簡 "告武夷" 補說》,《輔仁國文學報》第 46 期,2018 年 4 月。(邴尚白 2018)

**C**

晁福林《〈九店楚簡〉補釋——小議戰國時期楚國田畝制度》,《中原文物》2002 年第 5 期。(晁福林 2002)

陳劍《上博竹書〈昭王與龔之脽〉和〈柬大王泊旱〉讀後記》,簡帛研究網 2005 年 2 月 15 日;《戰國竹書論集》,上海古籍出版社 2013 年 12 月。(陳劍 2005)

陳劍《談談〈上博(五)〉的竹簡分篇、拼合與編聯問題》,簡帛網 2006 年 2 月 19 日;《戰國竹書論集》,上海古籍出版社 2013 年 12 月。(陳劍 2006)

陳斯鵬《論周原甲骨和楚系簡帛中的 "囟" 和 "思" ——兼論卜辭命辭的性質》,《第四屆國際中國古文字學研討會論文集》,香港中文大學中國語言及文學系 2003 年 10 月。(陳斯鵬 2003)

陳松長《九店楚簡釋讀劄記》,《第三屆國際中國古文字學研討會論文集》,香港中文大學中國文化研究所·中國語言及文學系 1997 年 10 月。(陳松長 1997)

陳偉《包山楚簡初探》,武漢大學出版社 1996 年 8 月。(陳偉 1996)

陳偉《新發表楚簡資料所見的紀時制度》,《第三屆國際中國古文字學研討會論文集》,香港中文大學中國文化研究所·中國語言及文學系 1997 年 10 月。(陳偉 1997)

陳偉《九店楚日書校讀及相關問題》,《人文論叢》1998 年卷,武漢大學出版社 1998 年 10 月。(陳偉 1998)

陳偉《竹書〈容成氏〉零識》,《第四屆國際中國古文字學研討會論文集》,香港中文大學中國語言及文學系 2003 年 10 月。(陳偉 2003)

陳偉武《戰國楚簡考釋斠議》,《第三屆國際中國古文字學研討會論文集》,香港中文大學中國文化研究所·中國語言及文學系 1997 年 10 月。(陳偉武 1997)

程少軒《説九店楚簡〈告武夷〉的 "桑林"》,《古文字研究》第三十二輯,中華書局 2018 年 8 月。(程少軒 2018)

**D**

董珊《楚簡簿記與楚國量制研究》,《考古學報》2010 年第 2 期。(董珊 2010)

**G**

廣瀨熏雄《新蔡楚簡所謂 "賵書" 簡試析——兼論楚國量制》,武漢大學簡帛研究中心主辦《簡帛》第一輯,上海古籍出版社 2006 年。(廣瀨熏雄 2006)

**H**

何琳儀《釋"蒝"》，《楚文化研究論集》第五輯，黄山書社 2003 年 6 月。（何琳儀 2003）

何幼琦《論楚國之曆》，《江漢論壇》1985 年 10 期。（何幼琦 1985）

黄儒宣《九店楚簡研究》，臺灣師範大學國文研究所碩士論文，2003 年 6 月。（黄儒宣 2003）

**F**

馮勝君《讀上博簡〈緇衣〉劄記二則》，《上博館藏戰國楚竹書研究》，上海書店出版社 2002 年 3 月。（馮勝君 2002）

馮勝君《釋戰國文字中的"夗"》，《古文字研究》第二十五輯，中華書局 2004 年 10 月。（馮勝君 2004）

**J**

季旭昇《讀郭店、上博簡五題：舜、河滸、紳而易、牆有茨、宛丘》，《中國文字》新廿七期，（臺北）藝文印書館 2001 年 12 月。（季旭昇 2001）

冀小軍《釋楚簡中的 字》，簡帛研究網 2002 年 7 月 21 日。（冀小軍 2002）

**L**

李家浩《從戰國"忠信"印談古文字中的异讀現象》，《北京大學學報》1987 年第 2 期。（李家浩 1987）

李家浩《論〈太一避兵圖〉》，《國學研究》第一卷，北京大學出版社 1993 年 3 月。（李家浩 1993）

李家浩《江陵九店五十六號墓竹簡釋文》，湖北省文物考古研究所《江陵九店東周墓》，科學出版社 1995 年 7 月。（李家浩 1995）

李家浩《包山楚簡"簎"字及相關之字》，《第三屆國際中國古文字學研討會論文集》，香港中文大學中國文化研究所·中國語言及文學系 1997 年 10 月。（李家浩 1997）

李家浩《傳賃龍節銘文考釋——戰國符節銘文研究之三》，《考古學報》1998 年第 1 期。（李家浩 1998）

李家浩《讀〈郭店楚墓竹簡〉瑣議》，《中國哲學》第二十輯，遼寧教育出版社 1999 年 1 月。（李家浩 1999A）

李家浩《睡虎地秦簡〈日書〉"楚除"的性質及其他》，《"中研院"歷史語言研究所集刊》第七十本第四分，1999 年 12 月。（李家浩 1999B）

李家浩《讀睡虎地秦簡〈日書〉"占盜疾等"劄記三則》，《北京大學古文獻研究所集刊（一）》，北京燕山出版社 1999 年 12 月。（李家浩 1999C）

李家浩《九店楚簡告武夷研究》，"第一屆簡帛學術討論會"會議論文，中國文化大學 1999 年 12 月。（李家浩 1999D）

李家浩《九店五六號墓竹簡釋文與考釋》，湖北省文物考古研究所、北京大學中文系《九店楚簡》，中華書局 2000 年 5 月。（李家浩 2000）

李家浩《包山祭禱簡研究》，《簡帛研究二○○一》，廣西師範大學出版社 2001 年 9 月。（李家浩 2001）

李零《古文字雜識（二則）》，《第三屆國際中國古文字學研討會論文集》，香港中文大學中國文化研究所·中國語言及文學系 1997 年 10 月。（李零 1997）

李零《讀九店楚簡》，《考古學報》1999 年第 2 期。（李零 1999）

李守奎《江陵九店 56 號墓竹簡考釋四則》，《江漢考古》1997 年第 4 期。（李守奎 1997）

李守奎《江陵九店楚墓〈歲〉篇殘簡考釋》，《古籍整理研究學刊》2001 年第 3 期。（李守奎 2001）

李守奎《〈九店楚簡〉相宅篇殘簡補釋》，"新出土文獻與古代文明研究"國際學術研討會論文，上海大學 2002 年 7 月；後收入《新出土文獻與古代文明研究》，上海大學出版社 2004 年 4 月。（李守奎 2002）

李守奎《楚文字編》，華東師範大學出版社 2003 年 12 月。（李守奎 2003）

李天虹《戰國文字"前"、"削"續議》，《出土文獻研究》第七輯，上海古籍出版社 2005 年 11 月。（李天虹 2005）

李學勤《秦簡的古文字學考察》，《雲夢秦簡研究》，中華書局 1981 年 7 月。（李學勤 1981）

李學勤《由蔡侯墓青銅器看"初吉"和"月吉"》，《夏商周年代學劄記》，遼寧大學出版社 1999 年 10 月。（李學勤 1999）

李學勤《〈詩論〉說〈宛丘〉等七篇釋義》，"新出楚簡與儒學思想國際學術研討會"論文，清華大學 2002 年 3 月；收入《中國古代文明研究》，華東師範大學出版社 2005 年 4 月。（李學勤 2002A）

李學勤《楚簡所見黃金貨幣及其計量》，《中國錢幣論文集》第四輯，中國金融出版社 2002 年；又載《中國古代文明研究》，華東師範大學出版社 2005 年 4 月。（李學勤 2002B）

李學勤《論鄖縣肖家河新發現青銅器的"正月"》，《河南科技大學學報（社會科學版）》2003 年第 1 期。（李學勤 2003）

李學勤《中國古代文明研究》，華東師範大學出版社 2005 年 4 月。（李學勤 2005）

林清源《九店 56 號楚墓第 1－3 號簡考釋》，李宗焜主編：《第四屆國際漢學會議論文集——出土材料與新視野》，（臺北）"中研院"，2013 年 9 月。（林清源 2013）

林素清《從包山楚簡紀年材料論楚曆》，《中國考古學與歷史學之整合研究》下冊，（臺北）"中研院"歷史語言研究所 1997 年 7 月。（林素清 1997）

劉彬徽《從包山楚簡紀時材料論及楚國紀年與楚曆》，《包山楚墓》上冊，文物出版社 1991 年 10 月。（劉彬徽 1991）

劉彬徽《包山楚簡研究二則》，《簡帛研究》第一輯，法律出版社 1993 年 10 月。（劉彬徽 1993）

劉彬徽《建除資料與楚曆研究》，《長沙三國吳簡暨百年簡帛發現與研究國際學術討論會論文集》，中華書局 2005 年 12 月。（劉彬徽 2005）

劉彬徽《楚國曆法的建正問題辯證》，"第一屆古文字與古代史學術研討會"論文，（臺北）"中研院"歷史語言研究所 2006 年 9 月；《古文字與古代史》第一輯，（臺北）中研院歷史語言研究所 2007 年 9 月。（劉彬徽 2006）

劉國勝《楚簡文字雜識》，《奮發荊楚 探索文明——湖北省文物考古研究論文集》，湖北科學技術出版社 2000 年 9 月。（劉國勝 2000）

劉國勝《九店〈日書〉"相宅"篇釋文校補》，"長沙三國吳簡暨百年來簡帛發現與研究國際學術研討會"論文，長沙市文物考古研究所 2001 年 8 月；收入《武漢大學歷史學集刊》第三集，湖北人民出版社 2005 年 10 月。（劉國勝 2001）

劉樂賢《睡虎地秦簡日書研究》，（臺北）文津出版社 1994 年 7 月。（劉樂賢 1994）

劉樂賢《九店楚簡日書研究》，《華學》第二輯，中山大學出版社 1996 年 12 月。（劉樂賢 1996）

劉樂賢《九店楚簡日書補釋》，《簡帛研究》第二輯，廣西教育出版社 1998 年 12 月。（劉樂賢 1998）

劉樂賢《簡帛數術文獻探論》，湖北教育出版社 2003 年 2 月。（劉樂賢 2003A）

劉樂賢《虎西山漢簡〈閻氏五勝〉及相關問題》，《文物》2003 年第 7 期。（劉樂賢 2003B）

劉信芳《九店楚簡日書與秦簡日書比較研究》，《第三屆國際中國古文字學研討會論文集》，香港中文大學中國文化研究所·中國語言及文學系 1997 年 10 月。（劉信芳 1997）

劉信芳《簡帛五行解詁》，（臺北）藝文印書館 2000 年 12 月。（劉信芳 2000）

劉信芳《楚簡〈詩論〉宛丘考》，《古籍整理研究學刊》2002 年第 3 期。（劉信芳 2002）

劉信芳《上博藏竹書試讀》，簡帛研究網 2003 年 1 月 9 日；又載《學術界》2003 年第 1 期。（劉信芳 2003A）

劉信芳《包山楚簡解詁》，（臺北）藝文印書館 2003 年。（劉信芳 2003B）

劉釗《讀秦簡字詞劄記》，《簡帛研究》第二輯，法律出版社 1996 年 9 月。（劉釗 1996）

劉昭瑞《嫘女地券與早期道教的南傳》，《華學》第二輯，中山大學出版社 1996 年 12 月。（劉昭瑞 1996）

劉昭瑞《安都丞與武夷君》，《文史》2002 年第 2 輯。（劉昭瑞 2002）

**M**

孟蓬生《上博竹書（二）字詞劄記》，簡帛研究網 2003 年 1 月 14 日。（孟蓬生 2003）

**P**

潘嘯龍《從〈秦楚月名對照表〉看屈原的生辰用曆》，《江漢論壇》1988 年第 2 期。（潘嘯龍 1988）

潘嘯龍《屈原與楚文化》，安徽文藝出版社 1991 年 6 月。（潘嘯龍 1991）

彭浩《江陵九店六一二號墓竹簡釋文》，湖北省文物考古研究所《江陵九店東周墓》，科學出版社 1995 年 7 月。（彭浩 1995）

**Q**

裘錫圭《戰國貨幣考（十二篇）》，《北京大學學報（哲學社會科學版）》1978 年第 2 期。（裘錫圭 1978）

裘錫圭《簡帛古籍的用字方法是校讀傳世先秦兩漢古籍的重要根據》，全國高等院校古籍整理研究工作委員會秘書處編《兩岸古籍整理學術研討會論文集》，江蘇古籍出版社 1998 年 2 月。（裘錫圭 1998A）

裘錫圭《古文獻中讀爲“設”的“執”及其與“埶”互訛之例》，香港大學亞洲研究中心《東方文化》1998 年第 1、2 期合刊。（裘錫圭 1998B）

裘錫圭《釋樹》，《龍宇純先生七秩晉五壽慶論文集》，（臺北）學生書局 2002 年 11 月。（裘錫圭 2002）

**R**

饒宗頤《説九店楚簡之武彊（君）與復山》，《文物》1997 年第 6 期。（饒宗頤 1997）

**S**

沈培《周原甲骨文裏的“囟”和楚墓竹簡裏的“囟”或“思”》，《漢字研究》第一輯，學苑出版社 2005 年 6 月。（沈培 2005）

沈培《從戰國簡看古人占卜的“蔽志”——兼論“移祟”説》，“第一屆古文字與古代史學術研討會”論文，（臺北）“中研院”歷史語言研究所 2006 年 9 月；《古文字與古代史》第一輯，（臺北）“中研院”歷史語言研究所 2007 年 9 月。（沈培 2006）

施謝捷《簡帛文字考釋劄記》，《簡帛研究》第三輯，廣西教育出版社 1998 年 12 月。（施謝捷 1998）

蘇建洲《楚簡文字考釋三則》，簡帛研究網 2002 年 12 月 21 日。（蘇建洲 2002）

**T**

唐友波《“大市”量淺議》，《古文字研究》第二十二輯，中華書局 2000 年 7 月。（唐友波 2000）

譚生力《九店簡𦁐字補説》，《古文字研究》第三十一輯，中華書局，2016 年 10 月。（譚生力 2016）

**W**

王紅星《包山簡所反映的楚國曆法問題——兼論楚曆沿革》，《包山楚墓》上册，文物出版社，1991 年 10 月。（王紅星 1991）

王明欽《王家臺秦墓竹簡概述》，《新出簡帛研究》，文物出版社 2004 年 12 月。（王明欽 2004）

王勝利《關於楚國曆法的建正問題》，《中國史研究》1988 年第 2 期。（王勝利 1988）

王勝利《再談楚國曆法的建正問題》,《文物》1990 年第 3 期。(王勝利 1990)

王獻唐《古文字中所見之火燭》,齊魯書社 1979 年。(王獻唐 1979)

王子今《睡虎地秦簡〈日書〉甲種疏證》,湖北教育出版社 2003 年 2 月。(王子今 2003)

魏宜輝《說“建”》,《古文字研究》第 25 輯,中華書局 2004 年 10 月。(魏宜輝 2004)

武家璧《楚用亥正曆法的新證據》,《中國文物報》1996 年 4 月 21 日第 3 版。(武家璧 1996)

吳振武《古璽合文考(十八篇)》,《古文字研究》第十七輯,中華書局 1989 年 6 月。(吳振武 1989)

吳振武《古文字中的借筆字》,《古文字研究》第二十輯,中華書局 2000 年 3 月。(吳振武 2000)

吳振武《談虎溪山漢簡〈閻氏五勝〉中的幾個字》,《康樂集:曾憲通教授七十壽慶論文集》,中山大學出版社 2006
　　年 1 月。(吳振武 2006)

**X**

夏德安《戰國時代兵死者的禱辭》,《簡帛研究譯叢》第二輯,湖南人民出版社 1998 年 8 月。(夏德安 1998)

蕭毅《九店竹書探研》,《楚地簡帛思想研究》(三),湖北教育出版社 2007 年 6 月。(蕭毅 2007)

**Z**

徐在國《楚簡文字拾零》,《江漢考古》1997 年第 2 期。(徐在國 1997)

徐在國《讀〈楚系簡帛文字編〉劄記》,《安徽大學學報(哲學社會科學版)》1998 年第 5 期。(徐在國 1998)

**Y**

晏昌貴《〈日書〉劄記十則》,《楚地出土簡帛文獻思想研究(一)》,湖北教育出版社 2002 年 12 月。(晏昌貴
　　2002)

晏昌貴《虎西山漢簡〈閻氏五勝〉校釋》,《長江學術》第五輯,長江文藝出版社 2003 年 10 月。(晏昌貴 2003)

晏昌貴、鍾煒《九店楚簡〈日書·相宅篇〉研究》,《武漢大學學報(人文社科版)》2002 年第 4 期。(晏昌貴等
　　2002)

伊強《〈君人者何必安哉〉劄記一則》,簡帛網,2009 年 1 月 11 日。(伊強 2009)

袁國華《望山楚墓卜筮祭禱簡文字考釋四則》,《“中研院”歷史語言研究所集刊》第七十四本第二分,2003 年 6
　　月。(袁國華 2003)

**Z**

曾憲通《楚月名初探——兼談昭固墓竹簡的年代問題》,《古文字研究》第五輯,中華書局 1981 年 1 月。(曾憲通
　　1981)

曾憲通《秦簡書歲篇講疏》,《雲夢秦簡日書研究》,香港中文大學出版社 1982 年。(曾憲通 1982)

張富海《讀楚簡劄記五則》,《古文字研究》第二十五輯,中華書局 2004 年 10 月。(張富海 2004)

張聞玉《雲夢秦簡日書初探》,《江漢考古》1987 年第 4 期。(張聞玉 1987)

趙平安《夬的形義和它在楚簡中的用法——兼釋其他古文字資料中的夬字》,《第三屆國際中國古文字學研討會論
　　文》,香港中文大學中國文化研究所·中國語言及文學系 1997 年 10 月。(趙平安 1997)

周鳳五《九店楚簡告武夷重探》,《“中研院”歷史語言研究所集刊》第七十二本第四分,2001 年 12 月。(周鳳五
　　2001)

周波《〈九店楚簡〉釋文注釋校補》,簡帛研究網 2004 年 9 月 10 日;又載《江漢考古》2006 年 3 期。(周波 2004)

朱德熙《呰篸屈柰解》,《方言》1979 年 4 期;又載《朱德熙古文字論集》,中華書局 1995 年 2 月。(朱德熙 1979)

九店五六號楚墓竹簡圖版

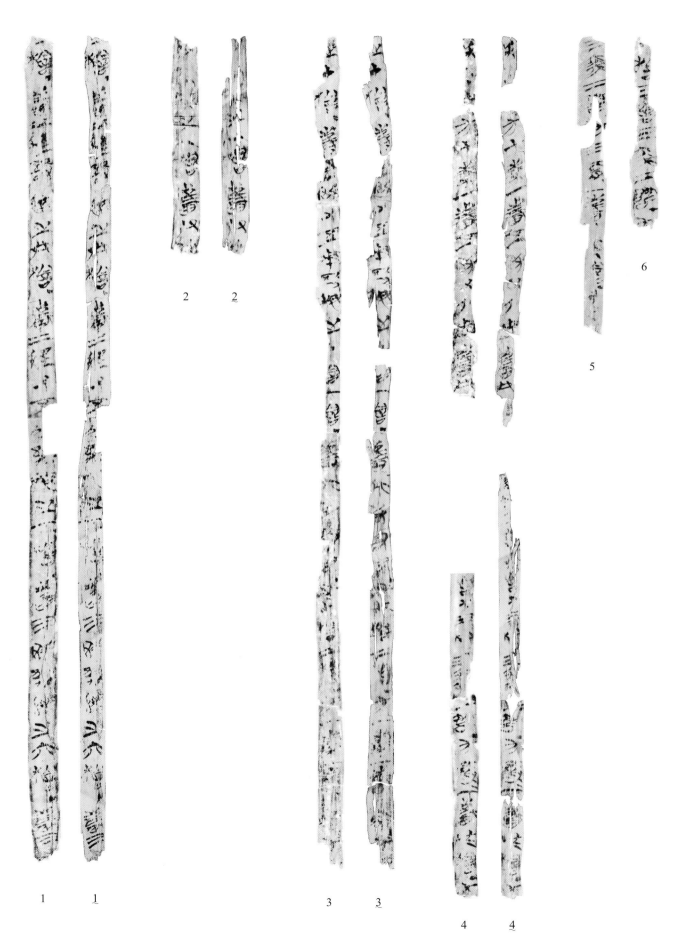

1　　　1　　　2　　　2　　　3　　　3　　　4　　　4　　　5　　　6

3

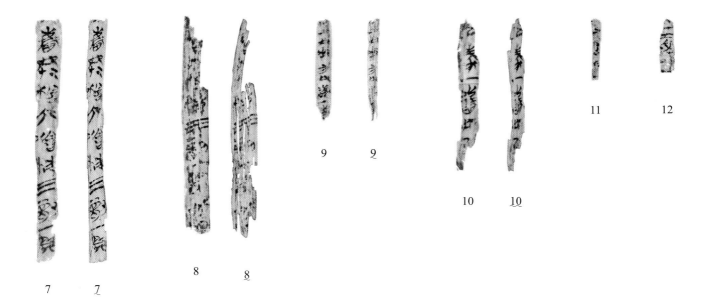

7    7    8    8    9    9    10    10    11    12

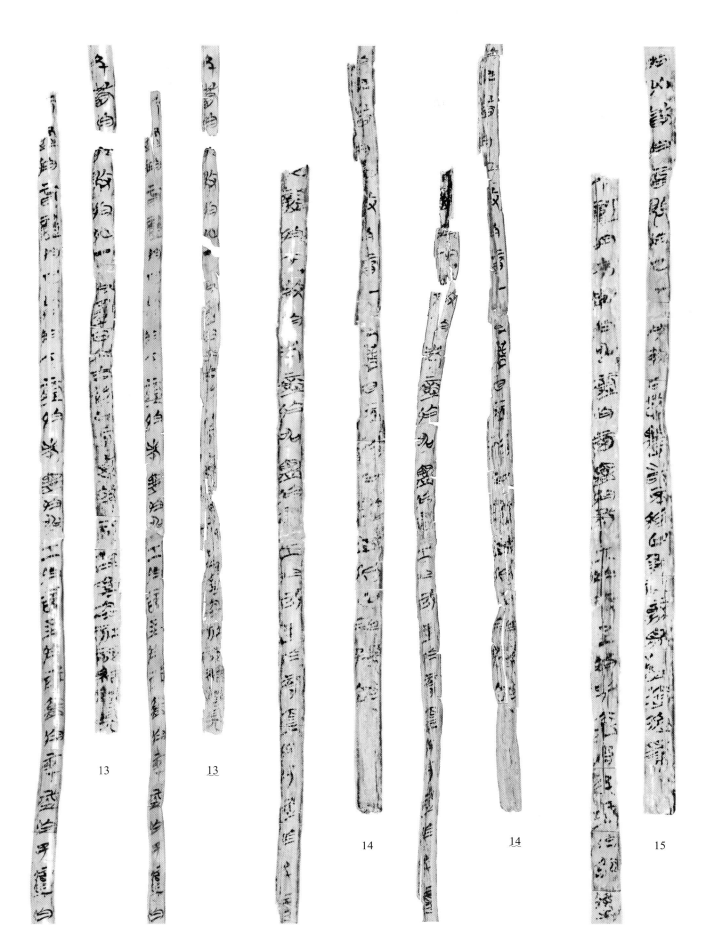

13          13          14          14          15

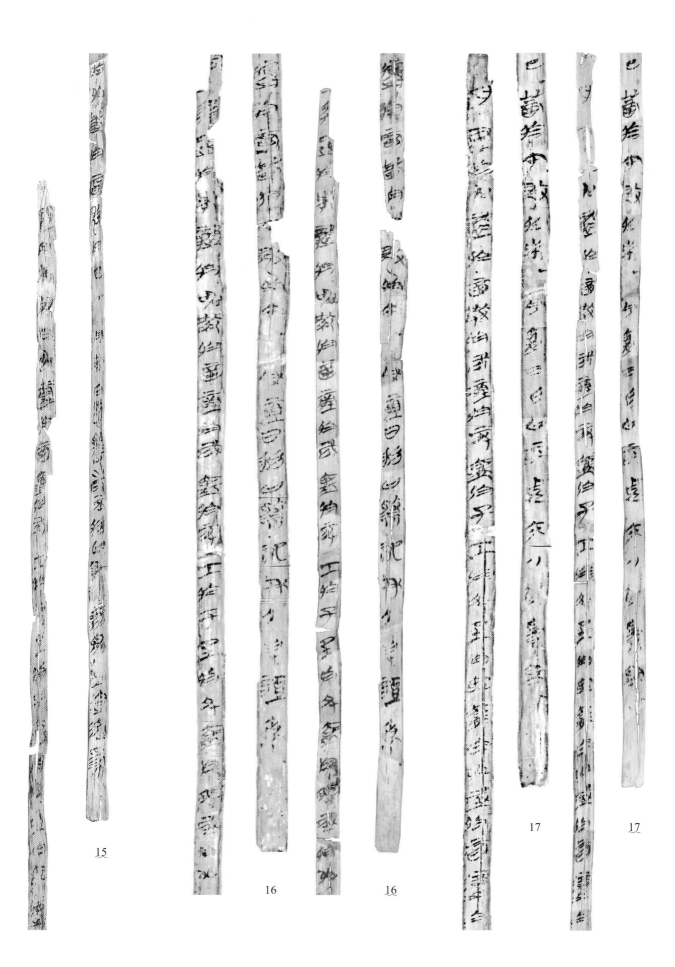

18

18

19

19

20

20

21

21

22

22

23

23

24

24

25

25

26

26

27

27

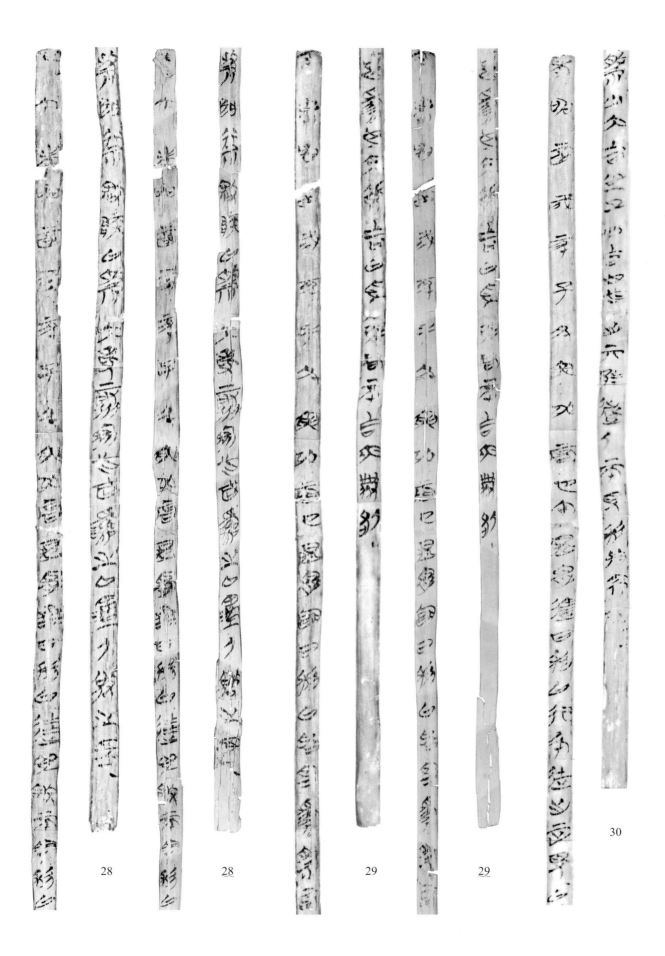

30

30

31

31

32

32

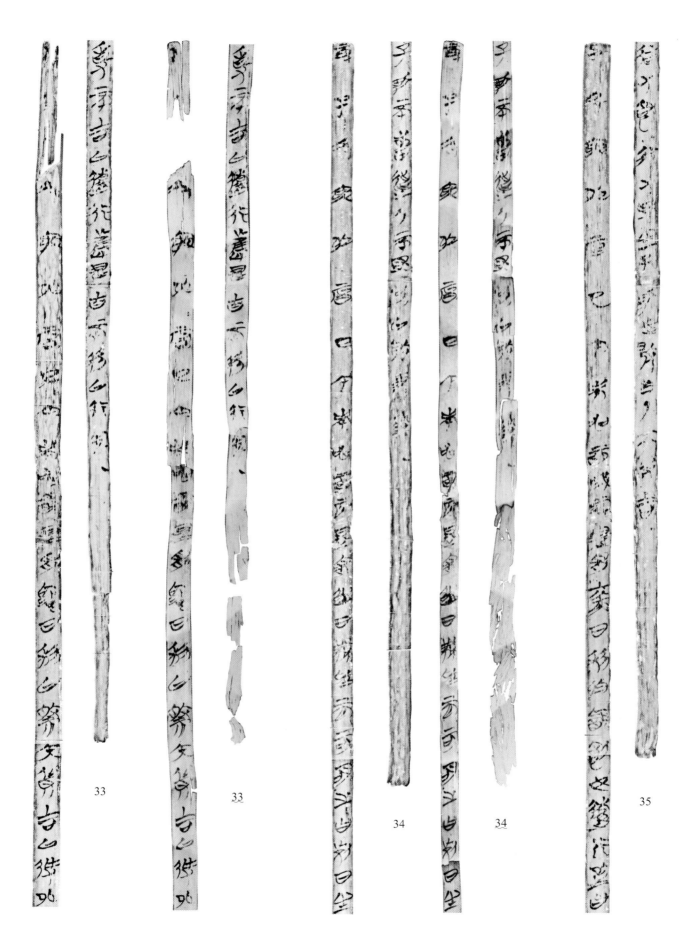

33　　　　　33　　　　　　　　34　　　34　　　35

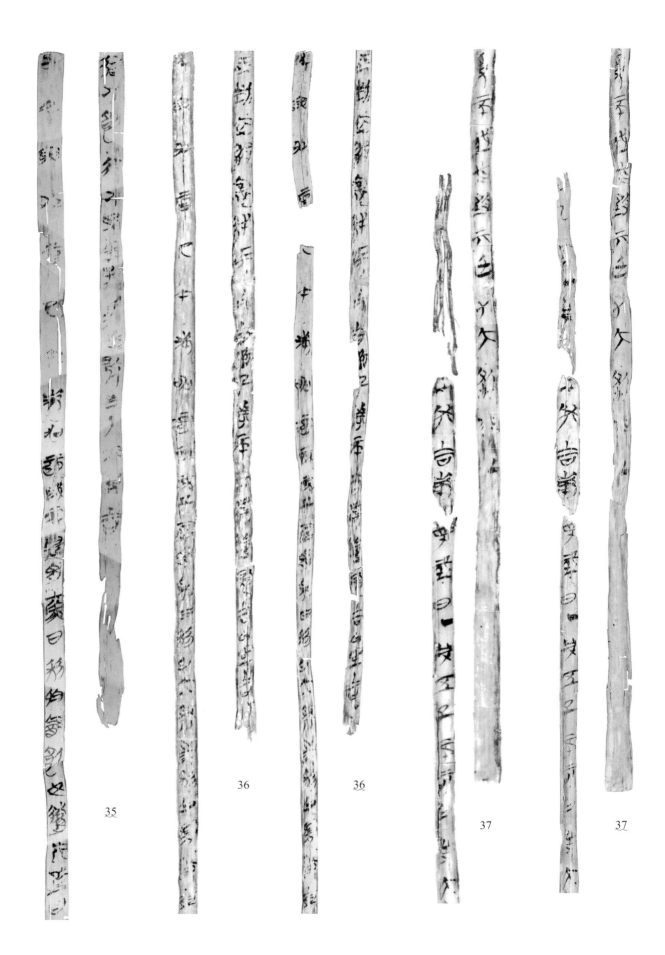

35

36

36

37

37

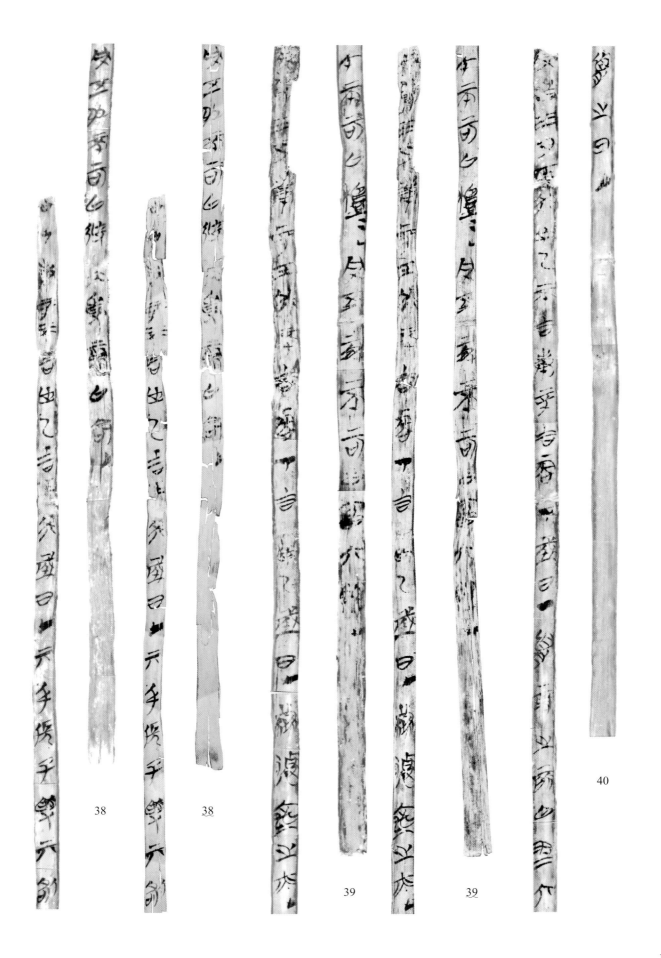

38

<u>38</u>

39

<u>39</u>

40

15

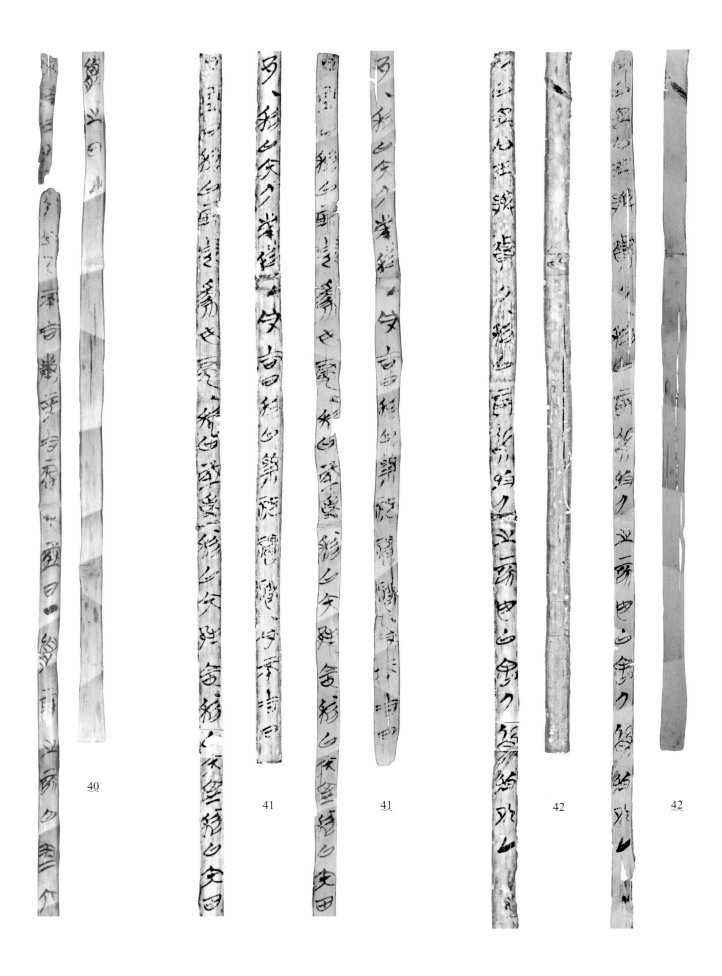

40     41     41     42     42

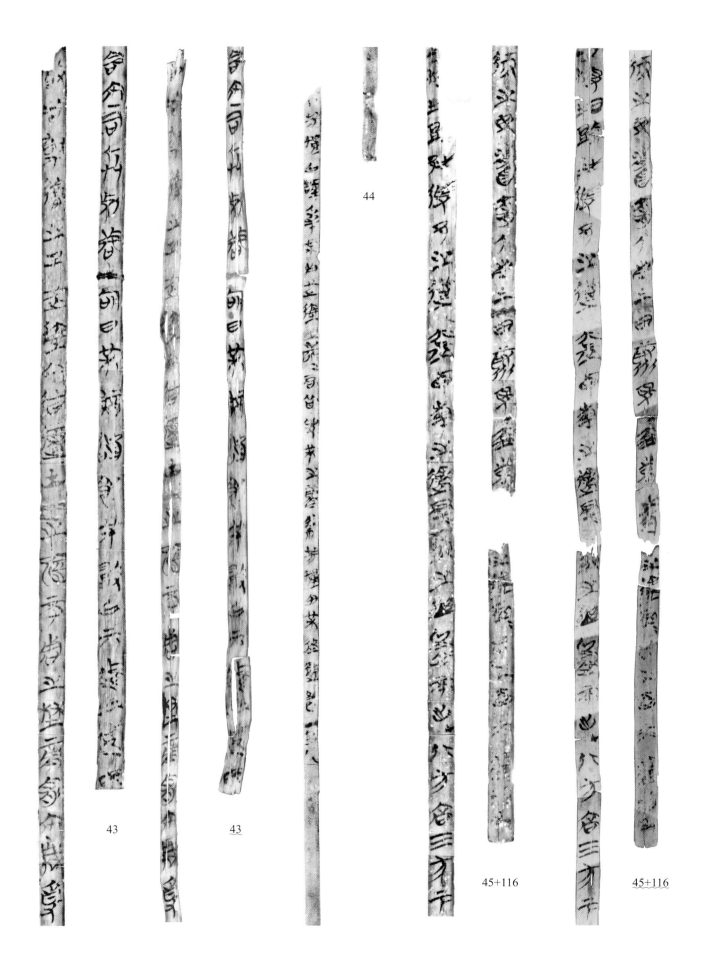

43　　　　43　　　　44　　　　　　　　　45+116　　45+116

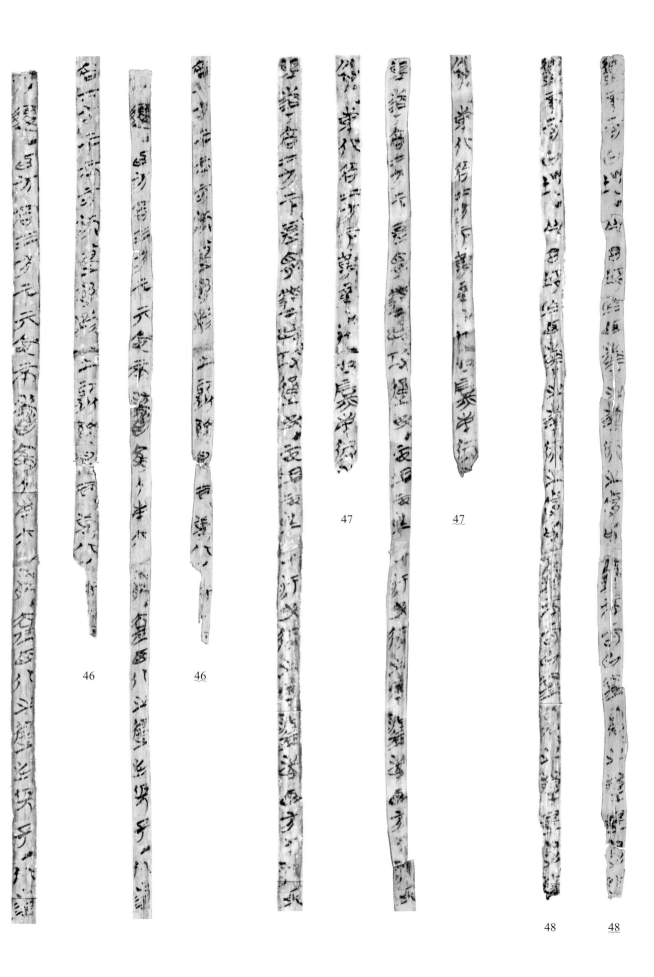

46

46

47

47

48

48

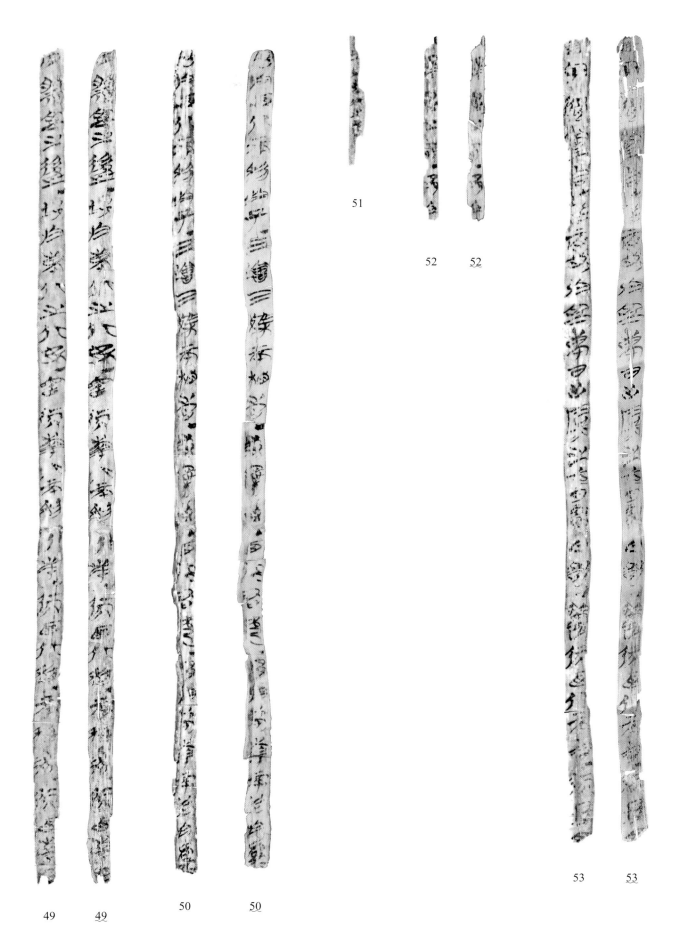

49　　<u>49</u>　　　　50　　　　<u>50</u>　　　51　　　52　　<u>52</u>　　　53　　　<u>53</u>

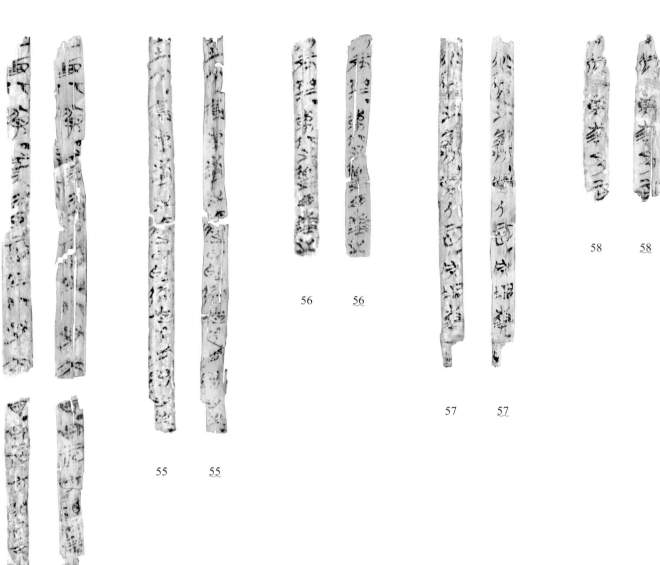

56     <u>56</u>

57     <u>57</u>

58     <u>58</u>

55     <u>55</u>

54     <u>54</u>

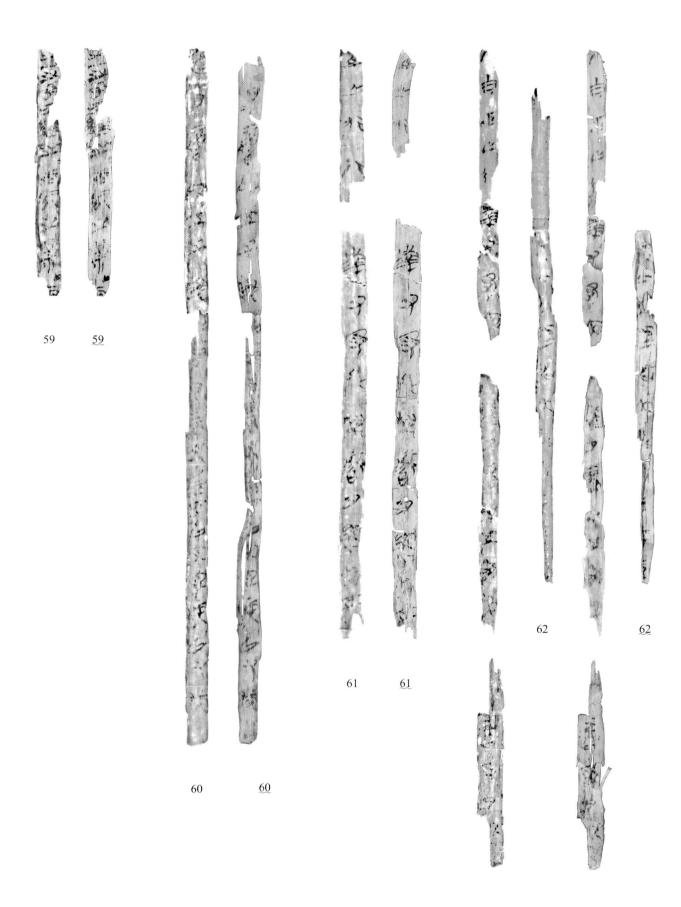

59     59

60     60

61     61

62     62

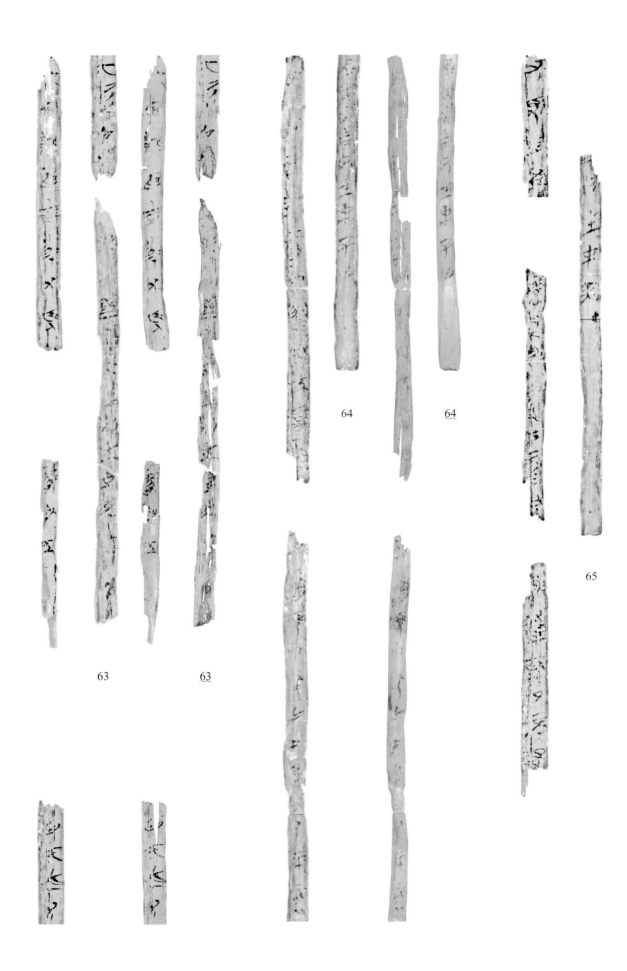

63     <u>63</u>

64     <u>64</u>

65

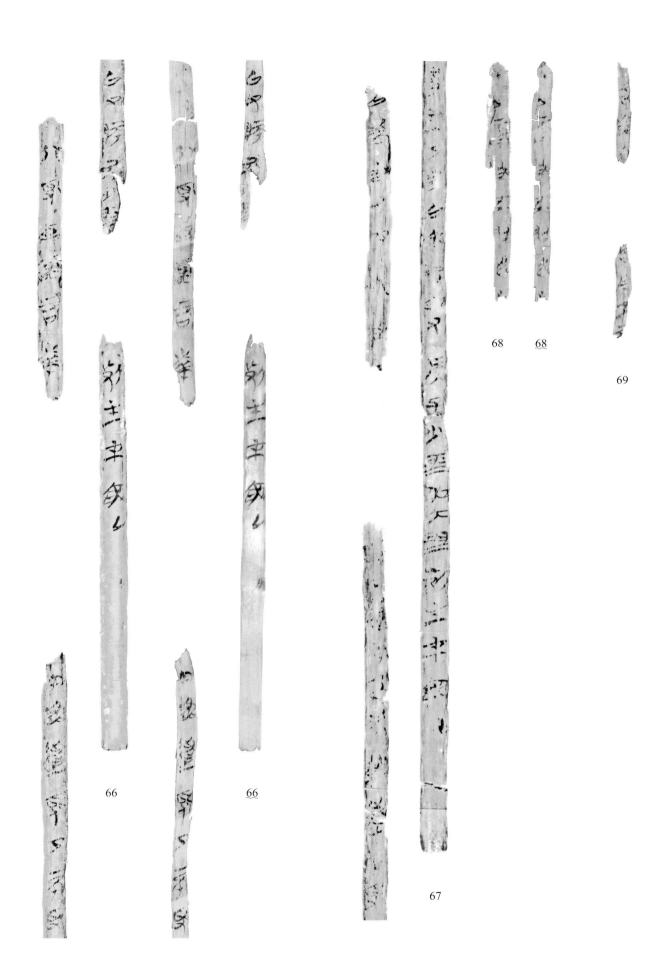

66 66

67

68 68

69

23

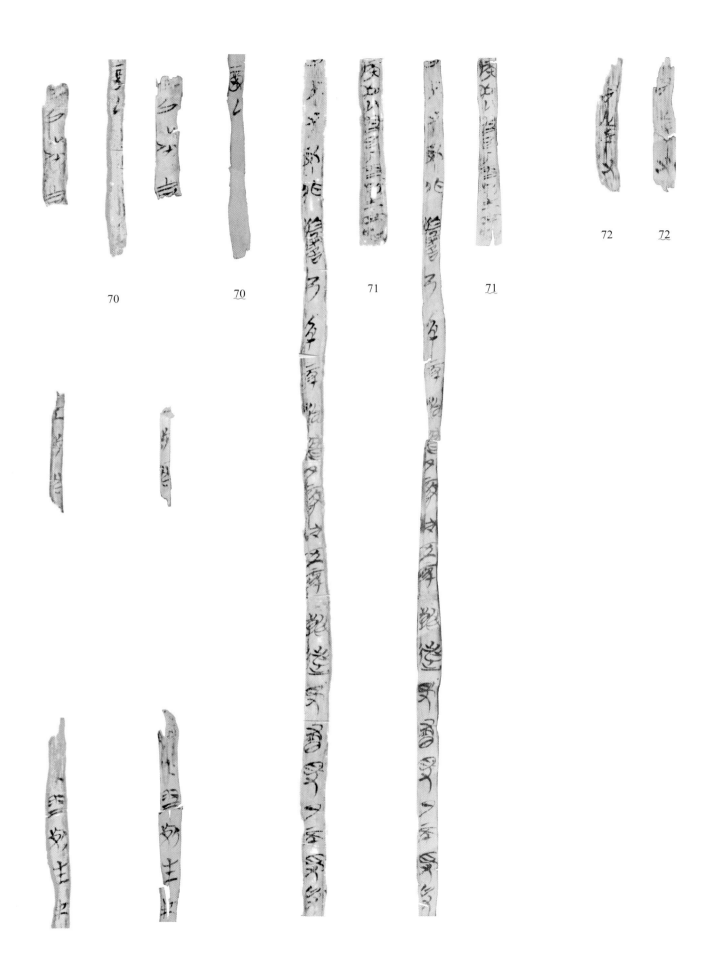

70      <u>70</u>      71      <u>71</u>      72      <u>72</u>

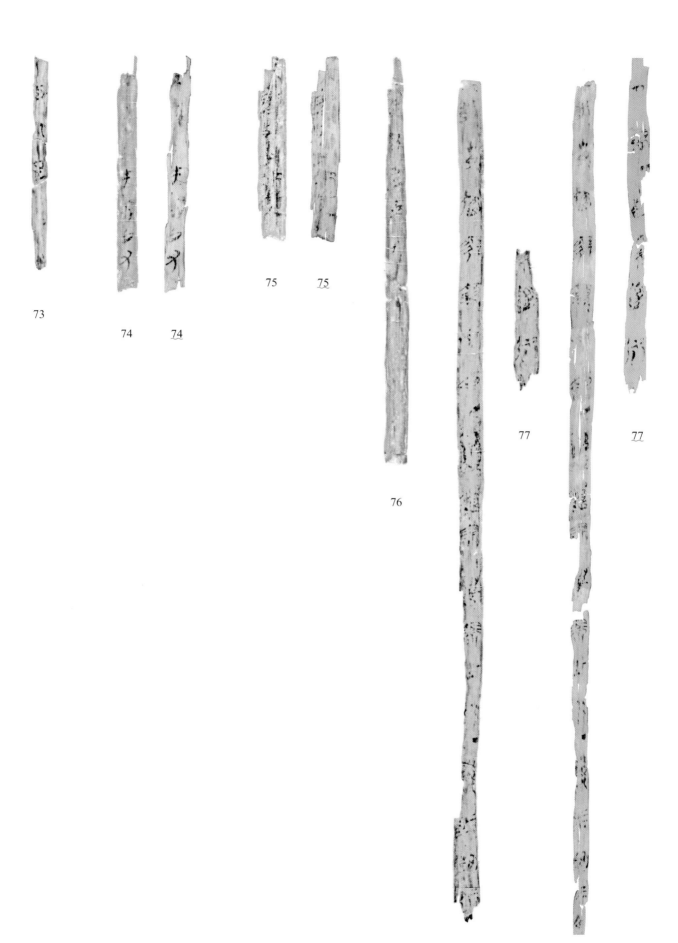

73

74　　74

75　　75

76

77　　77

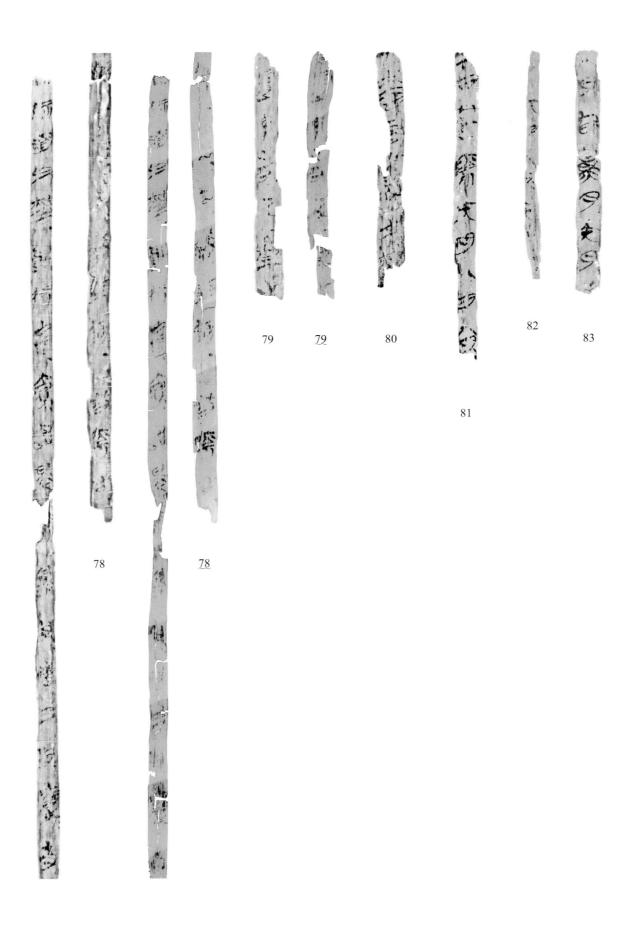

79    79    80    82    83

81

78    78

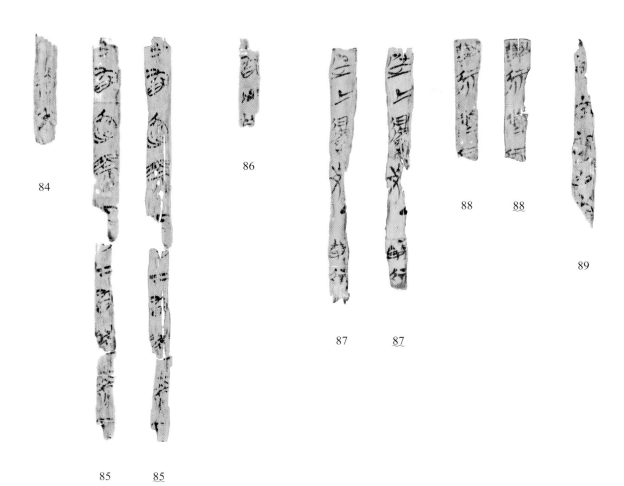

84

86

88 <u>88</u>

87 <u>87</u>

89

85 <u>85</u>

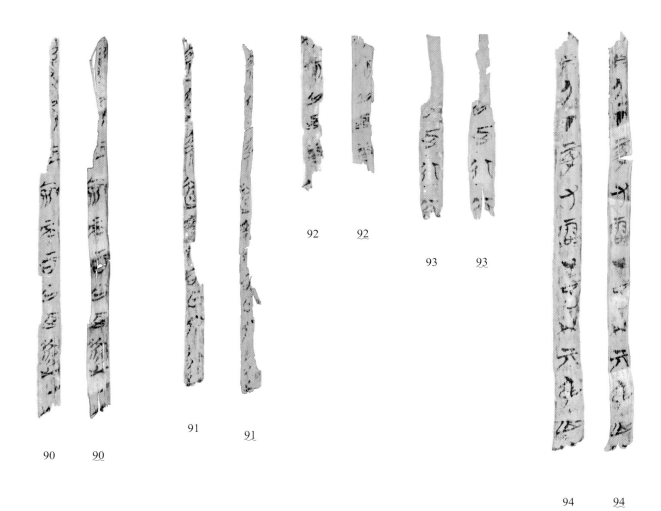

90 <u>90</u>

91 <u>91</u>

92 <u>92</u>

93 <u>93</u>

94 <u>94</u>

95          95          96                    96                    97          98

99

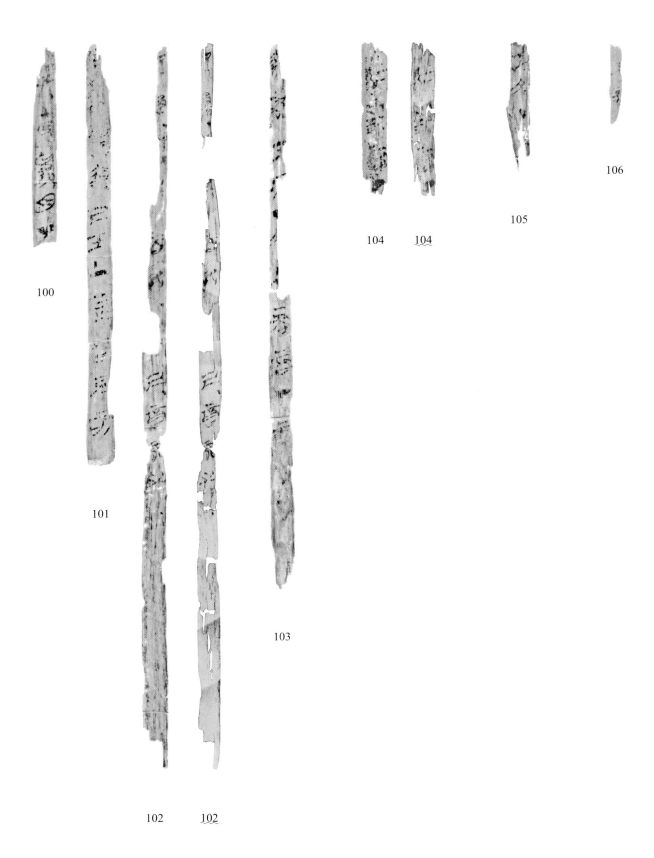

100

101

102    102

103

104    104

105

106

30

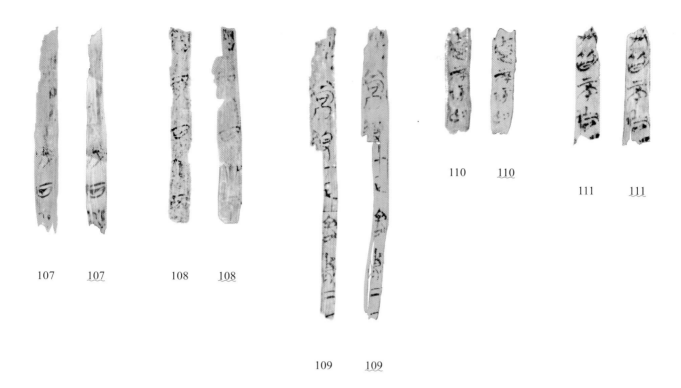

107　　<u>107</u>　　　　108　　<u>108</u>

110　　<u>110</u>　　　　111　　<u>111</u>

109　　<u>109</u>

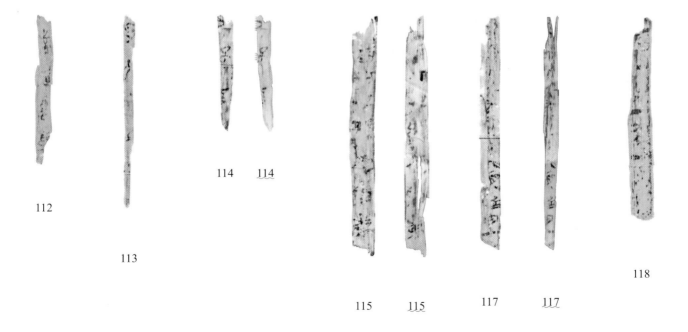

112

113

114　　<u>114</u>

115　　<u>115</u>　　　117　　<u>117</u>

118

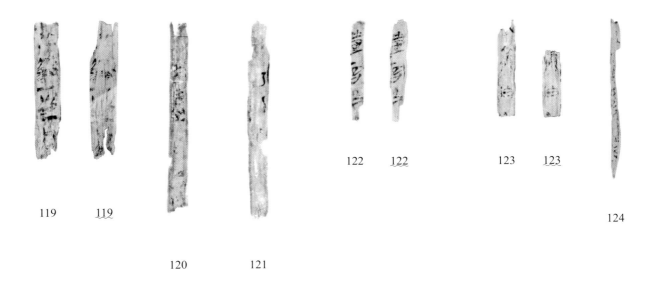

119  <u>119</u>

120  121

122 <u>122</u>  123 <u>123</u>

124

125 <u>125</u>  126 <u>126</u>  127  128  129 <u>129</u>  130  131

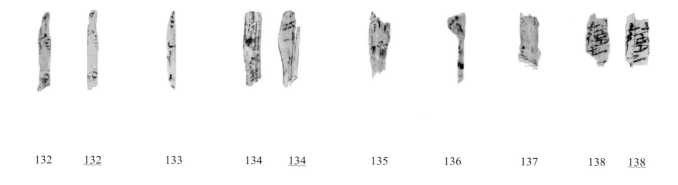

132     132     133     134     134     135     136     137     138     138

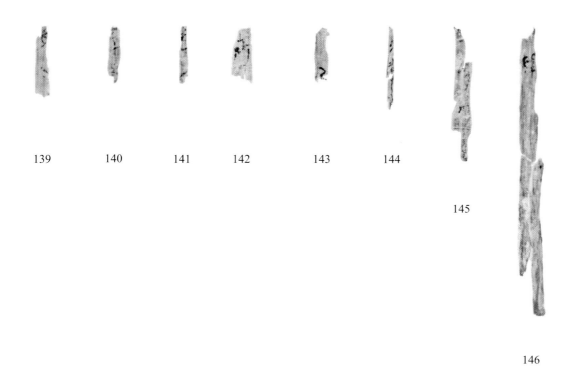

139     140     141     142     143     144

145

146

九店六二一號楚墓竹簡圖版

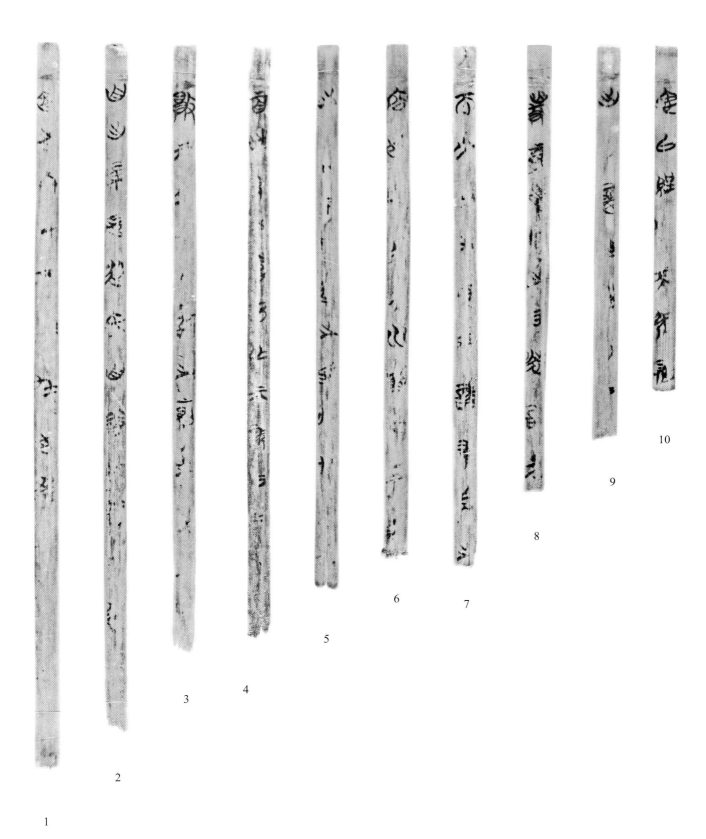

1　　2　　3　　4　　5　　6　　7　　8　　9　　10

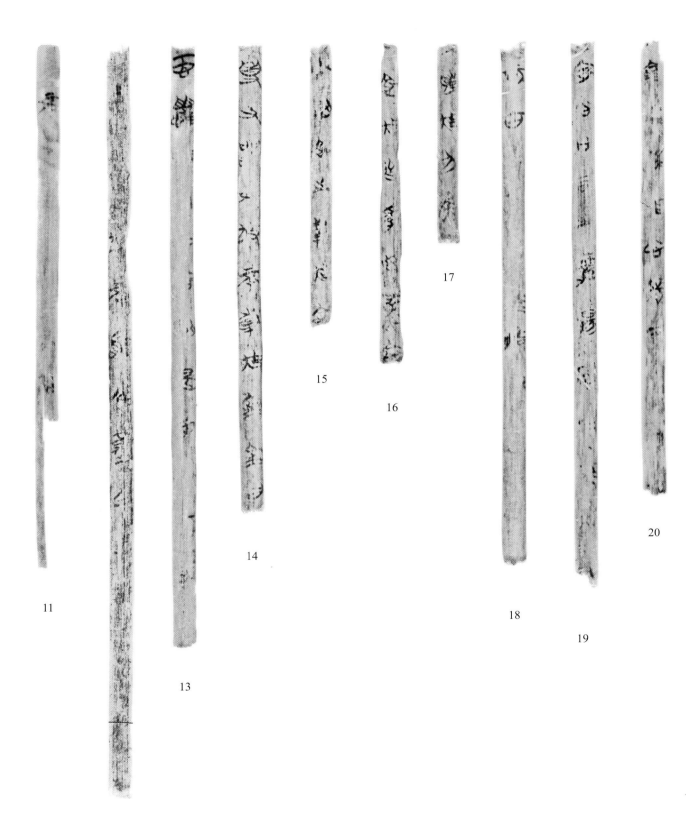

11

12

13

14

15

16

17

18

19

20

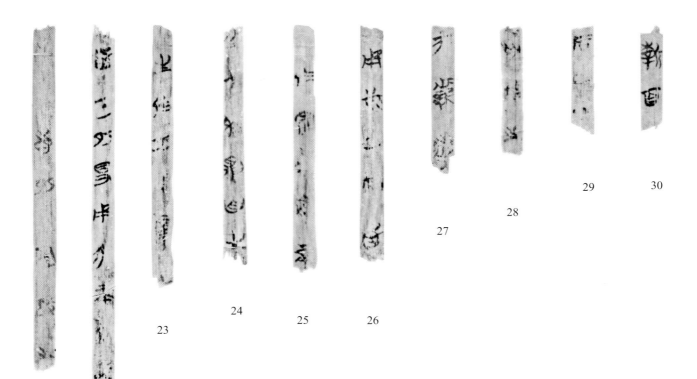

21

22

23

24

25

26

27

28

29

30

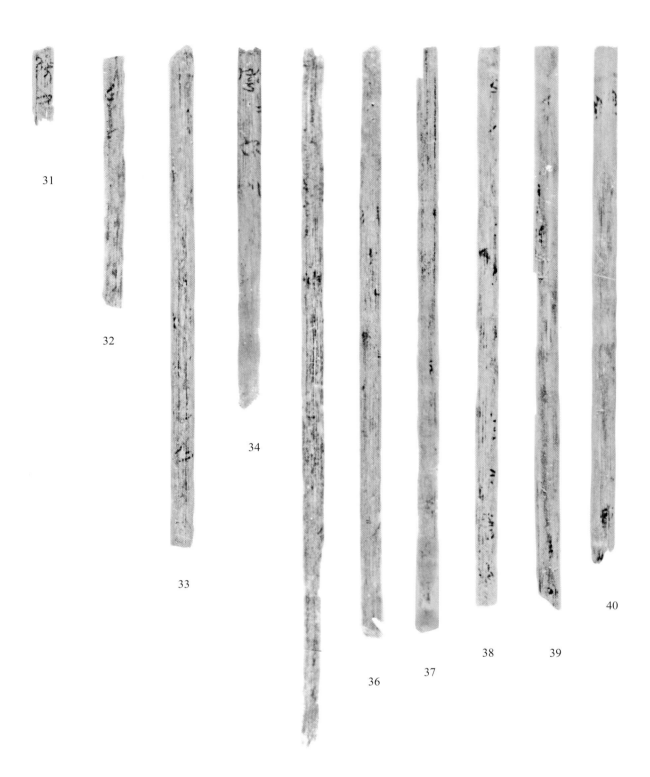

31

32

33

34

35

36

37

38

39

40

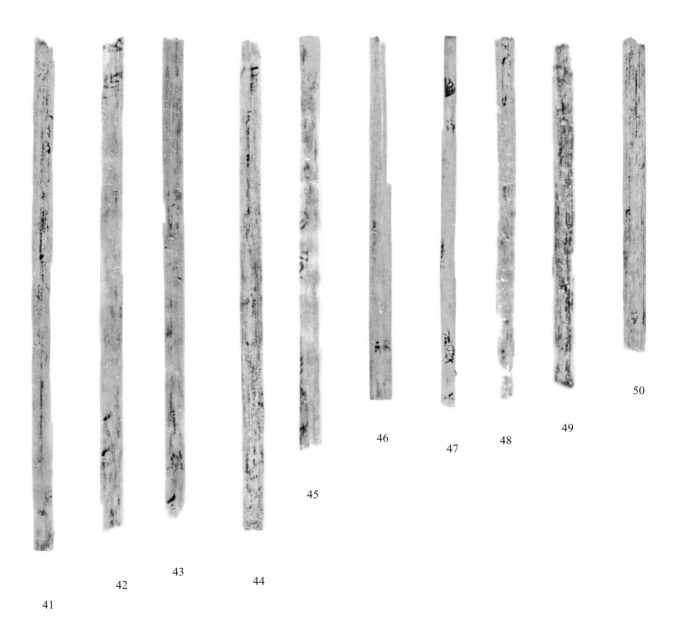

41

42

43

44

45

46

47

48

49

50

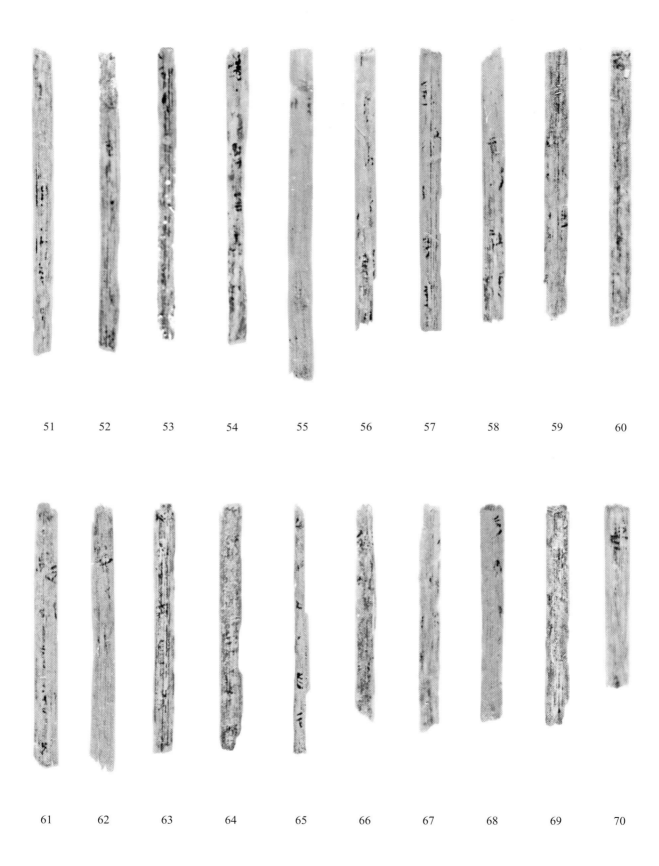

51 52 53 54 55 56 57 58 59 60

61 62 63 64 65 66 67 68 69 70

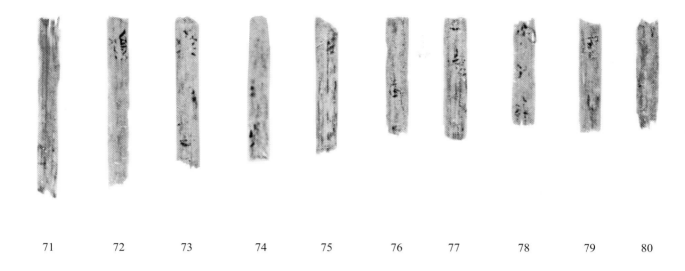

71      72      73      74      75      76      77      78      79      80

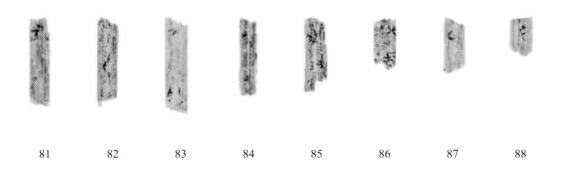

81      82      83      84      85      86      87      88